edexcel
advancing learning, changing lives

Edexcel IGCSE

اللغة العربية – لغة أولى

كتاب الطالب

CW01335458

A PEARSON COMPANY

Published by Pearson Education Limited, a company incorporated in England and Wales, having its registered office at Edinburgh Gate, Harlow, Essex, CM20 2JE. Registered company number: 872828.

www.pearsonglobalschools.com

Edexcel is a registered trademark of Edexcel Limited

First published 2011

ISBN 9781408275689

Compiled, designed and typeset by Cosmic Europe Ltd (www.cosmiceurope.com)
Edited by Mohamed Amin
Cover design by Liz Scurfield

Acknowledgements
نود أن نشكر كل الذين أسهموا بشكل مباشر أو غير مباشر في كتابة ونشر هذا الكتاب وإخراجه الجيد. ونخص بذلك المحرر محمد أمين، والناشرة نهلة الجيوشي التي أشرفت على تنظيم مراحل الكتابة والتي كانت الركن الأساس في تنسيق العمل وإخراجه. ولا يفوتنا تقديم الشكر إلى جميع الأساتذة والأستاذات الذين شاركوا في دورات تدريب إيدسكسيل لما أضافوه من معلومات واقتراحات جاءت عونا لتأليفه. وإلى جميع الطلاب الذين قُمنا بتدريسهم وإلى زملائنا الذين درّسوا معنا في الأعوام المصرمة لفضلهم علينا في خلق روح ورغبة التأليف. وإلى المؤلفين الذين أتحفونا بعلمهم وكتابتهم التي أضاءت الطريق أمامنا لإتمام هذه المهمة بعونه تعالى.

We are grateful to Edexcel for permission to reproduce copyright examination questions.

The publisher would like to thank the following for their kind permission to reproduce their photographs:

(Key: b-bottom; c-centre; l-left; r-right; t-top)
Alamy Images: 172c; **Arabian Eye**: 170bl, 178b, 179r, 181c, 182b; **Author's own work**: 171c, 173c, 174b, 175c, 177b, 180l; **Corbis**: 183b; **Getty Images**: 176b

Cover images: Front: **iStockphoto**

All other images © Pearson Education

Every effort has been made to trace the copyright holders and we apologise in advance for any unintentional omissions. We would be pleased to insert the appropriate acknowledgement in any subsequent edition of this publication.

Websites
The websites used in this book were correct and up to date at the time of publication. It is essential for tutors to preview each website before using it in class so as to ensure that the URL is still accurate, relevant and appropriate. We suggest that tutors bookmark useful websites and consider enabling students to access them through the school/ college intranet.

المحتويات

الموضوع **رقم الصفحة**

المقدمة

لقد قصدنا بهذه المقدمة تكوين أساس قوي ودليل منير للطالب المجدّ والطالبة المجدة الساعيين إلى إحراز نتائج طيبة تؤهلهما لأعلى الدرجات، وتفتق في أفئدتهما حب اللغة العربية والإقبال على مزيد من معرفتها على طريق امتلاك قدرات التعبير والاستيعاب.

تهدف هذه المقدمة إلى توفير المسالك والدروب التي تساعد الطالب على الإتيان بالإجابات التي تنسجم مع معايير امتحان شهادة الثانوية العامة العالمية (IGCSE)، ومقاصده، فما كان القصد من الامتحان في يوم من الأيام قياس المعرفة العارضة أو حفظ النصوص لترددادها على ورقة الامتحان، وإنما القصد والهدف هو اكتساب مواهب التفاعل مع النص بالقدر الذي يجعل الطلاب في مواقف تمكنهم من خلق الشعور في دواخلهم بعد إكمال الإجابة عن الأسئلة بأن ما قاموا به يحمل شيئا من الإسهام الخاص بهم، ويوضح وجهة من وجهات نظر كل منهم، ويخلق لديهم بذور المبادرة وبلورة الأفكار الشخصية والرأي النابع من قناعاتهم مع كامل الرضا عن النفس.

إن محتويات هذا الكتاب مجتمعة تقدم للطلاب منهاجا متكاملا يمكنهم من الإلمام بكل ما يتوقعه منهم القائمون بأمر التقييم وتحديد الدرجات، ويحوي الكتاب معالم تعين على التعامل مع النصوص والوقوف على الأفكار الرئيسة، كما يُعطي مؤشراتٍ صادقةً للطرق والسبل التي تقود إلى الإفادة من كل دقيقة من دقائق الامتحان في اختيار العبارة والكلمة والتركيب وكل ما تتطلبه ورقة الأسئلة من الطالب، فلا إسراف في الكتابة بالقدر غير المطلوب ولا تقصير واختصار يؤديان إلى الغموض والخلل، ولا قفز إلى النتائج دون مقدمات وعبارات منطقية.

تتواتر محتويات هذا الكتاب نحو الوصول في نهاية الرحلة إلى اكتمال فكرة الإجابات التي يحصد بها الطالب درجات علمية بمشيئة الله وعونه؛ فالمدخل الذي يلي هذه المقدمة سيحمل شيئا من التفصيل في إطار الإرشادات والموجهات المفيدة التي تجعل من قراءة المدخل أمراً مهماً ومعيناً على تناول إجابات تسمو إلى توقعات القائمين بأمر أوراق الامتحانات وتحقيق مراميهم المتمثلة في خلق روح المنافسة في التحصيل وخلق المعرفة التراكمية وحب مواصلة الاطلاع على مزيد من معرفة هذه اللغة وخباياها.

المدخل

بهذا الكتاب أبوابٌ عن الاختبارات والفقرات المكونة للورقتين الأولى والثانية مع شرح موجز لكلِّ فقرة وعنوان، وتتلخص الفقرات في قواعد اللغة والقراءة والفهم، وكتابة التعبير الموجه والتعبير الحر ويسندها جمع من أوراق الامتحانات السابقة مع تناول محتوياتها بإجابات نموذجية تعين على إدراك العرض الذي يتوقعه الممتحنون من طلابهم، مع إرشاد يدل على المطلوب الرامي إلى حصاد درجات عالية.

بمعرفة القواعد يتصل المتعلم بمؤشرات القدرة التعبيرية حيث تسهل عليه كتابة الخطاب والمقالة والبحث مع القدرة على الخطابة والوقوف على المنابر بثقة وتقديم أفكاره، كذلك يستطيع من يختار مستوى شهادة الـ IGCSE في اللغة العربية امتلاك الفهم لما يقرأ وما يسمع بالقدر الذي يمكنه من التجاوب مع المكتوب والمسموع بالرأي والنقد والتعليق.

لقد راعينا في هذا الكتاب كل ما يتطلبه المنهاج من أسس تتضافر من خلالها أدوارها لتأهيل مَن ينجح في الاختبارات لمستوى من الإلمام باللغة العربية ينتقل به إلى الاستقلال بالرأي وتبني أفكاره والدفاع عنها بكل قدرة، كما يُسهم الشعور بالنجاح حسب الاستزادة من المعرفة في مجال هذه اللغة التي تحمل تراث أمة قادت العالم في مجالات الفكر وما زالت مؤهلة لهذا الدور.

وأخيراً أيها الطالب العزيز، وأيتها الطالبة العزيزة نود أن نشير إلى شعوركم وأنتم تواجهون ورقة الامتحان، هذا الشعور الذي يتمثل في قولكم: ما الأسلوب وما التناول الذي يُقنع الممتحن ويرضيه لكي يمنحني درجة عالية في هذا السؤال؟ وما المعلومة التي يتوقع إدراجها خلال الإجابة لتكون محوراً يبثّ مقومات الجوانب المؤهلة للنتائج الصحيحة؟ إنّ الإجابة عن هذه الخواطر تقع فيما يلي:

أ. التركيز على المطلوب من السؤال قبل الشروع في الإجابة.

ب. مراعاة حجم الإجابة لتناسب السؤال طولاً وقصرا مع تفادي تكرار العبارات.

ج. وضوح الخط ليكون سهل القراءة مع عبارات واضحة وسهلة الفهم تشير إلى المطلوب مباشرة.

د. الاهتمام بعلامات الترقيم كالنقطة والفاصلة والتعجب والاستفهام والتنصيص لأن في ذلك دليلاً على فهمك لما تقول.

هـ. تقسيم الوقت بعدلٍ بين الأسئلة، فقد يلجأ الطلاب إلى الاستطالة في بعض الأجوبة التي يجدون خلالها مادة يحبونها فيقع عليهم حكم المذكور في الفقرة (ب).

هذا بالإضافة إلى اصطحابك ثقتك بنفسك وبما تكتبه لأنّ المصحح يهتم بكل فكرة ورأي ويتابع إجاباتك باهتمام يُمكنه من إعطائك حقك كاملاً، ويقابل جهدك بتقدير يستحقه.

الباب الأول

قواعد اللغة العربية

المحتويات

أ. التمهيد

ب. مراجعة عامة لموضوعات دُرست مُسبقاً

١. أنواع الأسماء

٢. أنواع الأفعال

٣. أنواع الحروف

٤. علامات الإعراب

ج. موضوعات الكتاب الرئيسة

١. المعرب والمبني

٢. الأسماء الخمسة وإعرابها

٣. العطف

٤. الصفة أو النعت

٥. إعراب المبتدأ والخبر

٦. المبني من الأسماء

٧. إنّ وأخواتها

٨. كانَ وأخواتها

٩. الجملة الاسمية والجملة الفعلية وأشباه الجمل وموقعها من الإعراب

١٠. الفاعل

١١. نائب الفاعل

١٢. المفعول به

١٣. المفعول معه

١٤. المفعول المطلق

١٥. المفعول لأجله

أ. التمهيد

يُعطي المنهج أهمية كبيرة لقواعد اللغة في التقييم، ولهذا تمّ تخصيص قسم منفصل في تركيب الورقة الأولى لهذه المادة، وأُعطيت حصة قدرها (٢٠) درجة من الدرجة الكاملة لهذه الورقة والتي قدرها (٧٠) درجة، وتشمل هذه المادة (٣٨) موضوعاً، ويغطي المنهج جميع الموضوعات الأساس التي يمر بها المتعلم عادةً خلال دراسته للغة العربية منذ بداية تعليمه في المرحلة الابتدائية وحتى العام العاشر. وسوف ندخل في هذه الموضوعات لتوجيه الطالب إلى ما تعلمه سابقاً، وتمهيداً له في التعمق في البحث والاستعداد الجيد للامتحان. وقد تمّ حصر ما هو مطلوب في هذه المادة فيما يلي:

١. المعلومات الأساس تقديم سريع بأمثلة مختصرة لتوجيه الطالب إلى ضرورة الرجوع إلى الكتب التعليمية التي تمت دراستها من قبل تهيئة له لفهم المعلومات المتقدمة التي يطرحها هذا الكتاب.

٢. المعلومات اللاحقة التي يتناولها هذا الكتاب ولها علاقة مباشرة بامتحان إيديكسيل IGCSE.

ب. مراجعة عامة لموضوعات دُرست مسبقاً

١. أنواع الأسماء

للأسماء أنواع مختلفة كما مرّ بك في دراساتك السابقة، وتأتي هذه الأنواع بالشكل الموجز التالي:

- المفرد والمثنى والجمع:

انظر إلى الأمثلة في الجدول التالي:

المفرد	المثنى	الجمع
قلم	قلمان	أقلام
مائدة	مائدتان	موائد
معلم	معلمان	معلمون
معلمة	معلمتان	معلمات
سيارة	سيارتان	سيارات
قطار	قطاران	قطارات
أب	أبوان	آباء
أم	أمّان	أمّهات/أمّات
هذا	هذان	هؤلاء
هذه	هاتان	هؤلاء
الذي	اللذان	الذين
التي	اللتان	اللائي/اللاتي/اللواتي
مَنْ (بمعنى الذي)	مَنْ	مَنْ
هو	هُما	هم
هي	هُما	هُنّ
هـ (في مثل قلمه)	هُما (في مثل قلمهما)	هُم (في مثل قلمهم)
ها (في مثل قلمها)	هُما (في مثل قلمهما)	هُنّ (في مثل قلمهنّ)

٢. أنواع الأفعال

المقصود هنا أنواع الأفعال من حيث زمن وقوعها، فهي تنقسم إلى ماض ومضارع وأمر كما في الأمثلة التالية:

ماض	مضارع	أمر
كَتَبَ	يكتب	أكْتُبْ
سألَ	يسأل	اِسألْ/سَلْ
دحرجَ	يُدحرجُ	دَحرجْ
أقدمَ	يُقدِمُ	أقدِمْ
استعانَ	يستعين	اِستعِنْ

قامَ	يقومُ	قُمْ
نامَ	ينامُ	نَمْ
سارَ	يسيرُ	سِرْ

٣. أنواع الحروف

في هذا الحقل نذكر عددا من الحروف الوظيفية في اللغة، ولكل منها تسمية ووظيفة معينة، وسنقتصر هنا على ذكر بعضها فقط للدلالة والذكرى كما في الجدول التالي:

حروف الجر	مِن – إلى – عن – على – في – حتى – اللام (لِـ) – الباء (بِـ) - رُبَّ – مُذ - مُنذُ – خلا – عدا – حاشا – الواو(وَ القسم) - التاء (تَـ القسم والتي يُحصرُ استعمالها مع لفظ الجلالة) – كاف التشبيه (كَـ)
أمثلة: جاءَنا خبرٌ سارٌّ من أخيك	
الحروف المشبهة بالفعل	إنّ – أنّ – كأنّ – لكنّ - ليتَ – لعل
أمثلة: إنّ جَوَّ الشتاءِ قارصٌ. علمتُ أنّك نجحتَ في الامتحان. لا تمش وكأنّك تملِكُ الأرضَ. سافر عليٌّ لكنّ زيداً اضطُرّ إلى البقاءِ. ليتَ الامتحانَ سهلٌ. لعلّ أباك عالمٌ بنجاحك.	
حروف أخرى	لا – كي – أنْ – لنْ – إذنْ - لا، نعم، بلى، إي، أجل – لم – لمّا - ما - لات – ما – لو – لولا – لوما - أمّا – ألا – هلاّ – السّين – سوف - هل – أ – الواو

٤. علامات الإعراب

علامات الإعراب يُمكن تقسيمها إلى قسمين:

١. علامات الإعراب الأصلية

علامات الإعراب الأصلية هي الضمة والفتحة والكسرة والسكون وهي تُمثل في وظائفها ما يلي:

علامة الإعراب	حالة الإعراب	مثال
الضّمّة (ُ)	الرفع	**محمدٌ مجتهدٌ** في دروسه
الفتحة (َ)	النّصب	قابلتُ **محمداً**

الكسرة (ِ)	الجَر	اتصلتُ **بمحمدٍ** أمس
السكون (ْ)	الجزم	لا **تُهمِلْ** دروسك

٢. علامات الإعراب البديلة

علامات الإعراب البديلة هي العلامات التي تنوب عن العلامات الأصلية وتُصنف إلى:

أ. العلامات التي تنوب عن الضمة:

١. الواو في الأسماء الخمسة وجمع المذكر السالم والملحق بجمع المذكر السالم، ومثال ذلك:

جاء **ذو** الفضل والكرم

ذو	فاعل مرفوع وعلامة رفعه الواو لأنه من الأسماء الخمسة

حضر **المعلمون** حفل التخرج

المعلمون	فاعل مرفوع وعلامة رفعه الواو لأنه جمع مذكر سالم

زارنا **عشرون** رجلاً

عشرون	فاعل مرفوع وعلامة رفعه الواو لأنه ملحق بجمع المذكر السالم

الملحق بجمع المذكر: السالم هو ذلك اللفظ الذي لم يستوف شروط جمع المذكر السالم، وهي:

- **أن يكون جامدا حيث يكون علما لمذكر عاقل خاليا من تاء التأنيث والتركيب.**
- **أو صفة لمذكر عاقل خالية من تاء التأنيث وليست من باب أفعل فعلاء ولا من باب فعلان فعلى ولا مما يستوي فيه المذكر والمؤنث.**

ومن الأسماء الملحقة بجمع المذكر السالم ما يلي:

الملحق بجمع المذكر السالم	الشرط الناقص
أولو	**لا مفرد لها من لفظها**
عشرون، ثلاثون، أربعون، خمسون، ستون، سبعون، ثمانون، تسعون	**العقود العددية، لا واحد لها من لفظها**
أهلون	**لها واحد من لفظها وهو "أهل"، ولكن نقص شرط، فأهل ليست علما ولا صفة بل هي اسم جنس جامد**

أرضون	**لها واحد من لفظها وهو "أرض" لكن أرض اسم جنس جامد مؤنث غير عاقل**
سنون	**لها مفرد وهو سنة لكنها اسم جنس مؤنث، وتغير عند جمعه غير عاقل**
عليون	**اسم لأعلى الجنة قال تعالى "كلا إن كتاب الأبرار لفي عليين، وما أدراك ما عليون"، له مفرد وهو "علّي" بتشديد اللام ولكن مفرده هذا غير عاقل**

٢. الألف في المثنى، ومثال ذلك:

هذان هما **الطالبان الفائزان**

هذان الطالبان الفائزان	مبتدأ مرفوع وعلامة رفعه الألف لأنه مثنى. خبر مرفوع وعلامة رفعه الألف لأنه مثنى. صفة مرفوعة وعلامة رفعها الألف لأنها مثنى.

٣. ثبوت النون في الأفعال الخمسة.

إنّك **تحبين** فاكهة المناطق الحارّة

تحبين	فعل مضارع مرفوع وعلامة رفعه ثبوت النون لأنه من الأفعال الخمسة

ب. العلامات التي تنوب عن الفتحة:

١. الياء في المثنى وجمع المذكر السالم والملحق بجمع المذكر السالم، ومثال ذلك:

رأيتُ **أسدين** في الغابة

أسدَين	مفعول به منصوب وعلامة نصبه الياء لأنه مثنى

قابلت **المهندسين** في مكاتبهم

المهندسين	مفعول به منصوب وعلامة نصبه الياء لأنه جمع مذكر سالم

اشتريتُ **خمسين** كتاباً

خمسينَ	مفعول به منصوب وعلامة نصبه الياء لأنه ملحق بجمع المذكر السالم

٢. الألف في الأسماء الخمسة، ومثال ذلك:

أعطيتُ **أخاكَ** كتاباً قيّماً

أخاكَ	مفعول به منصوب وعلامة نصبه الألف لأنه اسم من الأسماء الخمسة

٣. حذف النون في الأفعال الخمسة، ومثال ذلك:

لنْ **تجنيا** مِن الشوكِ العِنب

تجنيا	فعل مضارع منصوب وعلامة نصبه حذف النون لأنه من الأفعال الخمسة

٤. الكسرة في جمع المؤنث السالم، ومثال ذلك:

أُفضِّلُ **السياراتِ** القديمة على الحديثة

السياراتِ	مفعول به منصوب وعلامة نصبه الكسرة لأنه جمع مؤنث سالم

أكرمنا **البناتِ** المهذبات

البنات	مفعول به منصوب وعلامة نصبه الكسرة لأنه جمع مؤنث سالم

الملحق بجمع المؤنث السالم: هو ذلك اللفظ الذي لم يستوف شروط جمع المؤنث السالم، وهي:

- الدلالة على أكثر من اثنين بزيادة ألف وتاء على آخره.
- عدم تغيير مفرده عند الجمع.
- العلامات التي تنوب عن الكسرة:

١. الياء في الأسماء الخمسة، ومثال ذلك:

سافرتُ مع **حميكَ** إلى الجزائر

حميك	اسم مجرور وعلامة جره الياء لأنه من الأسماء الخمسة

٢. الياء في المثنى، ومثال ذلك:

أهدى الوزيرُ الجائزة لأحسن **طالبَيْن** في الرسم

طالبين	مضاف إليه مجرور وعلامة جره الياء لأنه مثنى

٣. الياء في جمع المذكر السالم والملحق بجمع المذكر السالم، ومثال ذلك:

لعبت مع أشهر **اللاعبين** في أوربا

اللاعبين	مضاف إليه مجرور وعلامة جره الياء لأنه جمع مذكر سالم

بنى المهندس البيت في بضع **سنين**

سنين	مضاف إليه مجرور وعلامة جره الياء لأنه ملحق بجمع المذكر السالم

٤. الفتحة في الاسم الممنوع من الصرف، ومثال ذلك:

سافر الطلابُ إلى **بغدادَ**

بغدادَ	اسم مجرور وعلامة جره الفتحة لأنه ممنوع من الصرف

د. العلامات التي تنوب عن السكون:

١. حذف النون في الأفعال الخمسة، ومثال ذلك:

لا **تُخلِفا** وعدكما

تُخلِفا	فعل مضارع مجزوم وعلامة جزمه حذف النون لأنه من الأفعال الخمسة

٢. حذف حرف العلة في الفعل المضارع المعتلّ الآخر والأجوف.

لا **تَنْهَ** عن عملٍ وتأتيَ مثله. (أصل الفعل "نَهى – يَنهى")

تَنْهَ	فعل مضارع مجزوم وعلامة جزمه حذف حرف العلة

لم **تَنَمْ** الطفلةُ في السرير. (أصل الفعل "نامَ – ينامُ")

تَنَمْ	فعل مضارع مجزوم وعلامة جزمه حذف حرف العلة

ج. موضوعات الكتاب الرئيسة

١. المعرب والمبني

- المعرب هو الكلمة التي تسمح بتغيير آخرها تأثراً بموقعها في الجملة، كأن تكونَ فاعلا، أو مبتدأ، أو مفعولاً به وما إلى ذلك، كما توضح الأمثلة التالية:

الجملة	الكلمة المعربة	علامة الإعراب	السبب
دخلَ الطلابُ الفصلَ	الطلابُ	الضمة	فاعل
	الفصلَ	الفتحة	مفعول به
لِمَ لم تطرُقْ بابَ الدارِ قبلَ الدخول؟	تَطرُقْ	السكون	فعل مضارع مجزوم بـ (لم)
	بابَ	الفتحة	مفعول به
	الدارِ	الكسرة	مضاف إليه
	قبلَ	الفتحة	ظرف زمان
	الدخول	الكسرة	مضاف إليه

- المبني هو الكلمة التي لا تسمح بتغيير آخرها تأثراً بموقعها في الجملة، كما توضح الأمثلة التالية:

الجملة	الكلمة المبنية	علامة البناء	السبب
هؤلاءِ هم الممرضون المشرفون على المريض	هؤلاءِ	الكسرة	اسم إشارة يدل على الجمع
	على	السكون	حرف جر
مَنْ يجتهدْ ينجَحْ	منْ	السكون	اسم شرط
مَنْ أسهمَ في بناء المدرسة؟	منْ	السكون	اسم استفهام

٢. الأسماء الخمسة وإعرابها

- الأسماء الخمسة هي: ((أبو) و(أخو) و(حمو) و(فو) و(ذو)).

وتُعرب هذه الأسماء حسب موقعها في الجملة:

- تكون مرفوعة وعلامة رفعها الواو، كما في: أبوك رجلٌ كريمٌ.
- أو تكون منصوبة وعلامة نصبها الألف، كما في: إنّ حماك مهندس بارع.
- أو تكون مجرورة وعلامة جرها الياء، كما في: سلمت على ذي مال.

مثال في الإعراب:

أعرب ما تحته خط:

أنا <u>وحموك</u> ذهبنا مع <u>أبيك</u> في رحلة إلى لندن لقضاء عطلة الصيف وقررنا أن نزور <u>أخاك</u> الذي كان يدرس في الجامعة هناك.

الإعراب

الكلمة	إعرابها
وحموك	الواو حرف عطف، وحمو اسم معطوف وهو مرفوع وعلامة رفعه الواو، وهو مضاف والكاف ضمير في محل جرٍّ مضاف إليه
أبيك	أبي مضاف إليه مجرور وعلامة جره الياء، وهو مضاف، والكاف ضمير في محل جرٍّ مضاف إليه
أخاك	أخا مفعول به منصوب وعلامة نصبه الألف، وهو مضاف، والكاف ضمير في محل جرٍّ مضاف إليه

أمثلة في الإعراب

١. محمدٌ أبٌ مثاليٌّ

الكلمة	إعرابها
محمدٌ	مبتدأ مرفوع وعلامة رفعه الضمة الظاهرة على آخره
أبٌ	خبر مرفوع وعلامة رفعه الضمة الظاهرة على آخره
مثاليٌّ	صفة مرفوعة وعلامة رفعها الضمة الظاهرة على آخرها

٢. كُنْ أخاً وصديقاً لطلابكَ

الكلمة	إعرابها
كُنْ	فعل أمر مبني على السكون، وهو فعل ناسخ، واسمه ضمير مستتر تقديره أنتَ
أخاً	خبر "كنْ" منصوب وعلامة نصبه الفتحة الظاهرة على آخره
وصديقاً	الواو حرف عطف، وصديق اسم معطوف منصوب وعلامة نصبه الفتحة الظاهرة على آخره
لطلابكَ	اللام حرف جرّ، وطلاب اسم مجرور وعلامة جره الكسرة الظاهرة على آخره، وهو مضاف والكاف ضمير في محل جرٍّ مضاف إليه

ملاحظة:

إن الأسماء "حمو" و "فو" و "ذو" تأتي دائما مضافةً إلى كلمة أخرى ولا يستقيمُ معناها إلا بتلك الإضافة، وتتبع في ذلك كل سمات إعراب الأسماء الخمسة المذكورة أعلاه. أما الأسماء "أخو" و"أبو" و"حمو" فهي لا تعتبر من الأسماء الخمسة في الحالتين التاليتين:

- إذا جاءت بصيغة المثنى أو الجمع كما في الأمثلة التالية:

  هاجرَ أخواه وحمواه إلى كندا.

  اجتمع مجلس الآباء.

  رأيت إخوانك في المؤتمر.

- إذا جاءت غير مضافة تعرب بعلامات الإعراب الأصلية كما في:

  لأحمدَ أخٌ كريمٌ وأبٌ حليم

- إذا أُضيفا لياء المتكلم أعربا بحركات مقدرة على ما قبل الياء، كما في:

  أخي يساعد أبي في المعمل. (أخ: مبتدأ مرفوع وعلامة رفعه الضمة المقدرة، وهو مضاف والياء ضمير في محل جر مضاف إليه. أب: مفعول به منصوب وعلامة نصبه الفتحة المقدرة، وهو مضاف والياء ضمير في محل جر مضاف إليه.

٣. حماةُ البنت وحموها معلمان

حماةُ	مبتدأ مرفوع وعلامة رفعه الضمة الظاهرة على آخره
البنت	مضاف إليه مجرور وعلامة جرِّه الكسرة الظاهرة على آخره
وحموها	الواو حرف عطف، و"حمو" اسم مرفوع معطوف على مرفوع، وعلامة رفعه الواو لأنه من الأسماء الخمسة، وهو مضاف، والضمير "ها" في محل جرٍّ مضاف إليه
معلمان	خبر مرفوع وعلامة رفعه الألف لأنه مثنى

٤. لا تضع السيجارة في فيكَ

لا	حرف نهي جازم مبني على السكون
تضع	فعل مضارع مجزوم وعلامة جزمه السكون، والفاعل ضمير مستتر تقديره أنت
السيجارةَ	مفعول به منصوب وعلامة نصبه الفتحة الظاهرة على آخره
في	حرف جر
فيكَ	"في" اسم من الأسماء الخمسة مجرور وعلامة جرِّه الياء، وهو مضاف والكاف ضمير مبني على الفتح في محل جرٍّ مضاف إليه

تمرين ١:

أكمل الجمل التالية بوضع اسم مناسب من الأسماء الخمسة واضبطه بالشكل:

أ. أخي الصغير يدرس مع.......... في المدرسة.

ب. قابلت........... في السوق.

ج. التقيت امرأة ثرثارة لم تغلق.......... لأكثر من نصف ساعة.

د. .... الكرمِ محبوب بين الناس.

هـ. لـ......... حقٌّ عليك.

تمرين ٢:

أعرب الجملة التالية:

أبي ابنُ عمِّ أبيكَ.

تمرين ٣:

أعرب ما تحته خط في الجمل التالية:

أ. حموه رجل كريم.

ب. ساعِدْ أخاكَ، واستمع لنُصحِ أبيكَ.

ج. حافظْ على صِحّة فيكَ.

د. أمرنا الله بطاعة أبوينا.

هـ. رحم الله ذا القلب الطيب.

٣. العطف

هو أن نجعل كلمةً تابعةً لكلمةٍ قبلها في الرفع أو النصب أو الجر مستعينين في ذلك بحرف يُسمى حرف العطف. وحروف العطف تسعة وهي:

الواو – الفاء – أو – أمْ – ثمّ – لا – لكنْ – بلْ – حتّى.

وفيما يلي وصف لوظائف هذه الحروف مع أمثلة على استخدامها:

حرف العطف	الوظيفة/الفائدة اللغوية	الأمثلة
الواو	لمطلق الجمع	جاء زيدٌ ومحمدٌ
الفاء	للترتيب مع التعقيب	دخل عليٌّ فسعيدٌ
أو	للتخيير أو الشك	سيدخل المنزلَ عليّ أو سعيدٌ
أمْ	لطلب التعيين	أتَحدَّث في الحفل ناصرٌ أم سميرٌ؟
ثُمّ	للترتيب ثمّ التراخي	دخل عليّ ثم سعيدٌ
لكنْ	للاستدراك/للعدول	ما هُدِمَ بيتٌ لكنْ مدرسةٌ
بلْ	للعدول عن الحكم السابق	استقبلنا مديرا بلْ وزيرا
لا	لنفي الحكم عن المعطوف	قفزت القطةُ لا الكلبُ
حتّى	للغاية	احتفل المدرسون حتى المديرُ

مثال في الإعراب:

أعرب ما تحته خط:

المسؤولان هما الوزيرُ ورئيسُ الدولةِ.

الإعراب

الكلمة	إعرابها
ورئيسُ	الواو حرف عطف، و"رئيسُ" اسم مرفوع معطوف على "الوزيرُ" وعلامة رفعه الضمة الظاهرة على آخره وهو مضاف والدولة مضاف إليه

تمرين ٤:

ضع في كل فراغ مما يلي اسما معطوفاً مناسبا:

أ. البنت و........ تدرسان في جامعة لندن.

ب. سنسافر بالقطار أو...........

ج. ما فازَ حسامٌ لكن..........

د. كُل بيدك اليمنى لا..........

هـ. أشرب الضيفُ العصير أم........؟

تمرين ٥:

أكمل كل جملة من الجمل التالية بوضع حرف عطف مناسب واضبط الكلمة التي بعده بالشكل:

أ. نامت الأمُّ.... طفلها.

ب. قُمْ أوَّلا.... اقعد.

ج. أأنت في الدكان.... سلمان؟

د. ما حضر محمد.... عليّ.

هـ. ركبنا الحافلة.... الطائرة.

٤. الصفة أو النعت

الصفةُ أو النعتُ اسم يُبيِّن صفةً في اسم قبله، مثل:

عليّ رجل كريم.

فإذا نظرنا إلى هذه الجملة لوجدنا أنّ كلمة (رجل) تحمل صفاتٍ كثيرة منها القوة والشجاعة – والطول – والكرم وغيرها، وقد جاءت كلمة كريم لتوضح إحدى هذه الصفات، ولذلك نُسمي كلمة رجل (الموصوف) وكلمة كريم (النعت أو الصفة).

ويتطابق الموصوف والصفة في التذكير والتأنيث، وفي التنكير والتعريف، وفي الإفراد والتثنية والجمع وكذلك في حركات الإعراب، كما هو موضح في الجدول التالي:

الجملة	الصفة	الموصوف	نوع التطابق
أحبّ الطالبَ المجدَّ	المجدَّ	الطالبَ	التذكير
وجدت السيّارة الجديدة أمام البيت	الجديدة	السيّارة	التأنيث

الليل المظلمُ مخيف	المظلمُ	الليل	التعريف
سلمت على الولد الكريم	الكريم	الولد	الإفراد
سلمتُ على الولدين الكريمين	الكريمين	الولدين	التثنية
سلمتُ على الأولاد الكرام	الكرام	الأولاد	الجمع
اللاعبون البريطانيون سريعون	البريطانيون	اللاعبون	الإعراب

مثال في الإعراب:

طارقٌ طالبٌ مجتهدٌ.

طارق	مبتدأ مرفوع وعلامة رفعه الضمة الظاهرة على آخره.
طالب	خبر مرفوع وعلامة رفعه الضمة الظاهرة على آخره.
مجتهد	صفة لطالب مرفوعة وعلامة رفعها الضمة الظاهرة على آخرها.

تمرين ٦:

ضع كلمة مناسبة في المكان الخالي من الجمل الآتية، واضبط آخرها بالشكل:

أ. جاء فارسان..........

ب. جاء فرسان..............

ج. شاهدت حديقةً............

د. نصحت المعلمة الطالبات................

هـ. الأمانة صفة...............

٥. إعراب المبتدأ والخبر

المبتدأ:

المبتدأ اسم مُخبَر عنه وعادة ما يأتي في أول الجملة مثل كلمة "العلمُ" في الجملة (العلمُ نورٌ)، وهو مرفوع دائماً بالضمة أو الألف أو الواو.

الخبر:

الخبر اسم يوضح المقصود من المبتدأ وهو مرفوع دائماً بالضمة أو الألف أو الواو تبعاً لما يكون عليه المبتدأ كما جاء في الأمثلة المذكورة.

أمثلة: السماءُ صافيةٌ – الرجلان مهذبان – المؤمنون متعاونون.

الجملة	المبتدأ	الخبر
السماءُ صافية	السماءُ	صافية
الرجلان مهذبان	الرجلان	مهذبان
المؤمنون متعاونون	المؤمنونَ	متعاونون

أنواع الخبر

لخبر المبتدأ أنواع ثلاثة: (مفرد وجملة وشبه جملة)

الخبر المفرد:

الخبر المفرد يعني كلمة واحدة وإن دلّت على مثنى أو جمع، فالكلمات التي تحتها خط في الجمل الثلاث التالية جاءت خبرا مفردا للمبتدأ مع أن الكلمة التي تحتها خط في الجملة رقم ٢ تدل على مثنى، والكلمة التي تحتها خط في الجملة رقم ٣ تدلّ على جمع:

١. الفارس <u>شجاعٌ</u>.
٢. العالمان <u>متفقان</u>.
٣. العلماء <u>متفقونَ</u>.

الخبر الجملة:

الخبر الجملة إما أن يكون جملة فعلية أو جملة اسمية أو شبه جملة، كما هو موضح في الجدول التالي:

الجملة	المبتدأ	الخبر	نوع الخبر
الصدقُ يُنجي صاحبه	الصدقُ	يُنجي صاحبه	جملة فعلية
المدينة شوارعها نظيفةٌ	المدينة	شوارعها نظيفةٌ	جملة اسمية
العصفورُ فوق الشجرة	العصفورُ	فوق الشجرة	شبه جملة

ومن الجدير بالذكر هنا أنّ الجملة الفعلية تتكون من فعل وفاعل، والجملة الاسمية من مبتدأ وخبر، أما شبه الجملة فلا ينطبق عليها ما ينطبق على الجملة الاسمية أو الجملة الفعلية، وهي عادة ما تأتي مكوّنة من جار ومجرور كما في جملة مثل "الرجلُ في الغرفةِ"، فالخبر هو "في الغرفة" وهو مكوّن من حرف جرٍّ "في"، و"الغرفةِ" وهي اسم مجرور بحرف جرٍّ، والاثنان معاً "في الغرفةِ" نسميهما شبه جملة.

وقد تكون شبه الجملة مكوّنة من ظرف زمان أو ظرف مكان متبوع بكلمة تكون مضافا إليه كما جاء في المثال أعلاه "العصفورُ فوق الشجرة"، حيث أن الخبر هو "فوق الشجرة" ويتكون من "فوق" وهي ظرف مكان جاء مضافا، و"الشجرة" الذي جاء مضافا إليه.

مثال:

أنظر إلى نوع الخبر في الأمثلة التالية:

الجملة	المبتدأ	الخبر	نوع الخبر
السيَّارة جميلة	السيَّارة	جميلة	مفرد
السيَّارة عجلاتها جديدةٌ		عجلاتها جديدةٌ	جملة اسمية
السيَّارة تسيرُ بسرعةٍ		تسيرُ بسرعةٍ	جملة فعلية
السيَّارة في الورشةِ		في الورشةِ	شبه جملة

تمرين ٧:

أكمل الجملة التالية أربع مرات بوضع خبر مناسب ليكون مفرداً في الأولى، وجملة فعلية في الثانية، وجملة اسمية في الثالثة وشبه جملة في الرابعة كما ورد في المثال أعلاه:

المدرسةُ.................................

٦. المبني من الأسمـاء

الاسم المبني هو الذي يكون آخره على حالة واحدة في كل موقع من مواقع الإعراب. فمثلاً كلمة (هذا) هي اسم إشارة مبنيّ على السكون، ويظل كذلك في كل مواقعه الإعرابية. وإليك الآن أمثلة لذلك:

الجملة	الاسم المبني	إعرابه
هذا رجل كريم	هذا	هذا اسم إشارة مبتدأ مبني على السكون في محل رفع
إن هذا رجل كريم	هذا	هذا اسم إن مبني على السكون في محل نصب
تحدثتُ إلى هذا الرجل	هذا	هذا اسم مبني على السكون في محل جر بحرف الجر "إلى"

من الجدير بالعلم هنا أنّ الأسماء المبنية تبقى على حركة البناء ضماً أو فتحاً أو كسراً أو سكوناً في كلِّ حالاتها وتكون مبنية في موضع حركة الإعراب رفعاً أو نصباً أو جراً أو جزماً، كما هو موضح في الأمثلة التالية:

الاسم المبني	حركة البناء
نحنُ	الضم
أنتَ	الفتح
أنتِ	الكسر
أنتمْ	السكون

وتشمل الأسماء المبنية ما يلي:

	الأسماء المبنية
١.	بعض الظروف
٢.	أسماء الاستفهام
٣.	الضمائر
٤.	أسماء الشرط
٥.	أسماء الإشارة – يُستثنى من البناء منها (هذان – هاتان)
٦.	الأسماء الموصولة – يستثنى من الأسماء الموصولة (اللذان – اللتان)

تمرين ٨:

عين الاسم المبني في النص التالي وبين علامة بنائه:

لأحمد حسن الزيات

الحج والزكاة هما الركنان الاجتماعيان من أركان الدين، يقوم عليهما الأمن بين الفرد والفرد، وبين الفرد والجماعة. كما يقوم على ثلاثة الأركان الأخرى الأمر بين المرء وربه، وبين المرء ونفسه. فالزكاة تقيم نظام المجتمع على التعاطف، والرحمة. والحج يقيمها على التعارف والألفة، فيحقق الأول معنى الإخاء بنفي العقوق، ويحقق الآخر معنى المساواة بمحو الفروق. والإخاء والمساواة شعار الإسلام. وقاعدة السلام وملاك الحرية، ومعنى المدنية الحق، وروح الديمقراطية الصحيحة.

٧. إنّ وأخواتها

إنَّ وأخواتها حروف يفيد كلٌ منها معنى بعينه، وهذه الحروف هي:

إن – أن – كأنَّ – لكنَّ – ليتَ – لعلَّ

وظيفة إنّ وأخواتها:

الحروف (إنّ وأخواتها)	الفائدة/الوظيفة	الأمثلة
إنّ	تفيد التوكيد	إن القمرَ منيرٌ
أنّ	تفيد التوكيد، ولابد أنْ يتقدمها كلام	يسعدني أنّ الدولة مهتمة بالمعاقين
كأن	تفيد تشبيه اسمها بخبرها	كأن الكريمَ غيثٌ
لكنّ	تفيد الاستدراك	اصطدمت السيارة بالشاحنة لكن الركابَ سالمون

لعل	تفيد الرجاء (لما يمكن حدوثه)	لعل المسافرَ عائدٌ
ليت	تفيد التَّمني (لما يستحيل حدوثه)	ليت الأشجارَ مثمرةٌ

من الجدير بالعلم هنا أنَّ إن وأخواتها حروف ناسخة تدخل على الجملة الاسمية فتنصب المبتدأ ويسمى اسمها وتترك الخبر مرفوعا ويسمى خبرها، كما موضح في الأمثلة المعربة التالية:

أمثلة في الإعراب:

١. تأخرت الطائرة لكنّ المسافرين مسرورونَ:

الكلمة	إعرابها
لكنّ	حرف ناسخ يفيد الاستدراك والنصب، أو حرف مشبه بالفعل، أو حرف نصب، أو حرف ناسخ
المسافرين	اسم لكنّ منصوب وعلامة نصبه الياء لأنّه جمع مذكر سالم
مسرورونَ	خبر لكنّ مرفوع وعلامة رفعه الواو لأنّه جمع مذكر سالم

٢. إنَّك لا تجني من الشوكِ العنبَ

الكلمة	إعرابها
إنّك	إنّ: حرف مشبه بالفعل، والكاف ضمير في محل نصب اسم إنّ
لا	حرف نفي
تجني	فعل مضارع مرفوع وعلامة رفعه الضمة وقد منع من ظهورها الثّقل، والفاعل ضمير مستتر تقديره أنت
من	حرف جر
الشوكِ	اسم مجرور بحرف الجر وعلامة جرّه الكسرة الظاهرة على آخره
العنبَ	مفعول به منصوب وعلامة نصبه الفتحة الظاهرة على آخره وجملة **"لا تجني من الشوكِ العنبَ"** في محل رفع خبر إنّ

علامات النصب في اسم إن وأخواتها هي:

الأمثلة	الحالة	العلامة
إن القويَّ محترم	الاسم المفرد	الفتحة
إن الرجالَ مستعدون	جمع التكسير	
إن الرجلين متفقان	المثنى	الياء
إن المسلمين متّحدون	جمع المذكر السالم	
إن الأمهاتِ عظيماتٌ	جمع المؤنث السالم	الكسرة

خبر إنّ وأخواتها:

خبر إنّ هو كل خبر لمبتدأ تدخل عليه إنّ أو إحدى أخواتها، ويكون هذا الخبر مرفوعا دائماً، ولهذا يُمكن القول:

إذا دخلت إنّ أو إحدى أخواتها على جملة اسمية تنصُبُ المبتدأ ويصبح اسمها، وتترُك الخبرَ مرفوعاً ويصبح خبرها، كما موضح في المثال التالي:

	جملة اسمية + إنّ (أو إحدى أخواتها)	جملة إنّ	اسم إنّ (أو إحدى أخواتها)	خبرها
أ.	إنّ + (السماءُ صافيةٌ)	إنّ السماءَ صافيةٌ	السماءَ	صافيةٌ
ب.	إنّ + (الرجلان متفقان)	إن الرجلين متفقان	الرجلين	متفقان
ج.	إنّ + (الأغنياءُ محسودون)	إن الأغنياءَ محسودون	الأغنياءَ	محسودون
د.	إنّ + (المدنُ شوارعُها منظمةٌ)	إنّ المدنَ شوارعُها منظمةٌ	المدنَ	شوارعُها منظمة
هـ.	إنّ + (الكتابُ يُفيد قارئه)	إن الكتابَ يُفيد قارئه	الكتابَ	يُفيد قارئه
و.	إنّ + (النجاةُ في الصدق)	إن النجاةَ في الصدق	النجاةَ	في الصدق
ز.	إنّ + (الطائرُ فوق الشجرة)	إن الطائرَ فوق الشجرة	الطائرَ	فوق الشجرة
ح.	إنّ + (الاجتماعُ بعد المغرب)	إن الاجتماعَ بعدَ المغرب	الاجتماعَ	بعدَ المغرب

يتضح لنا من الأمثلة في الجدول السابق أنّ خبر إنّ وأخواتها يمكن أن يكون:

- كلمة واحدة كما في "أ" و"ب" و"ج". وهذه الكلمة ممكن أن تدل على مفرد كما في "أ"، أو تدلُّ على مثنى كما في "ب" أو على جمع كما في "ج".
- أو جملة اسمية كما في "د".
- أو فعلية كما في "هـ".
- أو شبه جملة من جار ومجرور كما في "و".
- أو شبه جملة مكونة من ظرف مكان متبوعا باسم يكون مضافا إليه كما في "ز".
- أو شبه جملة مكونة من ظرف زمان متبوعاً باسم يكون مضافاً إليه كما في "ح".

تمرين ٩:

احذف الكلمات التي تحتها خط من الجمل التالية وغير ما يلزم:

أ. إنّ القائدَ مسرور بانتصاراتِ جيشه.

ب. كأنّ السماءَ ممطرةٌ.

ج. ليت اللاعبتين موجودتان.

د. لعل أباك قادرٌ على مساعدتك.

تمرين ١٠:

عين خبر إنّ أو إحدى أخواتها في الجمل التالية وبين نوعه كما في المثال:

مثال: إنّ العاملَ يعمل بنشاط.

الجواب: خبر إنّ: يعمل من الفعل والفاعل المقدر

نوعه: جملة فعلية

أ. كأن الضوءَ نار.

ب. تعطلت المواصلات لكنّ القطارات مستمرة بالعمل.

ج. ليت أخاك في المكتب اليوم.

د. علمت أنّ سلمى اشترت سيارةً جديدة.

هـ. إنّ التدخين أضراره جسيمة.

٨. كانَ وأخواتها

كانَ وأخواتها أفعال ناسخة تدخل على الجملة الاسمية ويصير المبتدأ اسمها ويبقى مرفوعا، وتجعل الخبر منصوباً ويصير خبرها كما هو موضح أدناه:

الجملة الاسمية	المبتدأ	الخبر	دخول كان على الجملة	اسم كان	خبر كان
السحابُ كثيفٌ	السحابُ	كثيفٌ	كان السحابُ كثيفاً	السحابُ	كثيفاً

هناك أفعال تعمل عمل كان عند دخولها على الجمل الاسمية، وتعرب إعرابها ولهذا نسمي هذه الأفعال أخوات كان، ويُمكننا تصنيف هذه الأفعال إلى مجموعتين:

أ. مجموعة تتكون من ثلاثة عشر فعلاً بما فيها "كان" وهي:

ليسَ	باتَ	ظلَّ	أمسى	أضحى	أصبحَ	صارَ	كانَ

ما برحَ	ما زالَ	ما فتئَ	ما انفكَّ	ما دامَ

أمثلة في جمل	
	كان الماءُ حارًّا
	صارَ الثلجُ ماءً
	أصبحنا مسرورينَ
	أضحى الناسُ سعداءَ
	أمسى المطرُ يهطلُ
	ظلّ البابُ مقفلاً
	باتَ المعلمُ مشغولاً
	ليس السفرُ شاقًّا
	ما برحَ حسامٌ يُحبُ السباحة
	ما زال خالدٌ نائماً
	ما فتئَ العلم نافعاً
	لم ينفكُ الطالبُ يدرسُ
	لن ينتصر الجهلُ ما دامت المدارس عاملة

ب. مجموعة تعمل عمل كان من حيث نصبها لخبر الجملة الاسمية مثل أفعال المقاربة والرجاء والشروع والتي سيأتي ذكرها في فصل لاحق في هذا الكتاب.

خبر كان وأخواتها:

خبر كانَ هو كل خبر لمبتدأ تدخل عليه كانَ أو إحدى أخواتها، ويكون هذا الخبر منصوباً دائماً، ولهذا يُمكن القول:

إذا دخلت كانَ أو إحدى أخواتها على جملة اسمية فإنها تنصُبُ الخبرَ ويصبح خبرها، وتترُك المبتدأ مرفوعاً ويصبح اسمها، كما موضح في المثال التالي:

	جملة اسمية + كانَ (أو إحدى أخواتها)	جملة كانَ	اسم كانَ	خبرها
أ.	كانَت + (السماءُ صافيةٌ)	كانَت السماءُ صافية	السماءُ	صافية
ب.	كانَ + (الرجلان متفقان)	كانَ الرجلان متفقين	الرجلان	متفقين
ج.	كانَ + (الأغنياءُ محسودون)	كانَ الأغنياءُ محسودين	الأغنياءُ	محسودين

د.	كانَت + (المدنُ شوارعُها منظمة)	كانَت المدنُ شوارعُها منظمة	المدنُ	شوارعُها منظمة
هـ.	كانَ + (السفرُ يُرهقُ الناسَ)	كانَ السفرُ يُرهقُ الناسَ	السفرُ	يُرهقُ الناسَ
و.	أضحى + (العلمُ في كل مكان)	أضحى العلمُ في كل مكان	العلمُ	في كل مكان
ز.	كانَ + (الطائرُ فوق الشجرة)	كانَ الطائرُ فوق الشجرة	الطائرُ	فوق الشجرة
ح.	كانَ + (الاجتماعُ بعدَ المغرب)	كانَ الاجتماعُ بعدَ المغرب	الاجتماعُ	بعدَ المغرب

يتضح لنا من الأمثلة في الجدول السابق أنّ خبر كانَ وأخواتها يمكن أن يكون:

- كلمة واحدة كما في "أ" و"ب" و"ج". وهذه الكلمة ممكن أن تدل على مفرد كما في "أ"، أو تدلُّ على مثنى كما في "ب" أو على جمع كما في "ج".
- أو جملة اسمية كما في "د".
- أو فعلية كما في "هـ".
- أو شبه جملة من جار ومجرور كما في "و".
- أو شبه جملة مكونة من ظرف مكان متبوعا باسم يكون مضافا إليه كما في "ز".
- أو شبه جملة مكونة من ظرف زمان متبوعاً باسم يكون مضافاً إليه كما في "ح".

أمثلة في الإعراب:

كانَ أخوكَ هادئاً في الاجتماع	
كانَ	فعل ماض ناسخ مبني على الفتح
أخوكَ	"أخو" اسم كان مرفوع وعلامة رفعه الواو لأنه من الأسماء الخمسة، وهو مضاف، و"كَ" ضمير مبني على الفتح في محل جر مضاف إليه
هادئاً	خبر كان منصوب وعلامة نصبه الفتحة الظاهرة على آخره
في	حرف جر
الاجتماع	اسم مجرور بحرف الجر وعلامة جره الكسرة الظاهرة على آخره
ما فتئَ الأمنُ سائداً في البلاد	
ما فتئَ	"ما" حرف نفي، و"فتئَ" فعل ماض ناسخ مبني على الفتح

الأمنُ	اسم ما فتئَ مرفوع وعلامة رفعه الضمة الظاهرة على آخره
سائداً	خبر ما فتئَ منصوب وعلامة نصبه الفتحة الظاهرة على آخره
في	حرف جر
البلادِ	اسم مجرور بحرف الجر وعلامة جره الكسرة الظاهرة على آخره
ما انفكَّ الطالبُ يدرسُ	
ما	حرف نفي مبني على السكون
انفكَّ	فعل ماض ناسخ مبني على الفتح
الطالبُ	اسم "ما انفكَّ" مرفوع وعلامة رفعه الضمة الظاهرة على آخره
يدرسُ	فعل مضارع مرفوع وعلامة رفعه الضمة الظاهرة على آخره، والفاعل ضمير مستتر تقديره هو يعود على "الطالب"، والجملة من الفعل والفاعل في محل نصب خبر ما انفكّ
أضحتْ السماءُ غيومُها كثيفة	
أضحت	"أضحى" فعل ماض ناسخ مبني، والتاء تاء التأنيث الساكنة
السماءُ	اسم "أضحى" مرفوع وعلامة رفعه الضمة الظاهرة على آخره
غيومُها	"غيومُ" مبتدأ مرفوع وعلامة رفعه الضمة الظاهرة على آخره وهو مضاف، و "ها" ضمير في محل جر مضاف إليه
كثيفة	خبر مرفوع وعلامة رفعه الضمة الظاهرة على آخره، والجملة الاسمية من المبتدأ والخبر في محل نصب خبر أضحى

ملاحظة: يجوز تقديم خبر كان وأخواتها على اسمها في الحالات التالية:

- إذا كان مفرداً كما في:

كان جميلاً صوتُ الفتاة.

- إذا كان شبه جملة كما في:

ما زال في الناس خيرٌ.

تمرين ١١:

عيِّن اسم الفعل الناسخ في الجمل التالية وخبره وبين نوع الخبر كما هو موضح في المثال:

	الجملة	اسم الفعل الناسخ	خبر الفعل الناسخ	نوع الخبر
مثال	كان الرجُلُ في الغرفة	الرجُل	في الغرفة	شبه جملة
	أ. لا نخرج في نزهة ما دام المطرُ ينزلُ			
	ب. باتت سيارتنا معطلة طول اليوم			
	ج. أصبحت الناجحاتُ مسروراتٍ			
	د. ظلّ المسافرون في سياراتهم			
	هـ. أمسى الطلاّب استعدادهم جيد للامتحان			

تمرين ١٢:

ضع كلمة مناسبة في كلٍّ من الفراغات التالية مع ضبطها بالشكل:

أ. كان الجو.............. صباح اليوم

ب. انقشع السّحاب وصارت السماءُ................

تمرين ١٣:

أدخل الفعل كان على الجملتين التاليتين وغير ما يلزم:

الرقم	الجملة	بعد إدخال الفعل عليها
أ	المهندسون متعاونون	....
ب	الطالبان مجتهدان	....

٩. الجملة الاسمية والجملة الفعلية وأشباه الجمل وموقعها من الإعراب

مرت علينا في الموضوعات السابقة استخداماتٌ لجمل اسمية ولجمل فعلية ولأشباه الجمل، وفي هذا الجزء سوف نتحدث باختصار عن موقع تلك الجمل من الإعراب.

الجملة الاسمية هي التي تبدأ باسم (يشمل هذا الجمل التي تبدأ بظرف أو بحرف جر)، ويمكننا القول بأنّ الجملة الاسمية هي الجملة التي لا تبدأ بفعل مثل: (الصيفُ حار)، أما الجملة الفعلية فهي الجملة التي تبدأ بفعل مثل: (يتساقطُ الجليدُ في الشتاء)،

أما أشباه الجمل التي تمت الإشارة إليها في باب (إنَّ وأخواتها) فهي جمل غير كاملة من الناحية النحوية والمعنوية مثل: (في القاعة). إنّ أوجه التشابه بين الجمل الاسمية والجمل الفعلية وأشباه الجمل هي في الإعراب فهي لا تُرفع أو تُنصَب أو تُجر أو تُجزم وإنما تكون في محل رفع أو نصب أو جر أو جزم على التوالي.

وإذا جاءت الجملة الفعلية أو الاسمية أو شبه الجملة خبرا لـ "إنّ" أو إحدى أخواتها فإنها تكون في محل رفع، وذلك لأنّ الخبر، كما ذكرنا سابقاً، يكون مرفوعاً دائماً، كما هو موضح في الأمثلة المعربة التالية:

جملة إنّ أو إحدى أخواتها	اسمها	خبرها	نوع الخبر وموقعه من الإعراب
ليت الطبيبَ في العيادةِ	الطبيبَ	في العيادةِ	شبه جملة في محل رفع خبر ليت
كأنّ السائقَ يُسرع بسيارته	السائقَ	يُسرع بسيارته	جملة فعلية في محل رفع خبر كأنّ
إنّ البيتَ بابه مكسورٌ	البيتَ	بابه مكسورٌ	جملة اسمية في محل رفع خبر إنّ

تمرين ١٤:

أعرب الجملة التالية:

إن الخيرَ في ليلة القدر

١٠. الفاعل

الفاعل هو اسم مرفوع يدل على من وقع منه الفعل أو اتصف به كما في المثالين: جاء زيدٌ ونبت الزرعُ.

والمقصود بـ "وقع منه الفعل" هو أنه أحدثه بنفسه، والمقصود بـ "اتصف به" هو أن الفعل نُسب إليه.

علامة رفع الفاعل

علامة رفع الفاعل هي الضمة أو الألف أو الواو، حسب نوعه. فالاسم المفرد أو جمع التكسير أو جمع المؤنث السالم يُرفع بالضمة كما في الأمثلة التالية:

- قام الولدُ
- هطلت الأمطارُ
- هبطت الطائراتُ

وتكون علامة الرفع واواً في حالة جمع المذكر السالم مثل:

- وصل المسافرون

أو في الأسماء الخمسة مثل:

- جاء أخوك

وتكون علامة الرفع ألفاً في حالة المثنى مثل:

- نجح الطالبان

ولمعرفة الفرق بين الجمع السالم وجمع التكسير فإننا نرى أن الجمع السالم لا تتغير فيه صورة المفرد في حين تتغير في حالة التكسير كما يلي:

نوع الجمع	الجمع	الكلمة المفردة
جمع مذكر سالم	محسنون	محسن
جمع مؤنث سالم	معلمات	معلمة
جمع تكسير	أقمار	قمر
جمع تكسير	موائد	مائدة

و يأتي الفعل مفرداً مع الفاعل إذا كان في أول الجملة مع الاسم الظاهر حتى وإنْ كان الاسم مثنى أو جمعا مثل:

- حضر الرجل
- حضر الرجلان
- حضر الرجال

ويؤنث الفعل مع الفاعل بإلحاق التاء بآخر الفعل مثل: (ضربتْ) في حالة الماضي، وتوضع تاء في أوله مثل: (تضرب) في حالة المضارع، ويكون حكم تأنيث الفعل مع الفاعل واجباً أو جائزاً كما هو موضح أدناه:

التأنيث الواجب:

- يجب التأنيث مع الاسم الواقع فاعلاً والمؤنث تأنيثاً حقيقياً والمتصل بالفعل مثل:
  - جاءت ليلى
- إذا كان الفاعل ضميراً يعود على مؤنث حقيقي مثل:
  - فاطمة تحب القراءة
- إذا كان الفاعل ضميراً يعود على مؤنث مجازي مثل:
  - الشمس غربت

التأنيث الجائز:

- إذا كان الفاعل اسماً ظاهراً مجازي التأنيث
    - غربت الشمسُ
    - غرب الشمسُ
- إذا كان الفاعل جمع تكسير
    - جاءت الأبطال
    - جاء الأبطال
- إذا كان الفاعل مؤنثاً حقيقياً فُصل بينه وبين الفعل
    - سمعتْ الصوتَ فاطمةُ
    - سمع الصوتَ فاطمةُ

المؤنث الحقيقي و المؤنث المجازي

- المؤنث الحقيقي هو كل أنثى تلد أو تبيض، أما المؤنث المجازي فهو كل لفظ جرى على ألسنة العرب مؤنثاً مثل:
    - أذن – يد – كبد – شمس.. الخ
- لا يجوز تأنيث الفعل مع الفاعل المذكر إلاّ إذا كان المذكر اسم لغير العاقل وجُمِع جمعَ تكسير كما في الأمثلة التالية:

المثال	التوضيح
جاء زيد	زيد اسم لعاقل
حضر الرئيس	الرئيس اسم لعاقل
تقدم الجيش	الجيش اسم جمع
سقط القلم	القلم اسم مذكر مفرد لغير العاقل
سقطت الأقلام	الأقلام جمع تكسير لمذكر غير عاقل
يمشي الفيل في الغابة	الفيل اسم مذكر مفرد لغير العاقل
تمشي الفِيَلَة في الغابة	الفيلة جمع تكسير لمذكر غير عاقل

تمرين ١٥:

اجمع الفاعل في الجمل التالية وغير ما يلزم:

أ. خرجتُ مبكراً إلى العمل.

ب. جرى الكلبُ وراء القطة.

ج. لعب الولد في الحديقة.

د. استقبل المدير وزير التربية.

هـ. ينزل المطر في مدينة صلالة في الصيف.

تمرين ١٦:

ضع فعلا مناسبا في الفراغ في الجمل التالية:

أ. .... الطلاب الخيمة في الشاطئ.

ب. .... المريض عينَيه إلى الطبيب.

ج. .... الأرانب خوفا من الثعلب.

د. .... الاحتفالات يوم العيد.

هـ. .... اللاعب خطوات كبيرة.

١١. نائب الفاعل

نائب الفاعل اسم مرفوع يأتي بعد فعل مبني للمجهول ويحل محل الفاعل بعد حذفه، ويجوز حذف الفاعل في الحالتين التاليتين:

- في حالة وجود ما ينوب عنه في الجملة
- في حالة الجهل به أو الخوف عليه أو الخوف منه أو رغبة في عدم ذكره، فإذا نظرنا إلى الجملة "سمع الولدُ الصوتَ"، على سبيل المثال وأعربناها، لوجدناها مكوّنة من جملة فعلية هي من فعل ماضٍ وفاعل ومفعول به. وإذا رغبنا لسبب ما في عدم ذكر الفاعل "الولد"، وجب علينا التعويض عنه بما ينوب عنه، وفي هذه الحالة يقوم الصوت بهذهِ المُهمّة، وتصبح الجملة:

سُمِعَ الصوتُ

ولو قارنا بين جملة المبني للمعلوم "سَمَعَ الولدُ الصوتَ" وبين جملة المبني للمجهول "سُمِعَ الصوتُ"، وتمعنّا في التغيير الذي حدث في جملة المبني للمجهول لوجدناه يكمُنُ في:

١. تغيير حركات حروف الفعل، وذلك بضم أول حروفه "سُـ" وكسر الحرف "مِـ" والذي يكون واقعا قبل آخر حرف فيه.

٢. حَذف الفاعل.

٣. رفع كلمة الصوت بوضع ضمة على آخرها لتُحِلّ محل الفاعل لتُصبح نائبة عنه، أو بمعنى آخر بديلة عنه بعد أنْ كانت مفعولاً به منصوباً.

والآن انظر إلى التغيير الذي يحدث عندما يكون فعل الجملة مضارعاً:

جملة المبني للمعلوم	جملة المبني للمجهول	التغيير الذي حدث
يَسْمَعُ الولدُ الصَّوتَ	يُسْمَعُ الصَّوتُ	١. ضمّ الحرف الأول من الفعل وفتح حرفه الذي يقع ما قبل الآخِر ٢. حذف الفاعل (الولدُ) ٣. وضع ضمة على آخر كلمة (الصوتُ) لرفعها كي تنوب عن الفاعل بعد أن كانت مفعولا به منصوبا

تحويل الفعل من المبني للمعلوم إلى المبني للمجهول:

- إذا كان فعل الجملة ماضياً فما عليك إلاّ أن تضع ضمة على أول حرف منه وكسرة على الحرف الذي قبل الآخِر مع مراعاة التذكير والتأنيث تبعا لما يناسب نائب الفاعل في جملة المبني للمجهول كما في الأمثلة التالية:

المبني للمعلوم		المبني للمجهول	
الجملة	الفعل	الفعل	الجملة
كَتَبَ الولدُ الدَّرسَ	كَتَبَ	كُتِبَ	كُتِبَ الدرسُ
حَضَرَتْ البنتُ الدَّرسَ	حَضَرَتْ	حُضِرَ	حُضِرَ الدرسُ
قَرَأَتْ البنتُ الدروسَ	قَرَأَتْ	قُرِأَتْ	قُرِأَتْ الدروسُ
لَعِبَ الولدُ الكُرَةَ	لَعِبَ	لُعِبَتْ	لُعِبَتْ الكُرَةُ
ضَرَبَ الولدُ الكُرَةَ	ضَرَبَ	ضُرِبَتْ	ضُرِبَتْ الكُرَةُ
دَحْرَجَ الولدُ الكُرَةَ	دَحْرَجَ	دُحْرِجَتْ	دُحْرِجَتْ الكُرَةُ
قابَلَ المعلِمونَ المُديرَ	قابَلَ	قُوبِلَ	قُوبِلَ المديرُ
قابَلَ المديرُ المعلماتِ	قابَلَ	قُوبِلَت	قُوبِلَت المعلماتُ
قابَلَ المديرُ المعلمَينَ	قابَلَ	قُوبِلَ	قُوبِلَ المعلمانِ
قابَلَ المديرُ المعلمِينَ	قابَلَ	قُوبِلَ	قُوبِلَ المعلمونَ
قابَلَ المديرُ أباكَ	قابَلَ	قُوبِلَ	قُوبِلَ أبوكَ

- إذا كان فعل الجملة مضارعاً فعليك أن تضع ضمة على أول حرف منه وفتحة على الحرف ما قبل الآخِر مع مراعاة التذكير والتأنيث تبعا لما يناسب نائب الفاعل في جملة المبني للمجهول كما في الأمثلة التالية:

المبني للمعلوم		المبني للمجهول	
الجملة	الفعل	الفعل	الجملة
يَكْتُبُ الولدُ الدَّرسَ	يَكْتُبُ	يُكْتَبُ	يُكْتَبُ الدرسُ
تَحضَرُ البنتُ الدَّرسَ	تَحضَرُ	يُحضَرُ	يُحضَرُ الدرسُ

تَقرَأُ البنتُ الدروسَ	تَقرَأُ	تُقرَأُ	تُقرَأُ الدروسُ
يَلعَبُ الولدُ الكُرَةَ	يَلعَبُ	تُلعَبُ	تُلعَبُ الكُرَةُ
يَضْرِبُ الولدُ الكُرَةَ	يَضْرِبُ	تُضْرَبُ	تُضْرَبُ الكُرَةُ
يُدَحْرِجُ الولدُ الكُرَةَ	يُدَحْرِجُ	تُدَحْرَجُ	تُدَحْرَجُ الكُرَةُ
يُقابِلُ المعلِمونَ المُديرَ	يُقابِلُ	يُقابَلُ	يُقابَلُ المديرُ
يُقابِلُ المديرُ المعلماتِ	يُقابِلُ	تُقابَلُ	تُقابَلُ المعلماتُ
يُقابِلُ المديرُ المعلمَين	يُقابِلُ	يُقابَلُ	يُقابَلُ المعلمان
يُقابِلُ المديرُ المعلمِين	يُقابِلُ	يُقابَلُ	يُقابَلُ المعلمون
يُقابِلُ المديرُ أباكَ في	يُقابِلُ	يُقابَلُ	يُقابَلُ أبوكَ في المدرسةِ

أمثلة في الإعراب:

١. تَرَكَ الجيشُ المدينةَ

الكلمة	إعرابُها
تَرَكَ	فعل ماضٍ مبني على الفتح
الجيشُ	فاعل مرفوع وعلامة رفعه الضمّة الظاهرة على آخره
المدينة	مفعول به منصوب وعلامة نصبه الفتحة الظاهرة على آخره

٢. تُركَت المدينة

الكلمة	إعرابُها
تُرِكَتْ	تُرِكَ فعل ماضٍ مبني على الفتح، والتاء تاء التأنيث الساكنة
المدينةُ	نائب فاعل مرفوع وعلامة رفعه الضمة الظاهرة على آخِرِهِ

تمرين ١٧:

حوِّل أفعال الجمل التالية من المبني للمعلوم إلى المبني للمجهول وغيِّر ما يلزم:

أ. أكلَ الأسدُ الفريسةَ.

ب. سمعتُ المُعلِّمَ يتحدثُ على التلفاز.

ج. أسقطتْ البنتُ القلمَ في الماءِ.

د. يزورُ الأولادُ المتحفَ القوميَّ.

هـ. يُؤَجِّلُ المُديرُ الاجتِماعَ إلى الأسبوعِ القادمِ.

تمرين ١٨:

أعرب الجملة التالية:

درَّستُ حماكَ اللغة العربية

١٢. المفعول به

المفعول به هو اسم وقع عليه فعل الفاعل مثل: (ضرب الولدُ الجرس) فالجرس هنا مفعول به، ويكون منصوبا دائماً، وعلامة نصبه الفتحة أو الياء أو الألف أو الكسرة كما هو موضح أدناه:

الجملة	المفعول به	نوعه	علامة نصبه
هزم الجيش العدوَّ	العدوَّ	مفرد	الفتحة
أحضر المعلمُ الأقلامَ	الأقلامَ	جمع تكسير	
اصطاد الرجل طائرَيْن	طائرَيْن	مثنى	الياء
استقبل المطار العائدينَ	العائدينَ	جمع المذكر السالم	
كرَّمت المعلمةُ المتفوقاتِ	المتفوقاتِ	جمع المؤنث السالم	الكسرة
قابلت أخاكَ في السوق	أخاكَ	اسم من الأسماء الخمسة	الألف

تمرين ١٩:

استخرج المفعول به من النص التالي وبين علامة إعرابه:

زار عمر قريةً عربيةً صغيرة في الأردن، وهناك التقى عدداً من أبنائها وكان من بينهم شيخ القرية. في المساء دعاهُ شيخ القرية إلى العشاء في بيته، وبعد العشاء شكرَ الشيخَ على كرمه وحسن ضيافته، وبعد أن قضى يومين هناك رجع إلى مدينته ليبدأ دراسته في الجامعة الأردُنية.

١٣. المفعول معه

المفعول معه هو شيء حدث الفعلُ بصحبته كما في:

- سار الرجلُ والجبلَ
- سرتُ والنهرَ
- حضر الضيف وغروب الشمس

المفعول معه في الجمل السابقة هو كلمة "الجبل" وكلمة "النهر"، وكلمة "غروب"، ومن الجدير بالملاحظة أننا نجدُ كل كلمة من التي جاءت مفعولا معه مسبوقة بـ "و" تُسَمّى واو المعية لأنّ فعل الجملة حدث معها، وقد أطلقت عليها هذه التسمية لأنها توازي في معناها كلمة "مع".

شروط استعمال واو المعية:

- لا تكون الواو للمعية إذا أمكن أن يقع الفعل من الاسمين قبلها وبعدها (سار الرجل والولدُ)، وهذا يعني أنّ عملية السير وقعت من جانب الرجل والولد
- لا تكون الواو للمعية إذا وقعت بعدها جملة (ذهب الولد والقمرُ مضيءٌ)
- لا يجوز الفصل بين المفعول معه وواو المعية كما لا يجوز حذفها

أمثلة في الإعراب:

١. سار الرجلُ والجبلَ

الكلمة	إعرابها
سار	فعل ماض مبني على الفتح
الرجلُ	فاعل مرفوع وعلامة الرفع الضمة الظاهرة
والجبلَ	واو المعية حرف لا محل له من الإعراب. الجبل: مفعول معه منصوب وعلامة النصب الفتحة

٢. استيقظنا وطلوعَ الفجر

الكلمة	إعرابها
استيقظنا	استيقظ فعل ماض مبني على السكون لاتصاله بضمير المتكلمين "نا"، و"نا" ضمير في محل رفع فاعل
وطلوعَ	الواو واو المعية، و "طلوعَ" مفعول معه منصوب وعلامة نصبه الفتحة الظاهرة على آخره، وهو مضاف
الفجر	مضاف إليه مجرور وعلامة جرّه الكسرة الظاهرة على آخره

تمرين ٢٠:

أعرب الكلمات التي تحتها خط فيما يلي:

أ. اختلف التاجر ووكيله.

ب. مشى أخوكَ والظلام.

ج. نامَت البنتُ والقمر.

د. قابلتُ البنتَ وخالتها.

هـ. تخاصم الموظفُ والمتعاملُ.

ملاحظة:

على الطالب أن ينتبه إلى الفرق بين واو المعية وواو العطف عند الإعراب، أو استخراج أي منهما من جملة أو نص، أو إعطاء أمثلة لأيٍّ منهما. ولأجل ذلك نرجو ملاحظة ما يلي:

- واو المعية تقتضي عدم مشاركة ما بعدها بالفعل وإنما هي مصاحبة زمانية أو مكانية، كما في قولنا "مشى الرجُلُ وحافةَ الجبل"، فالواو هنا تعني (مع) والمقصود هنا المعية والمصاحبة، ولو اعتبرنا الواو واوَ عطف لأصبحت كلمة "حافة" مطابقة لكلمة "الرجل" في الحركات وفي المشاركة في الفعل والذي يكون هنا "السير" وهذا غير صحيح، ولأجل التفريق بين الواوين علينا أن نتذكر ما يلي:

أ. واو العطف تفيد اشتراك ما قبلها وما بعدها في نسبة الحكم عليهما، والاسم بعدها يكون تابعا لما قبله في الإعراب.

ب. واو المعية لا تفيد اشتراك ما قبلها وما بعدها في الحكم بل تدل على المصاحبة، والاسم بعدها يكون منصوبا دائما على أنه مفعول معه.

١٤. المفعول المطلق

المفعول المطلق هو الاسم أو المصدر الذي يؤكد فعله أو يبين نوعه أو عدده كما في الأمثلة التالية:

الجملة	المفعول المطلق	عمله
ضربتك ضرباً	ضرباً	يؤكد فعله
ضربه ضرباً قاسياً	ضربا	يبين نوع الفعل
ضربتك ضربتين	ضربتين	يبين عدده

شروط المفعول المطلق

١. يكون لفظ المفعول المطلق من لفظ فعل الجملة ويكون منصوباً دائما، كما في قولنا:

نمتُ **نوماً** عميقاً

نوماً: مفعول مطلق يبين نوع الفعل "نام" وهو منصوب وعلامة نصبه الفتحة الظاهرة على آخره.

حفظتُ الدرسَ **حفظاً**

حفظاً: مفعول مطلق يؤكد الفعل "حفظ" وهو منصوب وعلامة نصبه الفتحة الظاهرة على آخره

٢. لا يُستخرَج لفظ المفعول المطلق من فعل الجملة في الحالات التالية:

أ. إذا جاء المفعول المطلق لبيان العدد، كما في:

زُرته **مرّتين**

مرّتين: مفعول مطلق يبين العدد وهو منصوب وعلامة نصبه الياء لأنّه يعتبر مثنى في الإعراب.

ب. إذا جئنا بأحد الألفاظ "كل" أو "بعض" أو "جميع" أو "عامة" نيابة عن المصدر، كما في:

ساعدته **كُلَّ** المساعدة

كُلَّ: مفعول مطلق منصوب وعلامة نصبه الفتحة الظاهرة على آخره، وهو مضاف و"المساعدة" مضاف إليه مجرور.

ناقشته **بعضَ** النّقاش

بعضَ: مفعول مطلق منصوب وعلامة نصبه الفتحة الظاهرة على آخره، وهو مضاف و"النقاش" مضاف إليه مجرور.

تربصت **جميعَ** التربُص

جميعَ: مفعول مطلق منصوب وعلامة نصبه الفتحة الظاهرة على آخره، وهو مضاف و "التربُّصِ" مضاف إليه مجرور.

فهمتُ **عامةَ** الفهم

عامةَ: مفعول مطلق منصوب وعلامة نصبه الفتحة الظاهرة على آخره، وهو مضاف و "الفهمِ" مضاف إليه مجرور.

ج. إذا جئنا بمرادف المفعول المطلق، كما في:

وقفنا **نهوضاً**

نهوضاً: مفعول مطلق منصوب وعلامة نصبه الفتحة الظاهرة على آخره، وقد جاء مرادفا لمصدر الفعل وقف وهو: وقوفاً.

د. إذا جئنا باسم إشارة قبل مصدر الفعل، كما في:

سامحته **هذه** المسامحة

هذه: اسم إشارة مبني في محل نصب مفعول مطلق.

المسامحة: بدل لاسم الإشارة منصوب وعلامة نصبه الفتحة الظاهرة على آخره.

هـ. إذا جئنا بما يدل على عدد مصدر الفعل، كما في:

سافرنا معا **عِدةَ** مرّاتٍ

عِدةَ: مفعول مطلق منصوب وعلامة نصبه الفتحة الظاهرة على آخره.

أمثلة في الإعراب:

عاد الرجل عودة الأبطال	
الكلمة	**إعرابها**
عادَ	فعل ماض مبني على الفتح
الرجلُ	فاعل مرفوع وعلامة رفعه الضمة الظاهرة على آخره
عودةَ	مفعول مطلق منصوب وعلامة نصبه الفتحة الظاهرة على آخره وهو مبين للنوع، وهو مضاف
الأبطال	مضاف إليه مجرور وعلامة جره الكسرة الظاهرة على آخره

ملاحظة:

يجوز حذف عامل المصدر (فعل المفعول المطلق) في قولنا (سمعاً وطاعة) وتعني (اسمع سمعاً وطاعة).

وإعرابُ سمعاً في جملة (سمعاً وطاعة): مصدر منصوب لفعل محذوف تقديره اسمع.

تمرين ٢١:

أعرب الكلمات التي تحتها خط:

أ. انتظم العمال <u>انتظاماً</u>.

ب. قرأت الصحيفة قراءتين.

ج. وقف الطلاب وقوفَ الجنود.

د. وجّهته هذا التوجيه.

هـ. فازتْ المتسابقةُ فوزاً ساحقاً.

١٥. المفعول لأجله

المفعول لأجله هو مصدر منصوب يوضح سبب وقوع أو حدوث فعل قبله، وقد سُميَ بهذا الاسم لأنه يُجيب افتراضاً عن السؤال لَمَ حدثَ أو وقع الفعل؟ كما في:

وقفنا احتراماً للشيخ

وإذا سُئلنا: لماذا وقفتُم؟ لكان الجواب: احتراماً للشيخ.

حالة إعراب المفعول لأجله:

يكون المفعول لأجله منصوباً دائما، ما لم يسبقه حرف جر، حيث يُصبح اسما مجرورا بحرف الجر، كما في الأمثلة التالية:

الجملة	المفعول لأجله	إعرابه
نقوم بالعمل الصالح إرضاءً لله	إرضاءً	مفعول لأجله منصوب وعلامة نصبه الفتحة الظاهرة على آخره
نقوم بالعمل الصالح لإرضاءِ الله	إرضاءِ	اسم مجرور وعلامة جرِّه الكسرة الظاهرة على آخره
مكثت في الغرفة خوفاً من البرد	خوفاً	مفعول لأجله منصوب وعلامة نصبه الفتحة الظاهرة على آخره
مكثت في الغرفة من خوفِ البرد	خوفِ	اسم مجرور وعلامة جرِّه الكسرة الظاهرة على آخره

مثال في الإعراب:

سافرت طلباً للرزق	
الكلمة	إعرابها
سافرتُ	فعل ماض مبني على السكون لاتصاله بضمير المتكلم، والتاء ضمير مبني على الضم في محل رفع فاعل
طلباً	مفعول لأجله منصوب وعلامة نصبه الفتحة الظاهرة على آخره
للرزق	اللام حرف جر، والرزق اسم مجرور وعلامة جره الكسرة الظاهرة على آخره

تمرين ٢٢:

املأ الفراغ بالكلمة المناسبة:

أ. أعطى المعلم الطالب هدية........... له على نجاحه.

ب. نلتزم بالعبور من مناطق العبور..........السلامة.

ج. لزمت الصمت......... الخطأ.

د. عفوتُ عن المسيء.......... عليه.

هـ. لا تكثر من الكلام.........الوقوع في خطأ.

تمرين ٢٣:

أعرب الجملتين التاليتين:

أ. حضر الآباء لإكرام أبنائهم.

ب. تُوَزَّع الهدايا تشجيعاً للفائزين.

تمرين ٢٤:

استخرج المفعول لأجله من البيت التالي:

سَلوا عَنهُ قَلباً بَاتَ يَخفِقُ رَحمَةً

عَلى فِتيةٍ مِن حَولِه تَـتَضَوّرُ

تمرين ٢٥:

ضع المفعول لأجله المناسب في ما يلي من الفراغات:

أ. قرأتُ...................... في المعرفة.

ب. وقف الطلاب.................. للمعلم.

ج. بقيت داخل المنزل..................... البرد.

١٦. ظروف الزمان وظروف المكان

ظروف الزمان وظروف المكان هي أسماء منصوبة تُذكر لبيان زمان الفعل أو مكانه (أي تقع في جواب متى أو أين)، كما في:

سيزورهم **صباحاً.**

سيُقابلهم **خلفَ** المسبح.

وإذا سألنا عن وقت الزيارة، نقول: متى سيزورهم؟

وعن مكان المقابلة، نقول: أين سيقابلهم؟

ومن أهم ظروف الزمان التي يشيع استخدامها هي:

ساعة – يوم – لحظة – مدة – فترة – أثناء – خلال – مساء – صباح – شهر – سنة – عام

ومن أهم ظروف المكان التي يشيع استخدامها هي:

أمام – خلف – شمال – تلقاء – حول – شرق – جنوب – وسط – يمين – يسار – بين – فوق – تحت – عند – وراء

ويجوز تسمية ظرف الزمان وظرف المكان مفعولاً فيه وذلك لدلالة الأول على زمن وقوع الفعل ودلالة الثاني على مكان وقوعه.

أمثلة في الإعراب:

١. تطيرُ الطائراتُ فوقَ السحاب

الكلمة	إعرابها
تطيرُ	فعل مضارع مرفوع وعلامة رفعه الضمة الظاهرة على آخره
الطائراتُ	فاعل مرفوع وعلامة رفعه الضمة الظاهرة على آخره
فوقَ	ظرف مكان (مفعول فيه) منصوب وعلامة نصبه الفتحة الظاهرة على آخره، وهو مضاف
السحاب	مضاف إليه مجرور وعلامة جره الكسرة الظاهرة على آخره

٢. الطلابُ يعملون أيَّام العطلةِ

الكلمة	إعرابها
الطلابُ	مبتدأ مرفوع وعلامة رفعه الضمة الظاهرة على آخره
يعملون	فعل مضارع مرفوع بثبوت النون، والواو ضمير في محل رفع فاعل، والجملة من الفعل والفاعل في محل رفع خبر للمبتدأ "الطلاب"
أيَّام	ظرف زمان منصوب وعلامة نصبه الفتحة الظاهرة على آخره، وهو مضاف
العطلةِ	مضاف إليه مجرور وعلامة جره الكسرة الظاهرة على آخره

نقول: سافرت الطائرة ليلاً، فكلمة ليلاً هي ظرف زمان منصوب وعلامة نصبه الفتحة. وقف الطالب أمام المدرس، وكلمة أمام ظرف مكان منصوب وعلامة نصبه الفتحة.

تمرين ٢٦:

ضع في المكان الخالي ظرف زمان أو ظرف مكانٍ مناسباً:

أ. القلم........ الكرسيِّ.

ب. انهض من الفراش..........

ج. لا يجوز إيقاف السيارات......... الشارع.

د. دام الاحتفال..........

هـ. اغسل يديك........ الأكل و..........

تمرين ٢٧:

أعرب الكلمات التي تحتها خط فيما يلي:

أ. يخرج الناس إلى أعمالهم <u>في</u> <u>الصباح</u> ويرجعون إلى بيوتهم <u>مساء</u>.

ب. يقع العراق <u>شرق</u> الأردن.

ج. وقف الطلاب <u>أمام</u> المدير <u>ساعة</u>.

تمرين ٢٨:

أعرب ما تحته خط:

أ. تركت المنزل <u>قبل</u> شروق الشمس.

ب. ركض الأسد <u>خلف</u> فريسته.

تمرين ٢٩:

أكمل الجمل التالية بوضع ظرف الزمان أو المكان المناسب:

أ. سار الجنود................. قائدهم.

ب. غرّد الطائر.................. الشجرة.

ج. يلقي المعلم الدرس..................الفصل.

تمرين ٣٠:

هات جملتين إحداهما تحوي ظرف زمان والأخرى ظرف مكان:

أ. ....

ب. ....

١٧. الحال

الحال هي اسم منصوب تبين هيئة صاحبها وحالته كما في:

خرج الجيش من المعركة **منتصراً**

إنّ كلمة **منتصراً** جاءت لتبين أنّ حال الجيش كان الانتصار عندما خرج من المعركة. ويكون الحال منصوباً سواء أكان النصب بحركة ظاهرة أم بفتحة مقدرة، كما في:

دخل الطلاب الامتحان **خائفين**	خائفين: حال منصوب وعلامة نصبه الياء لأنّه جمع مذكر سالم

يكون الحال منصوباً أو في محل نصب دائماً كما في:

الجملة	الحال	إعرابه
نام الطفلُ جائعاً	جائعاً	حال منصوب وعلامة نصبه الفتحة الظاهرة على آخره
انطلق الصاروخ سريعاً	سريعاً	حال منصوب وعلامة نصبه الفتحة الظاهرة على آخره
حضر القائدُ ضاحكاً	ضاحكاً	حال منصوب وعلامة نصبه الفتحة الظاهرة على آخره
دخلت الممرضة تركض	تركض	فعل مضارع مرفوع وعلامة رفعه الضمة الظاهرة على آخره والفاعل ضمير مستتر تقديره هي، والجملة الفعلية من الفعل والفاعل في محل نصب حال

وتأتي الحال في ثلاثة أنواع أو أشكال كما هو مبين في الجدول التالي:

	نوع الحال	الجملة	الحال	إعرابه
١	كلمة مفردة (تركيبا ومعنى)	جاء الكلب لاهثاً	لاهثاً	حال منصوبة وعلامة نصبها الفتحة الظاهرة على آخرها
٢	جملة اسمية	الشتاء بردُهُ قارسٌ	بردُهُ قارسٌ	في محل نصب حال
٣	جملة فعلية	خرجت البنت تركضُ	تركضُ	في محل نصب حال
٤	شبه جملة	دخلت الطالبة بلباس مدرستها	بلباس مدرستها	في محل نصب حال

أمثلة في الإعراب:

١. عادت السفينة الفضائية سالمة

الكلمة	إعرابها
عادت	عادَ فعل ماض مبني على الفتح، والتاء تاء التأنيث الساكنة
السفينة	فاعل مرفوع وعلامة رفعه الضمة الظاهرة على آخره
الفضائية	صفة للسفينة مرفوعة وعلامة رفعها الضمة الظاهرة على آخرها
سالمة	حال منصوب وعلامة نصبه الفتحة الظاهرة على آخره

٢. رأيْتُ الطائرة فوقَ الغيومِ

الكلمة	إعرابها
رأيْتُ	رأى فعل ماض مبني على السكون لاتصاله بتاء الفاعل، والتاء ضمير مبني في محل رفع فاعل
الطائرةَ	مفعول به منصوب وعلامة نصبه الفتحة الظاهرة على آخره
فوقَ	ظرف مكان منصوب وعلامة نصبه الفتحة الظاهرة على آخره، وهو مضاف
الغيومِ	مضاف إليه مجرور وعلامة جره الكسرة الظاهرة على آخره، و"فوق الغيومِ" شبه جملة في محل نصب حال

٣. جلس الطفل يلعب بأصابعه

الكلمة	إعرابها
جلس	فعل ماض مبني على الفتح
الطفل	فاعل مرفوع وعلامة رفعه الضمة الظاهرة على آخره
يلعب	فعل مضارع مرفوع وعلامة رفعه الضمة الظاهرة على آخره، والفاعل ضمير مستتر تقديره هو يعود على الطفل، وجملة يلعب من الفعل والفاعل في محل نصب حال
بأصابعه	الباء حرف جر، و "أصابعِ" اسم مجرور بحرف الجر وهو مضاف والهاء ضمير في محل جر مضاف إليه

٤. **نامتْ القطة عيونها مفتوحة**

الكلمة	إعرابها
نامتْ	نام فعل ماض مبني على الفتح، والتاء تاء التأنيث الساكنة
القطةُ	فاعل مرفوع وعلامة رفعه الضمة الظاهرة على آخره
عيونها	عيونُ مبتدأ مرفوع وعلامة رفعه الضمة الظاهرة على آخره، وهو مضاف و "ها" ضمير في محل جر مضاف إليه
مفتوحةٌ	خبر مرفوع وعلامة رفعه الضمة الظاهرة على آخره، وجملة "عيونها مفتوحة" جملة اسمية في محل نصب حال

شروط الحال

• يُشترط في صاحب الحال -وهو ما تكون الحال صفة له في المعنى مبينة لهيئته- أن يكون معرفة، ويشترط في حاله أن تكون مطابقة له في الإفراد والتثنية والجمع والتذكير والتأنيث، كما هو موضح في المثال التالي:

الجملة	صاحب الحال	الحال	نوعه من حيث الإفراد والجمع والتذكير والتأنيث والتثنية
جاء أخوك راكضاً	أخوكَ	راكضاً	مفرد مذكر
جاء أخواكَ راكضَين	أخواكَ	راكضَين	مثنى مذكر
جاء إخوانُكَ راكضين	إخوانُكَ	راكضين	جمع مذكر
جاءت أُختاكَ راكضتين	أُختاكَ	راكضتين	مثنى مؤنث
جاءت أخواتكَ راكضاتٍ	أخواتكَ	راكضاتٍ	جمع مؤنث

• إذا كان الحال جملة فعلية أو اسمية وجب وجود رابط يربطه بصاحبه.

والرابط قد يكون:

١. الضمير: دخلت البيتَ غرفهُ واسعة.

- الضمير في (غرفهُ) عائد على صاحب الحال وهو "البيت".

٢. الواو: وصلت المكان والشمس مشرقةٌ.

٣. الواو والضمير: لا أتنفس في الإناء وأنا أشرب الماء.

- يكون صاحب الحال دائماً معرفة، وتكون الحال نكرة دائما
- الجمل بعد النكرات صفات وبعد المعارف أحوال، كما موضح في الجملتين التاليتين:

رأيتُ كلباً يلهث

و

رأيتُ الكلب يلهثُ

في الجملة الأولى تُعرب جملة "يلهثُ" من الفعل يلهثُ والفاعل المقدر بـ "هو" جملة في محل نصب صفة للكلب (والذي جاء كلمة نكرة منصوبة لأنه مفعول به)

وفي الجملة الثانية تُعرب جملة "يلهثُ" من الفعل يلهثُ والفاعل المقدر بـ "هو" جملة في محل نصب حال لأنها جاءت بعد "الكلب"، وجملة يلهث الثانية جاءت بعد معرفة وهي كلمة "الكلب" المعرفة ب "الـ".

مثال في الإعراب:

أعرب ما تحته خط:

تحدث الرجل أمام الجمع واثقاً وأوضح رأيه وقام من بين الحضور شابُ يدعى زيداً فصاح محتجاً ومخالفاً لرأي الرجل ثمّ خرج وهو يغادرُ الجمع غضباً.

الكلمة	إعرابها
واثقاً	حال منصوبة وعلامة نصبها الفتحة الظاهرة على آخرها
محتجاً	حال منصوبة وعلامة نصبها الفتحة الظاهرة على آخرها
مخالفاً	معطوف على ما قبله وهو منصوب وعلامة نصبه الفتحة الظاهرة على آخره
يغادرُ	يغادر فعل مضارع مرفوع وعلامة رفعه الضمة الظاهرة على آخره، والفاعل ضمير مستتر تقديره هو، والجملة من الفعل والفاعل في محل نصب حال

تمرين ٣١:

هات جملة تحوي حالاً مفردة:

....

تمرين ٣٢:

استخرج الحال من الجملة التالية ووضح نوعها:

طلع البدر من الأفق.

تمرين ٣٣:

حول الحال في الجمل التالية من جملة فعلية إلى مفرد كما هو موضح في المثال:

مثال	دخل الولدُ يضحكُ	دخل الولدُ ضاحكاً
أ	وقفت الطفلة **تبكي** أمام الطبيب	
ب	رأيتها في المسجد **تصلي** لربها	
ج	رأيتُ الموظفَ **يكتبُ** الرسائلَ	
د	دخلتُ قاعة الامتحان **أحملُ** أقلامي بيدي	
هـ	رأيت الطيرَ **يدور** بين الأشجار	

تمرين ٣٤:

أعرب الجملة التالية:

تركنا الأولاد يلعبون في الحديقة.

١٨. المبني من الأفعال

تنقسم الأفعال في اللغة العربية كما وضحنا سابقاً إلى ثلاثة أنواع، هي الماضي والمضارع والأمر. وتنقسم هذه الأفعال من حيث البناء إلى قسمين؛ وهما الفعل المبني دائما ويشمل ذلك الفعل الماضي وفعل الأمر والفعل الذي يأتي مبنياً في مواضع معينة ومعربا في مواضع أخرى وهو الحال مع الفعل المضارع.

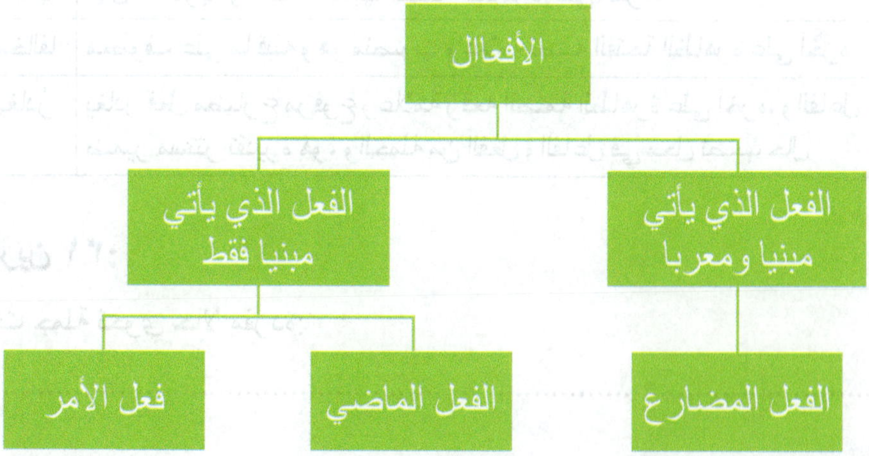

أ. إعراب الفعل المضارع وبناؤه

بيّنا سابقاً في مواقع مختلفة أنّ الفعل المضارع يكون عادة مرفوعاً إنْ لم يكن مسبوقاً بأداة نصب مثل "لن" أو أداة جزمٍ مثل "لم"، وحينئذ يكون منصوباً أو مجزوما، وفي هذا الموضع سنتحدث عن حالات بناء الفعل المضارع وهي حالتان كما هو موضح في الجدول التالي:

حالات بناء الفعل المضارع			
مثال	علامة البناء	سبب البناء	الإعراب
البنات **يلعبْنَ** في الحديقة	السكون	اتصال الفعل بنون النسوة	يلعبْنَ: فعل مضارع مبني على السكون لاتصاله بنون النسوة ونون النسوة ضمير مبني على الفتح في محل رفع فاعل
ليَذهبَنَّ الأولاد إلى المدرسة	الفتح	اتصال الفعل بنون التوكيد الثقيلة	يذهبَنَّ فعل مضارع مبني على السكون لاتصاله بنون التوكيد في محل جزم بلام الأمر
لا **تعتمدَنْ** على غيرك	الفتح	اتصال الفعل بنون التوكيد الخفيفة	تعتمدَنْ فعل مضارع مبني على الفتح لاتصاله بنون التوكيد، والنون حرف مبني على السكون، والفاعل ضمير مستتر تقديره أنت

ب. حالات بناء الفعل الماضي

مثال	حالة البناء	السبب
فهمَ الطالبُ الدرسَ	الفتح	لم يتصل به شيء
فهمَتْ الطالبةُ الدرسَ		اتصلت به تاء التأنيث الساكنة
الولدانِ **فهمَا** الدرسَ		اتصلت به ألف الاثنين
أكرمَنا المعلمُ		اتصلت به (نا) الدالة على المفعول به
فهمْتُ الدرس	السكون	اتصلت به تاء المتكلم
فهمْتَ الدرسَ		اتصلت به تاء المخاطب
فهمْتِ الدرسَ		اتصلت به تاء المخاطبة
فهمنا الدرسَ		اتصلت به (نا) الدالة على الفاعلين
فهمْنَ الدرس		اتصلت به نون النسوة
العمالُ **أكملُوا** عملهم	الضم	اتصلت به واو الجماعة

ج. حالات بناء فعل الأمر

مثال	حالة البناء	السبب
ساعِدْ المحتاجين	السكون	لم يتصل شيء بآخره
اسمَعَنَّ كلام والديك	**الفتح**	اتصلت به نون التوكيد الثقيلة
إسمَعَنْ كلام المعلم		اتصلت به نون التوكيد الخفيفة
اسعَ وراء المعرفة (اسعَ فعل أمر مبني على حذف حرف العلة وهو الألف وبقيت الفتحة دليلاً عليه) **ادعُ الله ليغفرَ لك** (ادعُ فعل أمر مبني على حذف حرف العلة وهو الواو وبقيت الضمة دليلاً عليه) ارمِ الكرةَ يا حسام (ارمِ فعل أمر مبني على حذف حرف العلة وهو الياء وبقيت الكسرة دليلاً عليه)	حذف حرف العلة	آخره معتلّ
ادرسا بجد قبل الامتحان	حذف النون	اتصلت به ألف الاثنين
ادرسوا بجد قبل الامتحان		اتصلت به واو الجماعة
ادرسي بجد قبل الامتحان		اتصلت به ياء المخاطبة

أمثلة في الإعراب:

١. لا تُعذِبْنَ الحيوان

الكلمة	إعرابها
لا	حرف نهي مبنى على السكون
تُعذبْنَ	فعل مضارع مبني على السكون لاتصاله بنون النسوة، وهو في محل جزم بـ " لا" الناهية، والنون ضمير مبني على الفتح في محل رفع فاعل
الحيوان	مفعول به منصوب وعلامة نصبه الفتحة الظاهرة على آخره

٢. اتق الله

الكلمة	إعرابها
اتق	فعل أمر مجزوم وعلامة جزمه حذف حرف العلة، والفاعل ضمير مستتر تقديره أنتَ
اللهَ	لفظ الجلالة مفعول به منصوب وعلامة نصبه الفتحة الظاهرة على آخره

تمرين ٣٥:

استخرج من القطعة التالية الأفعال المبنية والأفعال المعربة:

خرج عامر من منزله ليزور صديقه أيمن، وبينما هو في بعض الطريق هاجمه كلبٌ ينبح فصاح عامر في وجه الكلب: ابتعد عن طريقي أيها الكلب اللئيم.

رأى رجل في الطريق ما كان عليه حال عامر فقال له: يا عامر اترك هذا الطريق واسلك ذلك الذي على يمينك فهو خالٍ من الكلاب اللئيمة.

تمرين ٣٦:

هات جملتين إحداهما تحوي فعلاً ماضياً مبنياً على الفتح، والأخرى تحوي فعلاً ماضياً مبنياً على السكون.

١٩. أفعال المقاربة والرجاء والشروع

تطرقنا فيما سبق بالحديث عن كان وأخواتها وبيّنا سبب تسميتنا لها باسم الأفعال الناسخة، وفي هذا الحقل سوف نتكلم عن الأفعال التي تعمل عمل كان وأخواتها حيث يكون اسمها مرفوعاً وخبرها منصوباً، ولكن يُشترط أن يكون خبرها جملة فعلية مُصَدَّرَةً بفعل مضارع، والأفعال التي تخص حديثنا في هذا المجال هي:

أفعال المقاربة

أفعال الرجاء

أفعال الشروع

أفعال المقاربة

أفعال المقاربة هي الأفعال التي تدل على قرب حدوث الفعل وهي:

كادَ	كرب	أوشك
• كاد الحفلُ ينتهي • كادت العطلة تقتربُ من نهايتها	• كَرَبت الكارثة تحِلُّ بهم • كرب الليل يدخُل	• أوشكت السيارة أنْ تقعَ في النهر • أوشكت السماء أنْ تمطرَ

مثال في الإعراب:

كاد الليلُ ينقضي

الكلمة	إعرابها
كادَ	فعل ماضٍ ناقص من أخوات كان مبني على الفتح
الليلُ	اسم كاد مرفوع وعلامة رفعه الضمة الظاهرة على آخره
ينقضي	فعل مضارع مرفوع وعلامة الرفع ضمة مقدرة منع من ظهورها الثقل، والفاعل ضمير مستتر تقديره "هو" والجملة الفعلية في محل نصب خبر "كاد"

أفعال الرجاء

أفعال الرجاء هي أفعال تعني توقع حدوث فعل محبوب، وهذه الأفعال هي:

عسى	حرى	اخلولقَ
• عسى الطالبُ أن ينجَحَ • عسى الفجرُ يُقبل	• حرى الامتحان أنْ يمُرَّ سريعاً • حرى العلمُ أنْ يوصل الإنسانَ إلى المرّيخ	• اخلولقَ حسامٌ أنْ ينجح في تجاربه • اخلولق الصديقان أنْ يشتركا في رحلة بحريّة

أمثلة في الإعراب:

١. اخلولق الشجرُ أن يثمر

الكلمة	إعرابها
اخلولقَ	فعل ماضٍ ناسخ من أخوات كان مبني على الفتح
الشجرُ	اسم اخلولقَ مرفوع وعلامة رفعه الضمة الظاهرة على آخره
أنْ	حرف نصب مبني على السكون
يثمر	فعل مضارع منصوب ب "أن" وعلامة نصبه الفتحة الظاهرة على آخره، والفاعل ضمير مستتر تقديره هو، والجملة الفعلية من الفعل والفاعل في محل نصب خبر اخلولق

٢. **عسى السَّحاب يمطر**

الكلمة	إعرابها
عسى	فعل ماض ناسخ وهو من أخوات كان
السُّحاب	اسم عسى مرفوع وعلامة رفعه الضمة الظاهرة على آخره
يمطرُ	فعل مضارع مرفوع والفاعل ضمير مستتر تقديره هو، والجملة الفعلية من الفعل والفاعل في محل نصب خبر عسى

أفعال الشروع

أفعال الشروع هي أفعال تدل على الشروع في البدء في العمل، وهذه الأفعال هي:

شرع	هبّ	أنشأ	أخذ	طفق
• شرع المتسابقون يركضون • شرع الخطيب يتكلّم	• هبّ المصارع يهجم • هبّ الحكم يصفر	• أنشأ الطفل يبكي • أنشأ الحجاج يعودون إلى بلادهم	• أخذ المطر ينزل • أخذت البنت تُنشد	• طفق الفلاح يحصد • طفقت الشجرة تُثمر

مثال في الإعراب:

أخذَ النَّهر يفيضُ

الكلمة	إعرابها
أخذَ	فعل ماضٍ ناقص من أخوات كان مبني على الفتح
النَّهر	اسم أخذَ مرفوع وعلامة رفعه الضمة الظاهرة على آخره
يفيضُ	فعل مضارع مرفوع وعلامة الرفع ضمة الظاهرة، والفاعل ضمير مستتر تقديره "هو" والجملة الفعلية في محل نصب خبر "أخذَ"

ملاحظات مفيدة:

يُشترط في أفعال المقاربة والرجاء والشروع أنْ يكون خبرها جملة فعلية.

يكون اقتران "أنْ" بخبر هذه الأفعال على النحو التالي:

واجباً مع "حرى" و"اخلولق".

مثال: اخلولق الزورقُ أنْ يغرقَ.

ممنوعاً مع أفعال الشروع "شرع" و"أخذ" و"طفق" و"أنشأ" و"هبَّ".

جائزاً مع بقية الأفعال.

مثال:

يجوز لنا أنْ نقول: "كادت العاصفة تشتدُّ" أو "كادت العاصفة أنْ تشتدَّ".

يكون الاقتران بأنْ أكثر استعمالاً في "أوشك" و"عسى".

يكون الاقتران بأنْ أقل استعمالاً في "كاد" و"كرب".

تمرين ٣٧:

أدخل على كل جملة ما يناسبها من أفعال المقاربة أو الرجاء أو الشروع وغير ما يلزم مع التشكيل:

أ. .... المعلم أن يكون رسولا.

ب. .... الله أن يسدد خطانا.

ج. .... الإمام يتحدث.

٢٠. الفعل اللازم والفعل المتعدي

الفعل اللازم

الفعل اللازم هو ما يحتاج إلى فاعل ولا يحتاج إلى مفعول به كما في الأمثلة التالية:

الجملة	الفعل	الفاعل	التكملة
خرج الولدُ	خرج	الولدُ	...
يمشى الطفلُ سريعاً	يمشى	الطفلُ	سريعاً (حال)
بحثتُ عن الكتاب	بحث	تاء الفاعل "تُ"	عن الكتاب (جار ومجرور)

الفعل المتعدي

الفعل المتعدي هو ما يحتاج إلى فاعل ومفعول به، وقد سُمي متعدياً لتجاوزه الفاعل ليقع على المفعول به كما في الأمثلة التالية:

الجملة	الفعل	الفاعل	التكملة
فتح الولدُ البابَ	فتح	الولدُ	البابَ (مفعول به)
ينصر الله المؤمنين	ينصر	الله	المؤمنين (مفعول به)
اقرئي القصةَ	اقرأ	ياء المخاطبة "ي"	القصةَ (مفعول به)

وتأكيدا لما جاء في الأمثلة السابقة، نستطيع أن نصنف الفعل من حيث معناه إلى نوعين:

فعل لازم: وهو الفعل الذي لا ينصب مفعولاً به.

مثل: قام الرجلُ.

وفعل متعد: وهو الذي يتعدى رفع فاعله وينصب مفعولاً به واحداً أو اثنين أو ثلاثة.

مثل:

الجملة	المفعول به الأول	المفعول به الثاني	المفعول به الثالث
ربحتُ الجائزةَ	الجائزة	......	......
منحتُ الطالبَ جائزةً	الطالب	جائزةً	......
أريتُ الطالبَ المواظبة نجاحاً	الطالبَ	المواظبة	نجاحاً

ويمكننا تقسيم الأفعال المتعدية إلى مفعولين إلى قسمين:

القسم الأول: الأفعال المتعدية إلى مفعولين أصلهما مبتدأ وخبر.

مثال: حسبتُ الامتحانَ سهلاً. "الامتحانَ" مفعول به أول؛ و"سهلاً" مفعول به ثان، وأصلُهما "الامتحانُ سهلٌ".

ومن هذه الأفعال:

جعلَ	اتَّخذ	صيّرَ	وجد	علمَ	رأى	عدّ	زعم	خال	حسب	ظنّ

أمثلة:

الجملة الاسمية	المبتدأ	الخبر	دخول الفعل المتعدي إلى مفعولين على الجملة	المفعول به الأول	المفعول به الثاني
الجبلُ قريبٌ	الجبلُ	قريبٌ	ظنّ الرجلُ الجبلَ قريباً	الجبلَ	قريباً
المعلمُ مريضٌ	المعلمُ	مريضٌ	حسبتُ المعلمَ مريضاً	المعلمَ	مريضاً
المدرسةُ مفتوحةٌ	المدرسةُ	مفتوحةٌ	خلتُ المدرسةَ مفتوحةً	المدرسةَ	مفتوحةً
الأسدُ أليفٌ	الأسدُ	أليفٌ	زعم الناسُ الأسدَ أليفاً	الأسدَ	أليفاً
التدخينُ مُضرٌّ	التدخينُ	مُضرٌّ	عدّ الحكيمُ التدخينَ مُضِرّاً	التدخينَ	مُضِرّاً
السفرُ بالقطارِ مُتعبٌ	السفرُ	مُتعبٌ	رأينا السفرَ بالقطارِ مُتعباً	السفرَ	مُتعباً
الامتحانُ صعبٌ	الامتحانُ	صعبٌ	علمْتُ الامتحانَ صعباً	الامتحانَ	صعباً
الجوُّ جميلٌ	الجوُّ	جميلٌ	وجدْنَ الجوَّ جميلاً	الجوَّ	جميلاً
الماءُ ثلجٌ	الماءُ	ثلجٌ	صيّرَ البردُ الماءَ ثلجاً	الماءَ	ثلجاً
القراءةُ لهوٌ	القراءةُ	لهوٌ	اتّخذنا القراءةَ لهواً	القراءةَ	لهواً
حملُ الأثقالِ سهلٌ	حملُ	سهلٌ	جعلَ المدربُ حملَ الأثقالِ سهلاً	حملَ	سهلاً

القسم الثاني: الأفعال المتعدية إلى مفعولين ليس أصلهما المبتدأ والخبر، ومن هذه الأفعال:

وهَبَ	سألَ	ألبسَ	كسا	منحَ	أعطى

أمثلة:

مثال	الفعل المتعدي إلى مفعولين
أعطى المتصدقُ الفقيرَ مالاً	أعطى
منح الله الإنسانَ عقلاً	منحَ
كسا اللهُ الأرضَ نباتاً	كسا
ألبستُ المسكينَ ثوباً جميلاً	ألبسَ
سألت الله عوناً	سألَ
وهب اللهُ الرُّسلَ وحياً	وهَبَ

مثال في الإعراب:

أعطينا النَّاجحين ميدالياتٍ

الكلمة	إعرابها
أعطينا	أعطى: فعل ماض مبني على السكون لاتصاله بضمير الفاعلين "نا"، و "نا" ضمير في محل رفع فاعل
النّاجحينَ	مفعول به أول منصوب وعلامة نصبه الياء لأنه جمع مذكر سالم
ميدالياتٍ	مفعول به ثان منصوب وعلامة نصبه الكسرة لأنه جمع مؤنث سالم

تمرين ٣٨:

جاء خالد بالأمس من سفره ورحّبت به المدينة ترحيباً حاراً. لقد جلب معه مجموعة من الكتب لمكتبة القرية. لقد منح الله خالداً نعمة الكرم والعطاء فهو دوماً يسعى إلى النهوض بقريته.

استخرج من القطعة ما يلي:

أ. فعلاً لازماً.

....

ب. فعلاً متعدياً إلى مفعول واحد.

....

ج. فعلاً متعدياً إلى مفعولين.

....

د. مفعولاً مطلقاً.

....

هـ. ضميراً متصلاً جاء في محل جر مضاف إليه.

....

٢١. رفع الفعل المضارع الصحيح الآخر والفعل المضارع المعتل الآخر ونصبهما وجزمها

الفعل المضارع الذي لا يكون آخره أحد حروف العلة الثلاثة (الألف، الياء، الواو)، نسميه صحيح الآخر.

مثال: يخرج – يذهب

والفعل المضارع المختوم بحرف علة نُسميه معتل الآخر.

مثال:

يسعى – يعطي – يدعو

<u>الفعل المضارع الصحيح الآخر:</u>

الفعل المضارع الصحيح الآخر يرفعُ وينصبُ ويجزمُ تبعا لما يلي:

- يرفع عندما يكون مجرداً من الناصب والجازم

مثال مُعرَب:

يحصدُ الزارعُ حقله

الكلمة	إعرابها
يحصدُ	فعل مضارع مرفوع بالضمة الظاهرة على آخره لتجرده من الناصب والجازم
الزارعُ	فاعل مرفوع وعلامة رفعه الضمة الظاهرة على آخره
حقله	حقل: مفعول به منصوب وعلامة نصبه الفتحة الظاهرة على آخره، وحقل مضاف والهاء ضمير مبني في محل جر مضاف إليه

يُنصب عندما يقترن بإحدى أدوات النصب التالية:

أن – لن – حتى – كي – لام التعليل

مثال مُعرب:

لن يُفلحَ المهملُ

الكلمة	إعرابها
لن	أداة نصب
يُفلحَ	فعل مضارع منصوب وعلامة نصبه الفتحة الظاهرة على آخره
المهملُ	فاعل مرفوع وعلامة رفعه الضمة الظاهرة على آخره

يُجزم عندما يقترن بإحدى أدوات الجزم التالية:

لا (الناهية) - لم

مثال مُعرب:

لا تبخل في مساعدة المحتاجين

الكلمة	إعرابها
لا	أداة نهي وجزم
تبخل	فعل مضارع مجزوم بلا الناهية وعلامة جزمه السكون الظاهر على آخره والفاعل ضمير مستتر تقديره أنت
في	حرف جر
مساعدة	اسم مجرور بحرف الجر وعلامة جره الكسرة الظاهرة على آخره، وهو مضاف
المحتاجين	مضاف إليه مجرور وعلامة جره الياء لأنّه جمع مذكر سالم

الفعل المضارع معتل الآخر يرفعُ وينصبُ ويجزمُ تبعا لما يلي:

المضارع معتل الآخر				
مثال	حرف العلة	علامة الرفع	علامة النصب	علامة الجزم
يبقى الناس في بيوتهم في الشتاء	الألف	الضمة المقدرة على آخره	الفتحة المقدرة على آخره	حذف حرف العلة (الألف)
يدعو المعلم الطلاب إلى الاجتهاد	الواو	الضمة المقدرة على آخره	الفتحة الظاهرة على آخره	حذف حرف العلة (الواو)
يرمي الولد الكرة	الياء	الضمة المقدرة	الفتحة الظاهرة على آخره	حذف حرف العلة (الياء)

- يرفع عندما يكون مجرداً من الناصب والجازم

مثال مُعرَب:

يحصدُ الزارعُ حقلَه

الكلمة	إعرابها
يحصدُ	فعل مضارع مرفوع بالضمة الظاهرة على آخره لتجرده من الناصب والجازم
الزارعُ	فاعل مرفوع وعلامة رفعه الضمة الظاهرة على آخره
حقلَه	حقل: مفعول به منصوب وعلامة نصبه الفتحة الظاهرة على آخره، وحقل مضاف والهاء ضمير مبني في محل جر مضاف إليه

يُنصب عندما يكون مقترنا بإحدى أدوات النصب التالية:

أن – لن – حتى – كي – لام التعليل

مثال مُعرب:

لن يُفلحَ المهملُ

الكلمة	إعرابها
لن	أداة نصب
يُفلحَ	فعل مضارع منصوب وعلامة نصبه الفتحة الظاهرة على آخره
المهملُ	فاعل مرفوع وعلامة رفعه الضمة الظاهرة على آخره

يُجزم عندما يكون مقترنا بإحدى أدوات الجزم التالية:

لا - لم

مثال مُعرب:

لا تبخل في مساعدة المحتاجين

الكلمة	إعرابها
لا	أداة نهي وجزم
تبخلْ	فعل مضارع مجزوم بلا الناهية وعلامة جزمه السكون الظاهر على آخره
في	حرف جر
مساعدة	اسم مجرور بحرف الجر وعلامة جره الكسرة الظاهرة على آخره، وهو مضاف
المحتاجين	مضاف إليه مجرور وعلامة جره الياء لأنّه جمع مذكر سالم

أمثلة في الإعراب:

١. يخشى الناسُ هطولَ الأمطار

الكلمة	إعرابها
يخشى	فعل مضارع مرفوع وعلامة رفعه الضمة المقدرة على آخره
الناسُ	فاعل مرفوع وعلامة رفعه الضمة الظاهرة على آخره
هطولَ	مفعول به منصوب وعلامة نصبه الفتحة الظاهرة على آخره، وهو مضاف
الأمطار	مضاف إليه مجرور وعلامة جره الكسرة الظاهرة على آخره

٢. لن يخشى الناسُ الظلامَ

الكلمة	إعرابها
لن	أداة نصب
يخشى	فعل مضارع منصوب وعلامة نصبه الفتحة المقدرة على آخره
الناسُ	فاعل مرفوع وعلامة رفعه الضمة الظاهرة على آخره
الظلامَ	مفعول به منصوب وعلامة نصبه الفتحة الظاهرة على آخره

٣. يدعو محمدٌ صديقه إلى العَشاءِ

الكلمة	إعرابها
يدعو	فعل مضارع مرفوع وعلامة رفعه الضمة المقدرة على آخره
محمدٌ	فاعل مرفوع وعلامة رفعه الضمة الظاهرة على آخره
صديقه	صديقَ مفعول به منصوب وعلامة نصبه الفتحة الظاهرة على آخره، وهو مضاف والهاء ضمير في محل جر مضاف إليه
إلى	حرف جر
العَشاءِ	اسم مجرور بحرف الجر وعلامة جره الكسرة الظاهرة على آخره

٤. لن يدعوَ محمدٌ صديقه إلى العَشاءِ

الكلمة	إعرابها
لن	أداة نصب
يدعوَ	فعل مضارع منصوب وعلامة نصبه الفتحة الظاهرة على آخره
محمدٌ	فاعل مرفوع وعلامة رفعه الضمة الظاهرة على آخره
صديقه	مفعول به منصوب وعلامة نصبه الفتحة الظاهرة على آخره، وهو مضاف والهاء ضمير في محل جر مضاف إليه
إلى	حرف جر
العَشاءِ	اسم مجرور بحرف الجر وعلامة جره الكسرة الظاهرة على آخره

٥. يرمي الصيَّاد الشبكة في الماءِ

الكلمة	إعرابها
يرمي	فعل مضارع مرفوع وعلامة رفعه الضمة المقدرة على آخره
الصيّاد	فاعل مرفوع وعلامة رفعه الضمة الظاهرة على آخره
الشبكة	مفعول به منصوب وعلامة نصبه الفتحة الظاهرة على آخره

في	حرف جر
الماءِ	اسم مجرور بحرف الجر وعلامة جره الكسرة الظاهرة على آخره

٦. لن يرميَ الصيَّاد الشبكة في الماءِ

الكلمة	إعرابها
لنْ	أداة نصب
يرميَ	فعل مضارع منصوب وعلامة نصبه الفتحة الظاهرة على آخره
الصيّاد	فاعل مرفوع وعلامة رفعه الضمة الظاهرة على آخره
الشبكة	مفعول به منصوب وعلامة نصبه الفتحة الظاهرة على آخره
في	حرف جر
الماءِ	اسم مجرور بحرف الجر وعلامة جره الكسرة الظاهرة على آخره

٧. أخوك لم يمش في الحقل

الكلمة	إعرابها
أخوك	مبتدأ مرفوع وعلامة رفعه الواو لأنه من الأسماء الخمسة وهو مضاف والكاف ضمير مبني على الفتح في محل جر مضاف إليه
لم	أداة جزم
يمش	فعل مضارع مجزوم وعلامة جزمه حذف حرف العلة، والفاعل ضمير مستتر تقديره هو، والجملة الفعلية من الفعل والفاعل في محل رفع خبر للمبتدأ
في	حرف جر
الحقل	اسم مجرور وعلامة جره الكسرة الظاهرة على آخره

٨. لا ترمِ الناس بالباطل

الكلمة	إعرابها
لا	أداة نهي وجزم
ترمِ	فعل مضارع مجزوم وعلامة جزمه حذف حرف العلة والفاعل ضمير مستتر تقديره أنت
الناسَ	مفعول به منصوب وعلامة نصبه الفتحة الظاهرة على آخره
بالباطل	الباء حرف جر، والباطل اسم مجرور وعلامة جره الكسرة الظاهرة على آخره

٩. **لا تدعُ مع الله أحداً**

الكلمة	إعرابها
لا	أداة جزم ونهي
تدعُ	فعل مضارع مجزوم وعلامة جزمه حذف حرف العلة والفاعل ضمير مستتر تقديره أنت
مع	ظرف منصوب وعلامة نصبه الفتحة
الله	لفظ الجلالة مضاف إليه مجرور وعلامة جره الكسرة الظاهرة على آخره
أحداً	مفعول به منصوب وعلامة نصبه الفتحة الظاهرة على آخره

تمرين ٣٩:

أدخل حرف الجزم (لم) على الأفعال الآتية في جمل مفيدة وغير ما يلزم:

	الفعل	الجملة
لم	يدعو يدري يحظى	

تمرين ٤٠:

أدخل حرفاً ناصباً على الأفعال التالية وضعها في جمل مفيدة مع التشكيل:

يجري، يسمو، يخشى

تمرين ٤١:

أكمل كل جملة من الجمل التالية بوضع الفعل المضارع المناسب مع تشكيله متى ما سمحت القاعدة:

أ. لن............ بدفع المال إنْ لم............ موعدَ تسليم البضاعة.

ب. لم.............. الرجل بصفة الصبر عندما بلغه الخبر.

ج. لم.............. الطلاب المجتهدون على مواعيد الدرس.

٢٢. الأفعال الخمسة وإعرابها

الأفعال الخمسة هي كل مضارع اتصل به ألف الاثنين أو واو الجماعة أو ياء المخاطبة، وقد سُميت بالأفعال الخمسة لأنها تأتي في خمس صور:

	الصورة	مثال
١.	صورة المخاطب المثنى (المخاطبين)	تعملان
٢.	صورة الغائب المثنى (الغائبين)	يعملان
٣.	صورة المفردة المخاطبة	تعملين
٤.	صورة المخاطب الجمع (المخاطبين)	تعملون
٥.	صورة الغائب الجمع (الغائبين)	يعملون

الأفعال الخمسة هي أفعال مضارعة تُرفع وتُنصب وتُجزَم، ولكنها تختلف في علامات رفعها ونصبها وجزمها عن بقية الأفعال المضارعة، كما هو موضح في الجدول التالي:

مثال	العلامة	حالة الإعراب
أنتما تُسهمان في خدمة المجتمع. هما يُساهمان في خدمة المجتمع. أنتِ تساهمين في خدمة المجتمع. أنتمْ تُساهمون في خدمة المجتمع. هُمْ يُساهمون في خدمة المجتمع.	ثبوت النون	الرفع
أنتما لن تقبلا بأكل مال اليتيم. هُما لن يقبلا بأكل مال اليتيم. أنتِ لن تقبلي بأكل مال اليتيم. أنتم لن تقبلوا بأكل مال اليتيم. هُمْ لن يقبلوا بأكل مال اليتيم.	حذف النون	النّصب
أنتما لم تخرجا للتنزه أيام العيد. هما لم يخرجا للتنزه أيام العيد. أنتِ لم تخرجي للتنزه أيام العيد. أنتم لم تخرجوا للتنزه أيام العيد. هُمْ لم يخرجوا للتنزه أيام العيد.	حذف النون	الجزم

تُستَخدمُ صيغة الفعل "تفعلان" للغائبتين إضافة لاستخدامها للمخاطبين أو المخاطبتين كما في

البنتان تُسهمان في خدمة المجتمع

البنتان لن تقبلا بأكل مال اليتيم

البنتان لم تخرجا للتنزه أيّام العيد

أمثلة في الإعراب:

١. الرجال يصمدون أمام المِحن

الكلمة	إعرابها
الرجالُ	مبتدأ مرفوع وعلامة رفعه الضمة الظاهرة على آخره
يصمدون	فعل مضارع مرفوع بثبوت النون لأنه من الأفعال الخمسة، وواو الجماعة ضمير في محل رفع فاعل، وجملة يصمدون من الفعل والفاعل في محل رفع خبر المبتدأ
أمامَ	ظرف مكان منصوب وعلامة نصبه الفتحة الظاهرة على آخره، وهو مضاف
المِحن	مضاف إليه مجرور وعلامة جره الكسرة الظاهرة على آخره

٢. أنتما لم تُحاسَبا على عملكما

الكلمة	إعرابها
أنتما	ضمير في محل رفع مبتدأ
لم	أداة جزم
تُحاسبا	فعل مضارع مجزوم بـ "لم" وعلامة جزمه حذف النون، والألف ضمير في محل رفع نائب فاعل، وجملة "تحاسبا" من الفعل ونائب الفاعل في محل رفع خبر المبتدأ
على	حرف جر
عملكما	عمل: اسم مجرور بحرف الجر وهو مضاف و"ما" ضمير في محل جر مضاف إليه

٣. البنتان لن تكذبا

الكلمة	إعرابها
البنتان	مبتدأ مرفوع وعلامة رفعه الألف لأنّه مثنى
لن	أداة نصب
تكذبا	فعل مضارع منصوب بـ "لنْ" وعلامة نصبه حذف النون، والألف ضمير في محل رفع فاعل، وجملة "تكذبا" من الفعل والفاعل في محل رفع خبر المبتدأ

تمرين ٤٢:

ضع أداة النصب (لن) في الفراغات التالية وغير ما يلزم:

أ. المهندسون...... ينهون عملهم مساءً.

ب. المعلمة...... ألقت محاضرةً قيِّمةً.

ج. الطالبان الفائزان...... أخذا جائزتيهما.

د. أنتما...... تعودان إلى عملكما بعد سفركما.

ه. أنتم...... تُحبون أكل السمك.

تمرين ٤٣:

ضع فعلاً مناسباً من الأفعال الخمسة في كل فراغ من الفراغات التالية:

أ. لا............ ما لا...............

ب. الرجالُ........... أمام الرزايا.

ج. أنتِ لن........... المكافأةَ لأنّك لا............ بهمّةٍ ونشاط.

د. أحمدُ وعليّ لم........... بالسيّارة بل القطار.

٢٣. المنادى

المنادى هو المخاطب لكي يسمع دعوة إلى أمر من الأمور، وعادة ما يُذكرُ بعد إحدى أدوات النداء لتنبيهه واستدعائه وأدوات النداء هي:

يا – أيْ – أ – أيا - هَيا

وسنقتصر في تركيزنا على أدوات النداء الأكثر شيوعاً وهي "يا" و "أيْ" و "أ".

أمثلة:

يا سائقاً، تمهل في سيرك.

أي عليُّ كُن مخلصا في عملك.

أبُنيّ اجتهد في دروسك.

أقسام المنادى

ينقسم المنادى إلى خمسة أقسام وهي:

١. العلم المفرد.

٢. النكرة المقصودة.

٣. النكرة غير المقصودة.

٤. المنادى المضاف.

٥. المنادى الشبيه بالمضاف.

١. العلم المفرد

المقصود بكلمة المفرد هو ما ليس بجملة ولا شبه جملة أي الكلمة المفردة التي تدل على مسمى سواء أكان مفردًا أم مثنى أم جمعاً فمثل الاسم العلم سمير هو علم مفرد لشخص واحد، وسميران علم مفرد كذلك مع دلالته على شخصين، وسميرون علم مفرد مع دلالته على أكثر من شخصين.

حكم العلم المفرد:

يبنى العلم المفرد المنادى على ما يرفع به كما هو موضح في الأمثلة التالية:

المنادى	الشرح
يا عليُّ	"عليٌّ" منادى مبني على الضم؛ وذلك لأنّ العلامة التي يُرفع بها الاسم عليّ هي الضمة
يا عليان	"عليان" منادى مبني على الألف، وذلك لأنّ العلامة التي يُرفع بها الاسم عليّان هي الألف لأنّه مثنى
يا عليون	"عليون" منادى مبني على الواو، وذلك لأنّ العلامة التي يُرفع بها الاسم عَليّون هي الواو لأنّه جمع مذكر سالم

- الأسماء الملحقة بالعلم المفرد:

الأسماء المفردة التالية تكون مبنية على الضم مثل العلم المفرد إذا جاءت بعد حرف نداء:

أ. اسم الإشارة: يا هذا – يا هذه – يا هؤلاء

ب. الاسم الموصول: مَنْ – ما

ج. ضمير المخاطب: أنت – أنتما – أنتم – أنتنَّ

- وبما أننا نعرف من الدروس السابقة أنّ أسماء الإشارة والاسمين الموصولين وضمائر المخاطب المذكورة أعلاه تكون دائما مبنية، لذلك فإنها تصبح مبنية على الضم المقدر الذي منع من ظهوره البناء الأصلي إذا وقعت منادى.

٢. النكرة المقصودة

هي الاسم الذي يدل على نكرة معينة مقصودة وإذا قُصدت النكرة في النداء أصبحت كأنها معرفة مثل:

- يا شرطيُّ – يا معلمُ – يا سائحُ

والنكرة المقصودة تُلحق بالعلم المفرد حيث أنها إذا نوديت تُبنى على الضم والذي هو علامة رفعها عادة.

٣. النكرة غير المقصودة

هي الاسم الشائع الذي لا يدل على شخص معيَّن وهو باقٍ على تنكيره بعد النداء مثل:

- يا شرطياً – يا رجلاً – يا قاضياً

تكون النكرة غير المقصودة منصوبة إذا جاءت بعد حرف نداء وتأتي دائماً منونة للدلالة على التنكير.

٤. المنادى المضاف

هو النكرة التي تكتسب تعريفًا بالإضافة كقولنا:

- يا بائعَ الجرائد

يكون المنادى المضاف منصوباً كما هو موضح في الجدول التالي:

المنادى المضاف	علامة النصب	التوضيح
يا **رباتِ** البيوت	الكسرة	لأنه جمع مؤنث سالم
يا **زميلَي** الدراسة	الياء	لأنه مثنى
يا **صانِعي** المعروف	الياء	لأنه جمع مذكر سالم
يا **ذا** المال	الألف	لأنّه من الأسماء الخمسة

٥. المنادى الشبيه بالمضاف

المنادى الشبيه بالمضاف هو الذي يتصل به شيء ليتمم معناه ويكون منصوباً دائماً مثل:

المنادى الشبيه بالمضاف	علامة النصب	التوضيح
يا **صانعاً** معروفاً	الفتحة	لأنه مفرد
يا **صانعاتٍ** معروفاً	الكسرة	لأنه جمع مؤنث سالم
يا **صانِعَيْنَ** معروفاً	الياء	لأنه مثنى
يا **صانِعينَ** معروفاً	الياء	لأنه جمع مذكر سالم

ملاحظات جديرة بالعلم:

- لا يجوز نداء الاسم المقترن بـ (ال) فلا نقول: يا الطالبُ
- يجوز استعمال "الـ" في لفظ الجلالة، كما في: يا الله
- يجوز استعمال "الـ" مع المنادى المراد به التشبيه كما في:
يا الصدِّيقُ إيماناً. (المراد به يا شبيه الصديق في إيمانه)
- يجوز استعمال "الـ" مع العلم المبدوء بـ "الـ" كما في:
يا المنصورُ

٢٤. الإضافة

الإضافة هي ضمُّ كلمة إلى أخرى لتكون الثانية موضحة للأولى، فنقول "كتاب النحو" وكلمة النحو توضح نوع الكتاب، وتكون كلمة كتاب مضاف وكلمة النحو مضاف إليه.

والمضاف إليه يجعل المضاف معرفةً، فكلمة كتاب نكرة وأصبحت معرفة بإضافة كلمة النحو في المثال السابق.

المعارف التي تضاف إليها النكرة هي:

١. الضمير: هذا كتابي.

٢. العلم: كتاب زيد.

٣. اسم الإشارة: عقلُ هذا الرجل.

٤. الاسم الموصول: علم الذين سبقوا.

٥. المعرَّف بـ "الـ": سور المدينة.

٢٥. الممنوع من الصرف

الممنوع من الصرف: هو اسم مفرد أو جمع تكسير معرب يخالف القاعدة العامة للأسماء لأنه لا يقبل التنوين ويُجر بالفتحة نيابة عن الكسرة إلا إذا كان معرفاً بالإضافة أي كان مضافا أو دخلته "ألـ" التعريف فإنه يجر بالكسرة، ومثال ذلك:

الساكت عن الحق شيطانٌ أخرسُ

(كلمة أخرسُ ممنوعة من الصرف ولذلك لم تُنوّن)

الفرق بين الاسم الممنوع من الصرف والاسم المتصرِّف

	الاسم المتصرِّف	الاسم الممنوع من الصرف
١	• تلحق آخره جميع حركات الإعراب، والتنوين مثل: • جاء سعيدٌ • قابلتُ سعيداً • سلمتُ على سعيدٍ	لا يُنوّن، أي لا يمكننا أنْ نُلحقه بتنوين الضم "ٌ" أو تنوين الفتح "ً" أو تنوين الكسر "ٍ". مثل: جعلتُ لون الصورة أسودَ. عرفتُ أنه أحمقُ من كلامه.
٢	الاسم المنصرف يُجر بالكسرة	الاسم الممنوع من الصرف يُجر بالفتحة
٣	يتفق الاسمان من حيث الرفع والنصب، فكلاهما يُرفع بالضمة ويُنصب بالفتحة	

- الممنوع من الصرف يُمكن أن يكون علماً أو اسماً أو صفة كما هو موضح فيما يلي:

العلم الممنوع من الصرف

- العلم الأعجمي: والمقصود بهذا كل اسم ليس عربياً وحروفه تزيد على ثلاثة، مثل:
- إبراهيم - إسماعيل – نابليون - إسحاق - يعقوب - لندن – مايكل

يُمكن تَصريف العلم الأعجمي إذا كان ثلاثيًا وأوسطه ساكن مثل:

نوْحٌ - لوْطٌ – فام

- العلم المنتهي بتاء التأنيث، سواء أكانت لمذكر أم لمؤنث مثل:
- بثينة - حمزة - قُتَيْبة - عائشة - فاطمة – أميمة - جدة - مكة
- العلم المؤنث الزائد على ثلاثة أحرف غير المنتهي بتاء التأنيث مثل:
- سعاد - زينب - كوثر - مريم - أسماء
- العلم المؤنث الثلاثي متحرك الوسط مثل:
- سحَر - أمَل - ملَك - قطَر
- العلم المركب تركيبًا مزجيًا، مثل:
- بورسعيد - بعلبك - حضرموت - نيو يورك
- العلم المنتهي بألف ونون مزيدتين، مثل:
- قحطان - عدنان - خلفان

- العلم على وزن الفعل، أي يجوز استخدامه كفعل مثل:
- أحمد - أسعد - يزيد
- (يُمكن استخدام هذه الأسماء كفعل كما في: أحمدُ الله على نعمته، أو كاسم كما في: أحمدُ رجلٌ طيبٌ)
- العلم على وزن "فُعَل" مثل:
- عُمَر - زُحَل – قُزَح - جُحا
- الاسم الممنوع من الصرف
- الأسماء التي تنتهي بألف التأنيث المقصورة أو ألف التأنيث الممدودة سواء أكانت تدل على مفرد أو على جمع، مثل:

الأسماء المنتهية بألف التأنيث الممدودة	الأسماء المنتهية بألف التأنيث المقصورة
صحراء - خضراء - حسناء - سعداء - كرماء – حمراء – أصدقاء - أوفياء	نجوى – عطشى - لبنَى – دعْوَى جوعى - حبلى - ذكرَى – قتْلى

- الأسماء التي تأتي على صيغة منتهى الجموع على الأوزان التالية:

الأوزان ←	**أفاعيل**	**مفاعيل**	**فعائل**	**أفاعل**	**مفاعل**	**فواعل**	**فعاليل**
الأمثلة ←	أناشيد	مناديل	رسائل	أكابر	مساجد	سواعد	خنازير

- الصفات الممنوعة من الصرف
- الصفات التي على وزن "فَعْلانْ" ومؤنثها "فَعْلى"، مثل:
- غضبان – شبعان – ندمان - سكران
- الصفات التي على وزن "أفعَلْ"، مثل:
- أحسن – أفضل – أحمر – أزرق – أجود
- الصفات التي على وزن "فُعال" أو "مَفْعَلْ" والمشتقة من الصيغ من الواحد إلى العشرة، مثل:

وزن "مَفْعَلْ"	وزن "فُعال"
مثنى – معشر – موحد – مَخمَس	ثلاث – رباع – خُماس - سُداس

٢٦. المستثنى

المستثنى اسم يقع بعد أداة الاستثناء ليُخالف ما قبلها في الحكم، ففي قولنا:

سافر الضيوف إلاّ علياً.

نحكم على الضيوف بالسفر، ونستثني علياً من ذلك.

أ. أسلوب الاستثناء

يتكون أسلوب الاستثناء من عناصر ثلاثة وهي:

- ١. المستثنى منه ٢. أداة الاستثناء ٣. المستثنى نفسه

وهذا ما ينطبق على الجملة "سافر الضيوف إلاّ علياً" فالمستثنى منه هو "الضيوف"، وأداة الاستثناء هي "إلاّ"، والمستثنى هو "علياً".

مثال في الإعراب:

أكلت البناتُ إلاّ فاطمة

الكلمة	إعرابها
أكلت	أكلَ: فعل ماض مبني على الفتح، والتاء تاء التأنيث الساكنة
البناتُ	فاعل مرفوع وعلامة رفعه الضمّة الظاهرة على آخره
إلا	أداة استثناء
فاطمة	مستثنى منصوب وعلامة نصبه الفتحة الظاهرة على آخره

ب. أدوات الاستثناء

أدوات الاستثناء هي:

إلاّ – غيرَ – سِوى – خَلا – عَدا – حاشا

أمثلة:

١. **إلاّ**: نام الأطفالُ إلاّ عليًّا.

٢. **غير**: حضرت النساءُ غيرَ سناءٍ.

٣. **سِوى**: طارت العصافير عن الشجرة سوى عصفورٍ.

٤. **خلا**: نجحت الطالباتُ في الامتحان خلا طالبةٍ.

٥. **عَدا**: عاد الجنودُ من المعركةِ عدا جنديًّا.

٦. **حاشا**: زرتُ مكتبات المدينة حاشا مكتبةٍ.

أحكام المستثنى بـ "إلاّ"

أ. وجوب نصب المستثنى:

إذا كان الكلام مُثبتا وبشرط ذكر المستثنى منه، مثل:

قرأتُ الكتبَ إلاّ **كتابين**

.: (كتابين مستثنى بـ "إلاّ" منصوب وعلامة نصبه الياء)

ب. جواز نصب المستثنى:

يجوز نصب المستثنى إذا كانت الجملة منفية وذُكر المستثنى منه، مثل:

ما فاز أحدٌ إلاّ **طالباً**

(طالباً مستثنى بـ "إلاّ" منصوب وعلامة نصبه الفتحة)

أو:

ما فاز إلاّ **طالبٌ**

(طالبٌ فاعل مرفوع وعلامة رفعه الضمة)

ج. إعراب المستثنى:

يُعرب المستثنى حسب موقعه في الجملة إذا كانت الجملة منفية ولم يُذكر المستثنى منه، مثل:

ما شربتُ إلاّ **ماءً**

(ماءً مفعول به منصوب وعلامة نصبه الفتحة)

المستثنى بغير وسِوَى

يكون الاسم بعد "غير" و"سِوى" مضافاً إليه مجروراً دائماً، ويُعرب كل من لفظي "غير" و"سِوى" مستثنى منصوب بالفتحة ويكون مضافاً في الوقت نفسه، مثل:

نهض الرجالُ **غيرَ زيدٍ**

(غيرَ مستثنى منصوب وعلامة نصبه الفتحة
وهو مضاف، وزيدٍ مضاف إليه مجرور)

ما نهضَ **سوى زيدٍ**

(سِوى فاعل مرفوع وعلامة رفعه الضمة المقدرة
وهو مضاف، وزيدٍ مضاف إليه مجرور)

المستثنى **بخلا وعدا وحاشا**

للمستثنى بـ "خلا" و"عدا" و"حاشا" حكمان:

أ. يُمكنُ نَصب المستثنى بعد – "خلا" و"حاشا" و"عدا" على أنّه مفعول، كما في المثال التالي:

عادت الطائراتُ عدا **طائرةً**

(عدا فعل ماض مبني على الفتح المقدر على الألف والفاعل ضمير مستتر، وطائرةً مفعول به منصوب وعلامة نصبه الفتحة)

- يُمكنُ جر المستثنى بـ "خلا" و"حاشا" و"عدا" بحرف الجر باعتبار أنّ "خلا" و"حاشا" و"عدا" حروف جر، كما في المثال التالي:
- عادت الطائراتُ عدا **طائرةٍ**
- (عدا حرف جر مبني على السكون، وطائرةٍ اسم مجرور وعلامة جره الكسرة)

إعراب "عدا" و"خلا" بعد "ما" المصدرية:

يُعرب المستثنى بعد "**عدا**" و"**خلا**" المسبوقتين بـ "**ما**" **المصدرية** كما هو موضح في المثالين التاليين:

قابلت المعلمين ما خلا مديراً واحداً

الكلمة	إعرابها
قابلت	قابل: فعل ماض مبني على السكون لاتصاله بتاء الفاعل، والتاء ضمير في محل رفع فاعل
المعلمين	مفعول به منصوب بالياء لأنه جمع مذكر سالم
ما	حرف مصدري مبني على السكون
خلا	فعل ماض مبني على الفتح المقدر على الألف
مديراً	مفعول به منصوب وعلامة نصبه الفتحة الظاهرة على آخره
واحداً	صفة للمدير منصوبة وعلامة نصبها الفتحة الظاهرة على آخرها

زُرنا المتاحفَ ما عدا متحفين

الكلمة	إعرابها
زُرنا	زار فعل ماض مبني على السكون لاتصاله بضمير المتكلمين، و "نا" ضمير مبني في محل رفع فاعل
المتاحفَ	مفعول به منصوب وعلامة نصبه الفتحة الظاهرة على آخره
ما	حرف مصدري مبني على السكون

عدا	فعل ماض مبني على الفتح المقدر على الألف
متحفين	مفعول به منصوب وعلامة نصبه الياء لأنه مثنى

٢٧. الشرط

الشرط هو اصطلاح نحوي يُطلق على ما يربط بين حدثين يتوقف ثانيهما على الأول، ويتم هذا الربط بواسطة أدوات تسمى أدوات الشرط التي تكون حروفاً أو أسماءً وهي:

الحروف:

إنْ – لو

الأسماء:

متى – إذا – مهما – مَن – أينما – أين – أنى - أيّ

مثال:

إنْ تقرأ تفهمْ

أ. أسلوب الشرط:

أسلوب الشرط يتكون من أداة الشرط وفعل الشرط وجواب الشرط، كما في المثال التالي:

لو قلتَ الحق ارتاح ضميرك

أداة الشرط: لو   فعل الشرط: قلتَ   جواب الشرط: ارتاحَ

ب. أدوات الشرط الجازمة وغير الجازمة

أدوات الشرط تنقسم إلى قسمين:

أ. أدوات جازمة: هي الأدوات التي تجزم فعل الشرط وجوابه، كما في:

إنْ تحترمْ الناس تنجَحْ في علاقاتك معهم

- تحترمْ: فعل الشرط وهو فعل مضارع مجزوم بـ "إنْ" وعلامة جزمه السكون

- تنجحْ جواب الشرط وهو فعل مضارع مجزوم وعلامة جزمه السكون

ب. أدوات غير جازمة: هي الأدوات التي لا تؤثر في فعل الشرط أو جوابه من حيث الإعراب، كما في:

لو تدرُسُ تنجحُ

- تدرسُ: فعل مضارع مرفوع وعلامة رفعه الضمة
- تنجحُ: فعل مضارع مرفوع وعلامة رفعه الضمة

أ. أدوات الشرط الجازمة

أدوات الشرط الجازمة وهي:

إنْ – مَنْ – ما – مهما – أين – أينما - متى

أمثلة:

الجملة	أداة الشرط
إن تقرأ تفهمْ	إنْ
مَنْ يزرعْ يحصدْ	مَنْ
ما تقدْمهُ من خير يعلمْهُ الله	ما
مهما تبذّلوا يقدرْه المعلمون	مهما
أينَ تجلسْ يجلِسْ التلاميذ	أين
متى تُكملْ دراستك تحصلْ على عمل	متى
أينما يذهبْ المهرج يذهبْ الأطفال	أينما

- ب. أدوات غير جازمة
- أدوات الشرط غير الجازمة هي:
- إذا – لو – كلما
- أمثلة:

الجملة	أداة الشرط غير الجازمة
إذا ساعدت أهلك أحبّكَ الله	إذا
لو تخلص في عملك تفلحُ	لو
كلما ازدادت المعرفةُ ازداد الوعيُ	كلما

أمثلة في الإعراب:

١. مَنْ يقرأ الجريدة يعرفْ الحقيقة

الكلمة	إعرابها
مَنْ	اسم شرط جازم مبتدأ مبني على السكون (يجزم فعلين، الأول فعل الشرط والثاني جوابه)
يقرأ	فعل مضارع فعل الشرط مجزوم وعلامة الجزم السكون والفاعل ضمير مستتر تقديره هو
الجريدة	مفعول به منصوب وعلامة نصبه الفتحة الظاهرة على آخره
يعرفْ	يعرف: فعل مضارع مجزوم بـ (من) في جواب الشرط وعلامة الجزم السكون والفاعل ضمير تقديره هو
الحقيقة	مفعول به منصوب وعلامة نصبه الفتحة الظاهرة على آخره، وجملة جواب الشرط "يعرفْ الحقيقة" في محل رفع خبر المبتدأ "مَنْ"

٢. لو أستطيع أعطيتُ عملاً لكل عاطل

الكلمة	إعرابها
لو	أداة شرط غير جازمة
أستطيع	فعل مضارع فعل الشرط مرفوع وعلامة رفعه الضمة الظاهرة على آخره، والفاعل ضمير مستتر تقديره "أنا"
أعطيتُ	أعطى فعل ماض جواب الشرط مبني على السكون لاتصاله بتاء الفاعل، والتاء ضمير مبني على الضم في محل رفع فاعل
عملاً	مفعول به منصوب وعلامة نصبه الفتحة الظاهرة على آخره
لكل	اللام حرف جر، كُلِّ اسم مجرور بحرف الجر وعلامة جره الكسرة الظاهرة على آخره، وهو مضاف
عاطل	مضاف إليه مجرور وعلامة جره الكسرة الظاهرة على آخره

٣. ومن تكن العلياءُ هِمَّةَ نفسه   فكلُّ الذي يلقاهُ فيها مُحَبَّبٌ

الكلمة	إعرابها
ومَنْ	الواو حسب ما قبلها، ومَنْ اسم شرط جازم مبتدأ مبني على السكون في محل رفع
تكن	فعل مضارع فعل الشرط مجزوم وعلامة جزمه السكون
العلياءُ	اسم تكُن مرفوع وعلامة رفعه الضمة الظاهرة على آخره
هِمَّةَ	خبر تكن منصوب وعلامة نصبه الفتحة الظاهرة على آخره، وهو مضاف

نفسه	نفس مضاف إليه مجرور وعلامة جره الكسرة الظاهرة على آخره، وهو مضاف والهاء ضمير مبني في محل جر مضاف إليه
فكلّ	الفاء واقعة في جواب الشرط، وكل مبتدأ مرفوع وعلامة رفعه الضمّة، وهو مضاف
الذي	اسم موصول مبني في محل جر مضاف إليه، والجملة من فعل الشرط وجوابه خبر "مَنْ"
يلقاهُ	يلقي فعل مضارع مرفوع بالضمة المقدرة، والهاء ضمير مبني في محل نصب مفعول به، والفاعل ضمير مستتر تقديره هو
فيها	في حرف جر، و"ها" ضمير مبني في محل جر بحرف الجر، وجملة "يلقاهُ فيها" جملة صلة الموصول لا محل لها من الإعراب
مُحَبَّب	خبر مرفوع وعلامة رفعه الضمة الظاهرة على آخره، والجملة من المبتدأ والخبر في محل جزم جواب الشرط

٢٨. الاستفهام

الاستفهام هو طلب العلم بشيء لم يكن معلوماً مِنْ قِبَل السائل، ويسبق السؤال أو الطلب عادة أداة تُسمّى أداة استفهام، وأدوات الاستفهام كثيرة وتنقسم إلى قسمين:

١. حروف استفهام ٢. أسماء الاستفهام

١. حروف استفهام

- حروف الاستفهام اثنان وهما هل والهمزة (أ)، ولكل منهما وظيفته في الكلام كما هو مبين أدناه:

هل:

هل حرف يُستفهم به عن مضمون الجملة، ويكون الجواب "نعم" في حالة الإثبات، و"لا" في حالة النفي كما في المثال التالي:

هل قرأتَ الكتابَ؟

هل وصل نابليون إلى العراق؟

الهمزة:

الهمزة حرف استفهام وهو على ثلاثة أنواع:

١. يطلب بها تعيين واحد من شيئين وتأتي بعدها (أم) كما في المثال التالي:

أرأيت محمداً أم علياً؟

٢. أن تكون مثل (هل) ويستفهم بها عن مضمون الجملة المثبتة،

ويكون الجواب "نعم" أو "لا" كما في المثال التالي:

أقرأت هذا الكتاب؟

٣. أن تكون داخلة على نفي أي يستفهم بها عن مضمون الجملة المنفية، ويكون الجواب بـ "بلى" في حالة الإثبات و بـ "نعم" في حالة النفي، كما في المثال التالي:

ألم تقرأ هذا الكتاب؟

٢. أسماء الاستفهام

أسماء الاستفهام أدوات يسأل بها عن مفرد يُطلب تعيينه، وهذه الأسماء هي:

مثال	يستفهم عن	اسم الاستفهام
من رفع العلم؟	للعاقل	من
ما أول صحيفة ظهرت؟	لغير العاقل	ما
متى عبرت القوات؟	للزمان	متى
أين تقع البحيرة؟	للمكان	أين
كم طالباً في القاعة؟	للعدد	كم
كيف خرج الطائر من القفص؟	**للحال**	كيف
أيُّ كتيبةٍ تقدمت؟	حسب ما تضاف إليه	أي

ملاحظات مفيدة:

- تكون الإجابة عن الجملة الاستفهامية والمبتدئة عادة بأداة استفهام بتعيين المُستَفهَم عنه كما في المثال التالي:
- أين تقع المدينةُ؟ ← تقع المدينةُ على البحر.
- جميع أسماء الاستفهام مبنية ما عدا (أي) وتعرب حسب موقعها في الجملة.

أمثلة:

مثال	إعراب "أي"
أيَّ الكتب قرأتَ؟	أي اسم استفهام مفعول به منصوب وعلامة نصبه الفتحة الظاهرة
مِنْ أيِّ بابٍ دخل الضيف؟	أيِّ اسم استفهام مجرور بحرف الجر
أيُّ طريقٍ هذا؟	أيُّ مبتدأ مرفوع وعلامة رفعه الضمة

- تأتي أدوات الاستفهام في أول الكلام ولا يسبقها غير حرف الجر أو المضاف كما في الأمثلة التالية:
- مِنْ أين لك هذا؟
- سيَّارة مَنْ هذهِ؟
- إلى أين أنت ذاهب؟
- إذا دخل حرف جر على اسم الاستفهام (ما) حُذف منه الألف، كما في المثال التالي:

بِمَ تُزَيِّنُ حديقتك؟

لِمَ هذه الحفلة؟

عَمَّ يتساءلون؟

- كثيراً ما تُزاد كلمة (ذا) بعد (مَن) و (ما) الاستفهاميتين. وتعتبر (ذا) جزءاً من الكلمة كما في:
- ماذا تريد؟
- (ماذا: اسم استفهام مبني على السكون)

مثال في الإعراب:

أليسَ أحمدُ صديقَكَ؟

الكلمة	إعرابها
أليسَ	الهمزة حرف استفهام، وليسَ فعل ماض ناقص مبني على الفتح
أحمدُ	اسم ليس مرفوع وعلامة رفعه الضمة الظاهرة على آخره
صديقَكَ	صديق خبر ليس منصوب وعلامة نصبه الفتحة الظاهرة على آخره، وهو مضاف والكاف ضمير مبني على الفتح في محل جر مضاف إليه

٢٩. كم الاستفهامية وكم الخبرية

كم الاستفهامية:

- تستعمل "كم" الاستفهامية للسؤال عن عدد مجهول، كما في:

كم ساعةً قضيت في المطار؟

- تقع في صدر الجملة كما تحتاج إلى تمييز كما في:
- كم دقيقةً انتظرتَ؟
- (دقيقةً تمييز منصوب)

- يكون تمييز كم مجروراً إذا دخل حرف جر على كم كما في:
- بكم ريالٍ اشتريت هذا الكتاب؟
- تُعرب "كم" اسم استفهام مبني على السكون في محل رفع أو نصب أو جر، وتُلحق جملتها بعلامة استفهام؟
- تكون "كم" الاستفهامية في محل رفع إذا جاء بعدها فعل لازم والفعل اللازم كما نعلم لا يأخذ مفعولاً به كما في المثال:

كم رجلاً حضر

(كمْ: مبنية على السكون في محل رفع مبتدأ، و رجلاً: تمييز وجملة حضر: في محل رفع خبر المبتدأ).

- تكون "كم" في محل نصب إذا جاءت:
  - مفعولاً به. كما في:

    كم قلماً اشتريت؟
  - إذا جاء بعدها مفعولٌ مطلقٌ كما في:

    كم زيارةً زرت المريض؟

    (كم هنا في محل نصب مفعول مطلق)
  - إذا جاء بعدها اسم زمان كما في:

    كم يوماً مضى على سفرك؟

    (كم هنا في محل نصب ظرف زمان)
  - إذا جاء بعدها اسم مكان كما في:

    كم ميلاً قطعته في السباق؟

    (كم هنا في محل نصب ظرف مكان)
- تكون كم في محل جر إذا دخل عليها حرف جر كما في:

  بكم رجل تمَّ العمل؟

"كم" الخبرية:

يقصد بها الإخبار عن الكثرة المجهولة الكمية، وهي لا تفيد السؤال وبذلك لا تحتاج إلى جواب، كما في:

كم طريقٍ سرتُ للوصول إليكم!

وتمتاز كم الخبرية بما يلي:

- الدلالة على كثرة شيء معيَّن كما في:

كم كتابٍ قرأتُ!

(تعني العبارة أني قرأتُ كتباً كثيرة)

- يُعربُ التمييز بعد "كم" الخبرية مفرداً مجروراً أو جمعاً مجروراً كما في:

كم كتابٍ قرأتُ!

أو

كم كتبٍ قرأتُ!

- يمكن إعراب كم الخبرية في محل رفع أو نصب أو جر تماماً كما هي الحال في "كم" الاستفهامية.
- تنتهي جملة كم الخبرية بعلامة التعجب(!)

مثال في الإعراب:

١. كَمْ فكرةً جديدة قدمت لربِّ عملك في هذا الشهر؟

الكلمة	إعرابها
كَمْ	اسم استفهام مبتدأ مبني على السكون
فكرةً	تمييز منصوب وعلامة نصبه الفتحة الظاهرة على آخره
جديدة	صفة منصوبة وعلامة نصبها الفتحة الظاهرة على آخرها
قدمت	قدّم فعل ماض مبني على السكون لاتصاله بتاء الفاعل، والتاء ضمير مبني في محل رفع فاعل
لربِّ	اللام حرف جر، و"ربِّ" اسم مجرور بحرف الجر وعلامة جره الكسرة الظاهرة على آخره، وهو مضاف
عملك	عمل مضاف إليه مجرور وعلامة جره الكسرة الظاهرة على آخره، وهو مضاف، والكاف ضمير في محل جر مضاف إليه
في	حرف جر
هذا	اسم إشارة مبني في محل جر بحرف الجر
الشهر	بدل مجرور وعلامة جره الكسرة الظاهرة على آخره، وجملة "قدمت لربِّ عملك" في محل رفع خبر المبتدأ "كَمْ"

٢. كَمْ مجتهدٍ في دروسه صار عالما مرموقاً!

الكلمة	إعرابها
كَمْ	اسم مبني على السكون في محل رفع مبتدأ
مجتهدٍ	تمييز مجرور وعلامة جره الكسرة الظاهرة على آخره
في	حرف جر
دروسه	دروس اسم مجرور بحرف الجر وعلامة جره الكسرة الظاهرة على آخره، وهو مضاف، والهاء ضمير في محل جر مضاف إليه
صار	فعل ماض ناقص مبني على الفتح، واسمها ضمير مستتر في محل رفع تقديره هو
عالما	خبر صار منصوب وعلامة نصبه الفتحة الظاهرة على آخره
مرموقاً	صفة لـ "عالماً" منصوبة وعلامة نصبها الفتحة الظاهرة على آخرها

٣٠. التمييز

١. صور العدد

- يظهر العدد في صورة تختلف وفقاً لموقعه في الجملة، فيأتي مفرداً مثال ٤ و٥ أو مركباً مثال ١٣ و١٥ أو معطوفاً عليه مثال ٢٤ و ٢٥.
- الأعداد ٢٠-٣٠-٤٠-٥٠ إلى ٩٠ نسميها **ألفاظ العقود**.

٢. العدد من حيث الإعراب والبناء

- إن الأعداد جميعها معربة بمعنى أنها تُرفع أو تُنصب أو تُجر وفقاً لموقعها في الجملة ماعدا الأرقام من ١١ إلى ١٩ فتكون دائماً مبنية على فتح الجزأين.
- الأمثلة:

أ. قرأتُ خمسةَ كتبٍ – خمسة مفعول به منصوب، وكتبٍ تمييز مجرور بالكسرة.

ب. نجح في الامتحان عشرةُ طلابٍ – عشرةُ فاعل مرفوع، وطلاب تمييز مجرور بالكسرة.

تنبيه: الأعداد المبنية على فتح الجزأين المذكورة أعلاه (١١-١٩) يُستثنى منها العدد ١٢ لأن العدد ٢ يكون معرباً، ليكون العدد ١٢ مبنياً على فتح الجزء الأخير ومعرباً في الجزء الأول.

الأمثلة:

أ. قابلتُ ثلاثةَ عشرَ طالباً.

ب. جاء ثلاثةَ عشرَ طالباً.

- في الجملة الأولى (ثلاثةَ عشرَ) مبني على فتح الجزأين في محل نصب مفعول به.
- في الجملة الثانية (ثلاثةَ عشرَ) مبني على فتح الجزأين في محل رفع فاعل.
- (طالباً) في الجملتين تمييز منصوب.

ج. في حالة العدد (١٢) يتغيَّر وضع (٢) ويظل وضع (١) ثابتاً:

١. جاء اثنا عشرَ طالباً.

٢. قابلتُ اثني عشرَ طالباً.

- اثنا عشر – يعرب الجزء الأول إعراب المثنى وهو فاعل مرفوع وعلامة رفعه الألف.
- اثني عشر – يعرب الجزء الأول إعراب المثنى وهو مفعول به منصوب وعلامة نصبه الياء.
- يظل الجزء الثاني في المثالين مبنياً على الفتح وهو العدد (عشر).

د. تعرب ألفاظ العقود إعراب جمع المذكر السالم.

١. قابلتُ عشرين رجلاً – عشرين مفعول به منصوب وعلامة نصبه الياء لأنه ملحق بجمع المذكر السالم ورجلاً تمييز منصوب.

٢. دخل الباب عشرون رجلاً – عشرون فاعل مرفوع وعلامة رفعه الواو لأنه ملحق بجمع المذكر السالم ورجلاً تمييز منصوب.

٣. العدد من حيث التذكير والتأنيث:

أ. الأعداد ١ و٢ يوافقان المعدود تذكيراً وتأنيثاً في كل الحالات التي هي الإفراد والتركيب والعطف.

الأمثلة:

- الإفراد: جاء شرطيٌّ واحد.
  • جاءت شرطيَّة واحدة.
- التركيب: جاء اثنا عشر شرطياً.
  • جاءت اثنتا عشرة شرطية.
- العطف: جاء واحد وعشرون شرطياً.
  • جاءت واحدة وعشرون شرطية.

تنبيه: للعدد (١) لفظان هما (واحد) ومؤنثُه (واحدة).
للعدد (٢) لفظان هما (اثنان) ومؤنثُه (اثنتان وثنتان)

ب. الأعداد من (٣ إلى ٩) تأتي على عكس المعدود تذكيراً وتأنيثاً ويأتي تمييزها مجروراً.

• الأمثلة:

١. قابلني سبعةُ رجالٍ.
٢. في المنزل سبعُ نساءٍ.

ج. العدد (١٠) يأتي على عكس المعدود إذا كان مفرداً ومن نوع المعدود إذا كان مركباً.

الأمثلة:

١. بنى المهندس عشرَ حجرات.
٢. بنى المهندس خمسَ عشرةَ حجرة.

٣١. التعجب

التعجب هو التعبير عن شعور في النفس يخفى سببه بأسلوب يسمى أسلوب التعجب، ولهذا الأسلوب صيغتان تأتيان على الوزنين التاليين:

١. ما أفعَله ٢. أفعِلْ به

مثال:

الجملة	الصيغة
ما أحسن حظَّه	ما أفعَله
أحسِنْ بحظه	أفعِلْ به

أو نقول:

ما أجملَ السماءَ!

(للتعبير عن شعورنا نحو السماء، وصيغة الفعل "ما أجملَ" جاءت على وزن ما أفعلَ)

ملاحظة مهمة:

الاسم بعد صيغة التعجب يأتي منصوباً دائماً، وهو مثير التعجب والباعث عليه، ونضع في نهاية الجملة علامة التعجب (!)

مثال في الإعراب:

ما أنفعَ العلمَ للناس!

الكلمة	إعرابها
ما	نكرة تامة بمعنى شيء عظيم، مبنية على السكون في محل رفع مبتدأ
أنفعَ	فعل ماض فعل التعجب مبني على الفتح، والفاعل ضمير مستتر تقديره هو يعود على "ما"
العلمَ	مفعول به منصوب بالفتحة الظاهرة على آخره، والجملة الفعلية في محل رفع خبر المبتدأ "ما"
للناسِ	اللام حرف جر، والناس اسم مجرور وعلامة جره الكسرة الظاهرة على آخره

٣٢. المدح والذم

المدح أسلوب يعني إظهار محاسن الشيء، واللفظ الذي يستعمل هو (نِعْمَ)، والذم هو أسلوب يعني إظهار مساوئ الشيء ولفظه (بئس) كما في الأمثلة التالية:

المدح: نعمَ الرَّجُلُ الصديقُ

نعمَ الرجلُ الخادمُ وطنه

الذم: بئس الصديقُ التدخينُ

بئسَ القولُ شهادةُ الزور

وأسلوب المدح أو الذم يتكون من:

أسلوب المدح	فعل المدح (نعمَ) + الفاعل + المخصوص بالمدح
أسلوب الذم	فعل الذم (بئس) + الفاعل + المخصوص بالذم

والآن نطبق هذين الأسلوبين على الجمل أعلاه:

الجملة	الأسلوب		
	فعل المدح أو الذم	الفاعل	المخصوص بالمدح أو بالذم
نعمَ الرَّجُلُ الصديقُ	نِعمَ	الرَّجُلُ	الصديقُ
نعمَ الرجلُ الخادمُ وطنه	نِعمَ	الرجلُ	الخادمُ
بئس الصديقُ التدخينُ	بئس	الصديقُ	التدخينُ
بئسَ القولُ شهادةُ الزور	بئسَ	القولُ	شهادةُ

فاعل "نِعمَ":

لفاعل "نِعْمَ" أربع حالات:

أ. معرَّف بـ (الـ) مثل:

نعمَ الرجلُ الصديق

ب. مضاف إلى ما فيه (ال) مثل:

نعمَ صادقُ الوعدِ محمد

ج. ضمير مستتر مثل:

نعمَ صادقاً محمدٌ

د. "ما" أو "مَنْ" الموصولان مثل:

نعم ما يقول الرجلُ الصدق

نعمَ من نُجالسهم العلماء

المخصوص بالمدح

المخصوص بالمدح هو الشيء الذي أردنا مدحه، فالمخصوص في قولنا "نعم الصادق محمد" هو (محمد) والمخصوص في قولنا (نِعْمَ بليغاً عليٌّ) هو (عليٌّ).

إعراب المخصوص بالمدح

- يُعرب المخصوص بالمدح مبتدأ مؤخر ويجوز تقديمه على جملة (نِعمَ)
- جملة (نِعمَ) تعرب خبراً مقدماً إذا تأخر عنها المخصوص بالمدح مثل (نعمَ الصادقُ محمدٌ)

مثال في الإعراب:

نعمَ كريماً المتصدق

الكلمة	إعرابها
نعمَ	فعل ماضٍ جامد يفيد المدح مبني على الفتح والفاعل ضمير مستتر تقديره هو
كريماً	تمييز منصوب وعلامة النصب الفتحة الظاهرة. وجملة (نعم كريماً) في محل رفع خبر مقدم
المتصدق	مبتدأ مؤخر مرفوع وعلامة الرفع الضمة الظاهرة على آخره، وهو المخصوص بالمدح

ملاحظة مهمة:

- هناك لفظ آخر يستعمل للمدح أيضاً، وهذا اللفظ هو "حبذا"، كما في:

حبذا العلمُ

وإعراب هذه الجملة يكون على النحو التالي:

الكلمة	إعرابها
حبذا	حبَّ: فعل ماضٍ مبني على الفتح، و"ذا" اسم إشارة مبني على السكون في محل رفع فاعل حبَّ. وجملة "حبذا" في محل رفع خبر مقدم
العلمُ	مبتدأ مؤخر مرفوع وعلامة رفعه الضمة الظاهرة على آخره

- كما أن هناك لفظًا آخر يستعمل للذم أيضاً، وهذا اللفظ هو "لا حبّذا"، كما في:

لا حبّذا النفاقُ

وإعراب هذه الجملة يكون على النحو التالي:

الكلمة	إعرابها
لا	حرف نفي
حبّذا	حبّ: فعل ماضٍ مبني على الفتح، و "ذا" اسم إشارة مبني على السكون في محل رفع فاعل حبَّ. وجملة "حبذا" في محل رفع خبر مقدم
النفاقُ	المخصوص بالذم مبتدأ مرفوع وعلامة رفعه الضمة الظاهرة على آخره

٣٣. اسما الزمان والمكان

اسم الزمان هو الاسم الذي يدل على **زمان** وقوع الفعل، واسم المكان هو الذي يدل على **مكان** وقوع الفعل كما في المثالين التاليين:

خرجتُ من المنزل مشرق الشمس	مشرق	اسم الزمان
نأخذ البضائع من مرسى السفن	مرسى	اسم المكان

صياغة اسم الزمان واسم المكان:

يُصاغ اسم الزمان واسم المكان من الفعل الثلاثي وغير الثلاثي.

- الصياغة من الفعل الثلاثي:

يصاغ اسما الزمان والمكان من الفعل الثلاثي على وزن (مَفْعَل) كما في الأمثلة التالية:

اسم الزمان/المكان	الوزن	الفعل الثلاثي	الوزن
مَلبَس	مَفعَل	لبِس	فعِل
مَكتَب	مَفعَل	كَتَبَ	فَعَل
مدخَل	مَفعَل	دَخَل	فَعَل
مَجلِس	مَفعِل	جَلَسَ	فعَل
منزل	مَفعِل	نَزَلَ	فعَل
مَسجِد	مَفعِل	سَجَدَ	فعَل

- الصياغة من غير الثلاثي:

يُصاغُ اسما الزمان والمكان من غير الثلاثي على وزن اسم المفعول مثل:

انطلق – مُنْطَلق

إعراب اسم الزمان واسم المكان:

يُعرب اسما الزمان والمكان حسب موقعهما من الجملة، ونفرق بين اسمي الزمان والمكان من سياق معنى الكلمة كما في الأمثلة التالية:

مَطْعَمي بعد العصر – اسم زمان

مطعَمي في الفندق – اسم مكان

الإعراب:

إعرابها	الكلمة
مطعم مبتدأ مرفوع وعلامة رفعه الضمة المقدرة لانشغال مكانها بالكسرة التي وردت لمناسبة ياء المتكلم، ومطعم مضاف وضمير المتكلم الياء في محل جر مضاف إليه	مَطْعَمي
ظرف زمان منصوب وعلامة نصبه الفتحة الظاهرة على آخره، وهو مضاف	بعد
مضاف إليه مجرور وعلامة جره الكسرة الظاهرة على آخره، وشبه الجملة من المضاف والمضاف إليه في محل رفع خبر المبتدأ "مطعم"	العصر

إعرابها	الكلمة
مطعم مبتدأ مرفوع وعلامة رفعه الضمة المقدرة، ومطعم مضاف وضمير المتكلم الياء في محل جر مضاف إليه	مَطْعَمي
حرف جر	في
اسم مجرور بحرف الجر وعلامة جره الكسرة الظاهرة على آخره، وشبه الجملة من الجار والمجرور في محل رفع خبر المبتدأ "مطعم"	الفندق

٣٤. اسم الآلة

الآلة هي الأداة التي نستعملها في أداء عمل من الأعمال مثل (المنشار والقلم والمفتاح وغيرها. وتأتي أسماء الآلة على ثلاثة أوزان مشهورة، وهي:

الوزن الصرفي	اسم الآلة
مِفْعَل	مِنْجَل
مِفْعَلة	مِسْطَرة
مِفْعَال	مِنْشار

ملاحظة:

- أضاف مجمع اللغة العربية وزن آخر وهو: فعَّالة، كما في قولنا: ثلاَّجة.
- تُصاغ أوزان اسم الآلة من الفعل الثلاثي المتصرف كما تصاغ من اللازم والمتعدي.

د. نماذج أسئلة الامتحان

ويتم اختبار فهم الطالب لهذه الموضوعات من خلال عدد من الأسئلة لا يتجاوز الأربعة أو الخمسة وتنحصر في طرق السؤال التالية:

١.	مثل لما يلي في جملة مفيدة:
٢.	استخرج من القول/النص/الأبيات/السابقة ما يلي:
٣.	اضبط بالشكل ما تحته خط في الجمل التالية، مع ذكر السبب:
٤.	ضع كلمة مناسبة في المكان الخالي في الجمل التالية، واضبط آخرها بالشكل:
٥.	ضع كلمة مناسبة في المكان الخالي من الجمل الآتية، واضبط آخرها بالشكل:
٦.	املأ الفراغ بالكلمة المناسبة من بين القوسين مع العلامات والتحريك فيما يلي:
٧.	ضع (هنا يُطلبُ منك أن تضع كلمة معينة كأداة شرط جازمة، أو حرف استفهام أو غيرها) في الفراغ فيما يلي:
٨.	أكمل الجمل التالية بوضع (هنا يُطلبُ منك أن تستخدم حرفا أو كلمة لموضوع أو موضوعات معينة مختارة من المنهج) واضبطه بالشكل: مثال: أكمل الجمل التالية بوضع جواب شرط مناسب واضبطه بالشكل:
٩.	ضع فعل الشرط المحذوف مع ضبطه بالشكل:
١٠.	أعرب ما تحته خط:
١١.	احذف الكلمات التي تحتها خط من الجمل التالية وغير ما يلزم:
١٢.	أعرب الجملة التالية:

هـ. أمثلة وتدريبات عامة في القواعد

تتكون أسئلة القواعد كما بينا سابقا من ٤ إلى ٥ أسئلة كما هو موضح في الأسئلة النموذجية التالية:

١. اضبط بالشكل ما تحته خط في الجمل التالية، مع ذكر السبب:

أ. إنّ المتكبر يغالي في تقويم ذاته.

ب. لم تحلق الطائرةُ في الجو العاصف.

ج. توقفت السيارة بسبب انتهاء الوقود.

د. أينما تجلسا أجلس معكما. (٤ درجات)

٢. لم تظهرْ حتى الآن أدوية لتنشيطِ الذاكرةِ والذكرياتِ الجميلةِ. وما زالت الدراساتُ جاريةً وجادة نحو الهدفِ. من هذه الدراساتِ ما يجري في أحدِ مختبراتِ جامعةِ نيوجرسي الأمريكيةِ، وهي تجربةٌ فيها إلكترونيات معدنية دقيقة، ترسلُ شحناتٍ كهربائيةً كلَّ دقيقةٍ.
استخرج من النص السابق ما يلي:

أ. فعلاً مضارعاً مجزوماً.

ب. مضافاً إليه.

ج. صفة مجرورة.

د. مفعولاً به علامة نصبه الكسرة نيابة عن الفتحة. (٤ درجات)

٣. مثل لما يلي في جملة مفيدة:

أ. جملة في محل نصب حال.

ب. ملحق بجمع المذكر السالم.

ج. "كم" الخبرية.

د. مفعول لأجله. (٤ درجات)

٤. احذف الكلمات التي تحتها خط من الجمل التالية وغير ما يلزم:

أ. لا تلعبوا قبل شروق الشمس.

ب. لم تنم البنت في بيت صديقتها.

ج. كان العامل نائماً في أثناء عمله.

د. صار الثلجُ ماءً. (٤ درجات)

٥. أعرب الجملة التالية:

مَنْ جَدَّ وَجَد. (٤ درجات)

الباب الثاني

القراءة والاستيعاب

المحتويات

١. محتويات ورقة الامتحان الأولى

يمتاز امتحان هذا المستوى بأنه يتكون من ورقتين كما ورد سابقا في مقدمة الكتاب، وقد خُصصت الورقة الأولى لاختبار مستوى الطالب في القراءة والاستيعاب، وفي القراءة وكتابة التعبير الموجه وفي مادة القواعد التي تطرقنا لها سابقاً. في هذا الفصل سوف يتم التركيز على مواد اختبار الطالب في القراءة والفهم التي تحتل القسم الأول من ورقة الامتحان الأولى.

في صدر الورقة الأولى يأتي عادة موضوع يحمل في طياته أفكاراً ومجموعة من الآراء يطرحها كاتب يتم اختياره من جانب لجنة الامتحانات مع مراعاة أهمية المحتوى الذي يشمل شيئا من التشويق والدعوة الصريحة إلى إيقاظ أفكار القارئ وطلب مشاركته في مجريات أحداث المقالة أو النص بالرأي والنقاش الهادف والتعمق في المطروح ومعايشته لاستيعاب المعاني والتراكيب والألفاظ وذلك من أجل التفاعل المفضي إلى حب مصاحبة الكاتب من خلال الإجابة عن الأسئلة ومناقشة ما تجب مناقشته بشيء من الصراحة وشجاعة الرأي، فمن الجوانب التي تراعيها لجنة الامتحانات في النصوص المختارة وضوح العبارة والتناول المتدرج في بناء الموضوع والعناية بهياكله حيث تسهل مهمة الطالب القاضية باستخلاص مادة الإجابة والوصول إلى أصول تفكير الكاتب ودوافعه.

ومما تجدر الإشارة إليه أيضا في هذا المقام ضرورة الاهتمام بالعلامات التي يتم وضعها تجاه كل سؤال، فدرجة السؤال التي تتميز بارتفاعها بين الأسئلة تشير إلى أن هذا السؤال بين الأسئلة يحتاج إلى مزيد من الاهتمام وربما من الوقت يتناسب مع قيمته، فعلى سبيل المثال، هناك سؤال خُصصت له (٨) درجات وآخر (٤) درجات، وما يلفت الانتباه هو أن سؤال الدرجات الثماني يطلب مزيداً من المعلومات أكثر من تلك التي يتطلبها سؤال الدرجات الأربع وهكذا.

تبقى في النهاية الحقيقة المهمة وهي ضرورة الاهتمام بصحة الكتابة والتراكيب ووضوح الخط كما أشرنا إليه من قبل. كذلك ينبغي حضور ذهن الطالب طوال وقت الإجابة بشأن المطلوب مع وقفات قصيرة من وقت إلى آخر لضمان صحة مسار تناول ما يكتب وتوافقه مع المقياس الموضوع للسؤال، مثل عدد الكلمات المطلوب وضرورة حصر المكتوب بكامل معانيه داخل هذا العدد مع تلبية للنقاط الرئيسة التي يستند إليها الموضوع، فالسؤال الذي يقول، على سبيل المثال:

"من قام بدور المرشد؟ وما النصائح التي أسداها لتلامذته؟ وضح ذلك مع شرح علاقة الذي قام بدور المرشد بتلامذته."

يقوم على ثلاث شعب:

أ. الذي قام بدور المرشد

ب. النصائح التي قدمها

ج. علاقته بتلامذته

فإهمال إحدى هذه الشعب في سياق الإجابة قد يفقد الطالب ما يقارب ثلث الدرجة المخصصة لمثل هذا السؤال.

٢. طبيعة نص سؤال القسم الأول

يجد الطالب نفسه في هذا الجزء من ورقة الأسئلة أمام نص يتراوح طوله بين صفحة وصفحة ونصف، وعادة ما يكون ذلك النص عن موضوع اجتماعي أو اقتصادي أو تاريخي أو أي موضوع من الموضوعات التي لها أهمية في حياة الطالب في هذا العصر. وقبل أن يبدأ الطالب بقراءة الموضوع يجب أن يهيئ نفسه لاستيعاب أفكار وآراء قد لا تتفق مع آرائه وتطلعاته، ولكن المهم هنا أن تكون إجابته محددة بما يأتي به النص من نقاط ومعلومات تعكس رأي كاتب النص، إلاّ إذا كان هناك سؤال يطلب منه أن يبُدي رأيه في مسألة ما، وعند ذلك يحق له إبداء الرأي بعد توضيح رأي الكاتب وما جاء به من معلومات. وربما لا يُعَبِّر الكاتب عن رأيه في النص وإنما يسرد علينا قصة أو يريد إيصال معلومات معينة.

٣. ملاحظات وإرشادات نافعة

١. إن المُمتحِن في ورقة الأسئلة لا يستخدم أسئلة مباشرة عادة كما لو سألك: أين يسكن الرجل في القصة؟ أو ما اسمه؟ ولكنه يأتي بسؤال يتوقع منك أن تستنتج جوابه من خلال فهمك للنص. فحينما يسألك، على سبيل المثال، "ما الفكرة الرئيسة للنص؟" أو ما أحسن عنوان يمكنك أن تُعطيه للنص، أو لإحدى فقراته؟ عليك أن تختار الجملة أو العنوان الذي يلخص الهدف الرئيس لما يريده كاتب ذلك النص.

٢. حاول أن تتوصل إلى الفكرة الرئيسة للنص، ومن ثمّ اكتبها في جملة واحدة بالشكل الذي يمكنه أن يُعطيك جواباً لكل سؤال يبدأ بـ "مَنْ"، و"ماذا"، و"أين"، و"متى"، و"لماذا"، و"كيف"، وبهذا تكون مُطلعاً على جميع جوانب الموضوع، حتى وإنْ لم تكن بحاجة إلى بعض منها.

٣. أعط اهتماما كبيرا لمقدمة النص، وللاستنتاج الذي يورده الكاتب في آخر فقرة منه؛ وذلك لأن هذين الجزأين من النص يعطيانك ملخصا للنص ويساعدانك على الوصول إلى فكرة الكاتب الرئيسة.

٤. مِن المهم جدا أن تقرأ الأسئلة كلها قبل البدء بالإجابة عن كل واحد منها. إنّ قراءة الأسئلة تُفضل أن تكون قبل قراءة النص ولو لمرة واحدة لإعانتك على التركيز على ما هو مطلوب منك.

٥. أر المُمتحِن أنك قرأت وفهمت النص من خلال اعتمادك على معلومات من النص في إجابتك عن كل سؤال وعدم اعتمادك على معلوماتك السابقة والتي لا تمُت بأية صلة بما جاء في النص.

٦. اقرأ النص وظلل أو ضع خطا تحت النقاط المهمة والرئيسة، لأنّ ذلك سيسهل عليك عملية البحث عمّا هو مطلوب إجابته في الأسئلة.

٧. اقرأ الأسئلة جيدا وظلل أو ضع خطا تحت الكلمات أو العبارات المهمة التي تحمل توجيهات من الممتحن إليك. فإذا طُلب منك في السؤال أن تُعطي ثلاثة أمثلة، فعليك أن تُظلل الكلمتين "ثلاثة أمثلة" وتتأكد من إعطائك ثلاثة أمثلة من النص.

٨. استخدم كلمات السؤال ولكن عليك في الوقت نفسه أن تستعمل كلماتك وأسلوبك الخاص في نقل المعلومات من النص قدر الإمكان.

٩. تأكد من أنّ إجابتك كاملة وصحيحة وواضحة، ومن أنّك لم تُهمل كلمة من الكلمات التي ظللتها أو وضعت خطا تحتها في كل سؤال عند إجابتك، وتأكد من أنك قمت بما يلي:

- أجبت عن متطلبات كل سؤال من الأسئلة
- أجبت عن كل فروع الأسئلة
- أعطيت أمثلة أو أدلة من النص عند الإجابة
- كتبت بأسلوب مفهوم وبكلمات واضحة

١٠. بشكل عام هناك خمسة أنواع من الأسئلة، وهي:

أ. السؤال الذي يسألك عن الفكرة الرئيسة للنص أو عن أي جزء منه

ب. السؤال الاستنتاجي

ج. السؤال الذي يسأل بشكل مباشر عن معلومة معينة في النص

د. السؤال الذي يطلب منك المقارنة من حيث التشابه أو الاختلاف بين شيئين أو شخصيتين ذُكِرَتا في النص

هـ. السؤال الذي يطلب منك أن تُبدي رأيك من حيث الموافقة أو الرفض لمسألة معينة في النص (الإجابة بنعم أو لا)، أو تفضيل شخصية من الشخصيات التي ذُكرت في النص مع تعليل ذلك استنادا إلى معلومات من ذلك النص.

٤. نص تطبيقي

اقرأ النص التالي وانظر إلى طريقة تحديد نقاطه الرئيسة لتسهيل عملية الرجوع إلى الجانب الصحيح منه عند الإجابة عن الأسئلة التي تتحرى عن مدى فهمك لمحتواه.

ملاحظة: قبل البدء بتحديد النقاط المهمة لأي نص تذكر ما يلي:

١. اقرأ النص قراءة متأنية فاحصة لاستيعاب مضمونه وأهدافه وللتعرّف على الفكرة الرئيسة وعلى مغزاه.
٢. اقرأ فقرات النص بتأن وظلل، أو ضع خطا تحت الكلمات والعبارات والتي تحمل معلومات وأفكاراً مهمة ومميزة.
٣. لخص الموضوع فقرة فقرة، أو اكتب الفكرة الرئيسة لكل فقرة، لتسهيل عملية الرجوع إلى الجزء المطلوب عند الإجابة عن الأسئلة.

الثقافة والوسائط الحديثة

إنّ شبكات الاتصالات الحديثة أدّت إلى ثورة في المعلومات وانسيابها بحُرِّية لم يكن لها في البشرية مثيل من قبل، فتدخلت في معدلات تسارع أرباح البنوك والشركات بفضل سرعة الاتصالات، وبالتالي سرعة اتخاذ القرارات، وبفضلها أيضا ظهر العديد من مظاهر السلوك والأنشطة التي يمارسها الأفراد اليوم في المجتمعات كافة والتي يلعب بها جهاز الكومبيوتر دور البطولة.

وهذه الثورة قلبت مفاهيم الثقافة بمعناها الواسع بما فيها النشر الإلكتروني، وتحول المدونات الإلكترونية إلى ظاهرة جديدة تدخل عالم النشر، واكتشاف المواهب الجديدة في العلم والأدب إضافة إلى دورها في تمكين الإنسان من الإطلاع على الصحف العربية والأجنبية بإتاحتها على الشبكة العالمية للمعلومات.

كما أن هذه الوسائط الحديثة أحدثت ثورة في توفير الاتصال العولمي وأزالت الحدود بين البشر مهما اختلفت ثقافاتهم وبعدت بينهم مسافات الجغرافية عبر العديد من شبكات الاتصال الاجتماعية الجديدة مثل: "الفيس بوك" و"تويتر" وغيرهما، وهو ما يؤدي إلى خلق نوع من ألوان الحوار المباشر وغير المباشر بين أفراد مختلفين من ثقافات متعددة قد يكون من المستحيل أن تتوافر لأي منهم سبل التلاقي أو الحوار لولا ظهور تلك الشبكات الاجتماعية الحديثة.

وهو ما سوف يؤثر بالتأكيد على المنظومة الأخلاقية والفكرية والاجتماعية في مدى السنوات القليلة المقبلة، وعليه يقتضي بحث الظاهرة وتحليلها للاستفادة من إيجابياتها وتجنب سلبياتها، خاصة من قبل الأجيال الجديدة التي يتوقع أن يزداد عدد مستخدمي هذه الوسائط منهم بشكل لا سابق له.

وأحدثت هذه الوسائط كذلك ثورة في مجال سرعة متابعة الإنتاج الفني الذي ينتج في أي مكان في أرجاء العالم بحيث يصبح بإمكان أي فرد أن يشاهدها على مواقع البث مثل "يوتيوب" بعد ساعات قليلة من إنتاجها وغيرها.

وأخيرا لابد من التساؤل ما هو مصير الثقافة العربية في ظل هذه الوسائط، وكيف يمكن أن نطور لغتنا وأساليبنا لتتلاءم معها، وتصبح صالحة لاستيعاب الثقافة العالمية المتطورة وللتواصل مع الثقافات الأخرى، وهل تكون هذه الوسائط وبالاً علينا فتكشف عن تخلفنا وعجزنا؟ أم أنها فرصة مواتية للتطور والوصول بالثقافة العربية إلى آفاق جديدة؟ هذا هو السؤال الجوهري الذي لابد

أن نسرع، مثقفين ومهتمين ومتخصصين ومبدعين في الإجابة عنه، في هذا العصر، عصر العولمة المفتوح على مصراعيه لكل من يريد أن ينتمي إليه.

للدكتور سليمان إبراهيم العسكري/مجلة العربي العدد ٦١٦/مارس ٢٠١٠ وبتصرف

بعد قراءتنا للنص السابق نقوم بتحديد نقاط كل فقرة كما في التقسيم والتذييل التالي:

الثقافة والوسائط الحديثة	
إنّ شبكات الاتصالات الحديثة أدّت إلى ثورة في المعلومات وانسيابها بحُرِّية لم يكن لها في البشرية مثيلٌ من قبل، فتدخلت في معدلات تسارع أرباح البنوك والشركات بفضل سرعة الاتصالات، وبالتالي سرعة اتخاذ القرارات، وبفضلها أيضا ظهر العديد من مظاهر السلوك والأنشطة التي يمارسها الأفراد اليوم في المجتمعات كافة والتي يلعب بها جهاز الكومبيوتر دور البطولة.	← تأثيرات استخدام الكمبيوتر وشبكات الاتصال الإيجابية على البنوك والشركات
وهذه الثورة قلبت مفاهيم الثقافة بمعناها الواسع بما فيها النشر الإلكتروني، وتحول المدونات الإلكترونية إلى ظاهرة جديدة تدخل عالم النشر، واكتشاف المواهب الجديدة في العلم والأدب إضافة إلى دورها في تمكين الإنسان من الإطلاع على الصحف العربية والأجنبية بإتاحتها على الشبكة العالمية للمعلومات.	← سهولة الحصول على المعلومات العلمية وغيرها وعلى ما يظهر من ابتكارات ومواهب جديدة في العالم
كما أن هذه الوسائط الحديثة أحدثت ثورة في توفير الاتصال العولمي وأزالت الحدود بين البشر مهما اختلفت ثقافاتهم وبعدت بينهم مسافات الجغرافية عبر العديد من شبكات الاتصال الاجتماعية الجديدة مثل: "الفيس بوك" و"تويتر" وغيرهما، وهو ما يؤدي إلى خلق نوع من ألوان الحوار المباشر وغير المباشر بين أفراد مختلفين من ثقافات متعددة قد يكون من المستحيل أن تتوافر لأي منهم سبل التلاقي أو الحوار لولا ظهور تلك الشبكات الاجتماعية الحديثة.	← تقارب العالم والتقاء الحضارات وسهولة القيام بنقاشات وحوارات بين الأفراد في الفيس بوك والتويتر في كافة أنحاء العالم مهما بعدت المسافات
وهو ما سوف يؤثر بالتأكيد في المنظومة الأخلاقية والفكرية والاجتماعية في مدى السنوات القليلة المقبلة، وعليه يقتضي بحث الظاهرة وتحليلها للاستفادة من إيجابياتها وتجنب سلبياتها، خاصة من قبل الأجيال الجديدة التي يتوقع أن يزداد عدد مستخدمي هذه الوسائط منهم بشكل غير مسبوق.	← أهمية تحديد النواحي السلبية والإيجابية مما ينتج عنه التقارب الأخلاقي والفكري والحضاري في العالم بسبب توفر شبكات الاتصال
وأحدثت هذه الوسائط كذلك ثورة في مجال سرعة متابعة الإنتاج الفني الذي ينتج في أي مكان في أرجاء العالم بحيث يصبح بإمكان أي فرد أن يشاهدها على مواقع البث مثل "يوتيوب" بعد ساعات قليلة من إنتاجها وغيرها.	← سهولة الاطلاع على الأفلام والفنون الأخرى عن طريق اليوتيوب
وأخيرا لابد من التساؤل ما هو مصير الثقافة العربية في ظل هذه الوسائط، وكيف يمكن أن نطور لغتنا وأساليبنا لتتلاءم معها، وتصبح صالحة لاستيعاب الثقافة العالمية المتطورة وللتواصل مع الثقافات الأخرى، وهل تكون هذه الوسائط وبالاً علينا فتكشف عن تخلفنا وعجزنا؟ أم أنها فرصة مواتية للتطور والوصول بالثقافة العربية إلى آفاق جديدة؟ هذا هو السؤال الجوهري الذي لابد أن نسرع، مثقفين ومهتمين ومتخصصين ومبدعين في الإجابة عنه، في هذا العصر، عصر العولمة المفتوح على مصراعيه لكل من يريد أن ينتمي إليه.	← دور ومستقبل الثقافة والتطور العلمي العربي وسط التطور العالمي في مجال التكنولوجيا

٥. نماذج لأسئلة الامتحانات

الآن تمعن بالنصوص التالية والتي جاءت على نمط ورقة الامتحان التي نحن بصددها، وحاول الإجابة عنها:

أ. النموذج الأول:

اقرأ النص التالي بتركيز، وتمعن فيه، ثم أجب عن الأسئلة التي تليه بأسلوبك الخاص:

الأمثال في اللغة

المثل هو عدد من كلمات تمَ ترتيبها في نسق معين للتعبير عن تجربة في الحياة، أو موقف مر به أحد من الناس في الماضي، واللغة العربية كأية لغة أصيلة في العالم لها رصيد معين من الأمثال التي دخلتها عبر التاريخ وصار لها أثر لغوي معنىً وتركيبا مثل "رجع بخفي حُنَيْن"، و"لا عِطرَ بعدَ عروس"، و"زوجٌ منْ عود خيرٌ منْ قُعود"، وغيرها. ومع أنّ معظم الأمثال قد مضى عليها زمن طويل، إلاّ أن أكثرها ما زال يحتفظ بجمال اللفظ وصدق المعنى، وهي رمز للأصالة اللغوية وتراث يعتز به محبو اللغة وروادها ويحرصون على استعماله. وقد اهتم الأدباء بهذه الأمثال وجمعها وتحديد أُصولها منذ أكثر من ألف سنة، وكتاب مجمع الأمثال الذي قام بتأليفه الأديب العربي "أحمد بن محمد الميداني" في القرن الخامس الهجري نقل لنا أكثر من ستة آلاف من الأمثال العربية القديمة، مع تحديد الحال الذي قيل فيه كل منها، واليوم تُعتبر الأمثال القديمة جزءاً من التراث والأدب. فلو أخذنا المثل القائل: "رجع بخفي حُنَيْن"، نجده يرجع إلى القصة الظريفة التالية:

كان حنين صانع أحذية مشهوراً، وفي يوم من الأيام دخل عليه أعرابي، هارباً من حرارة الشمس وأخذ يساومه على خفين أعجباه، وأبدى رغبة في شرائهما. استمر الأعرابي بالمساومة بالخُفين وأطال فيها حتى أغاظ حُنين ببخله، وما زاد الطينَ بلة، أنه ترك الدُّكان ولم يشترهما، فقرر حُنين أن يعملَ حيلة للكيد له.

بعد أنْ ارتَحَلَ الأعرابي بجمله ومتاعه، سبقه حُنين إلى الطريق الذي كان سيسلكه، وطرح أحد الخُفين، ثمّ ألقى الخُف الآخر في موضع آخر أبعد من الأول واختبأ بعيداً عن الأنظار. فلما مر الأعرابي بالخُف الأول قال: ما أشبه هذا الخُف بخُفِّ حنين ولو كان معه الآخر لأخذته ومضى، فلما انتهى إلى الآخر ندم على تركه الأول، وعزم على أنْ يعود ليأخذه، فترك متاعَه وجملَه ومضى راكضاً في طلبه. في تلك الأثناء خرج حُنين وأخذ الجملَ والمتاع.

رجع الأعرابي ولم يجد جمله وحمله، ومضى ماشيا إلى أهله، ولم يكن معه إلا الخُفان. وعندما سأله أهله: بماذا رجعت لنا؟ أجاب: رجعت بخُفي حُنين. وبهذا صار يُضربُ لمن يخرج في مهمة أو تجارة ويرجع خاسراً أو بما لا قيمة له.

ويرجع المثل "لا عِطرَ بعدَ عروس" إلى قصة امرأة كان لها زوج كريم من بني عمها يقال له عروس فمات عنها فتزوجها رجل بخيلٌ من غير قومها. وذات مرةٍ كانا في سفر، ومرّا بقبر الزوج الأول، وقعدت المرأة تبكي أمامه. غضِب زوجها وأمرها بالذهاب، فقامت ووقعت زجاجة عِطرها، ولم تكترث بالتقاطها، فقال لها زوجها: خُذي زجاجة عطرك! فأجابت: لا عِطرَ بعدَ عَروس.

أما المثل "زوجٌ منْ عود خيرٌ منْ قُعود"، فقد جاء من قصة رجل شديد له أربع بنات، وكان يعترض على زواجهُنَّ. وذات يوم سمع بناته يتحدثن عن آمالهن، وبدأت كل واحدة منهن بوصف ما تتمناه في فتى أحلامها إلا أصغرهن والتي كانت أجملهن فضلت الصمت. قررت الأخوات الثلاث أن لا يتركنها حتى تُظهر ما في مُخيلتها، فأجابتهن: زوجٌ منْ عود خيرٌ منْ قُعود. ولما سمع قولها الأب قرر أن لا يقف في طريق زواجهن بعد ذلك اليوم. وصار قولها مثلاً يُضرب في رضاء الشخص بالمتوفر من الأشياء وباليسير إذا صعب عليه الحصول الكثير واتسع استخدام المثل وصار يضرب على الرجل الذي يقبل بغير الجيد والحسن من المأكل والملبس والمسكن وغيره عندما لا يستطيع نوال الأفضل والأحسن.

وعموماً تُضرب هذه الأمثال لحالات مشابهة من حيث المعنى والرمز للحال التي قيلت فيها أو أُطلقت عليها أصلاً.

(الميداني، أحمد بن محمد، مجمع الأمثال، دار مكتبة الحياة (١٩٦١) – وبتصرف)

أجب بأسلوبك الخاص عن الأسئلة التالية:

١. ما أهمية الأمثال في اللغة؟

(٤ درجات)

٢. لِم دخل الأعرابي دكان حنين؟

(٤ درجات)

٣. ما الذي قصدته المرأة بقولها: "لا عِطرَ بعدَ عروس"؟ وفي أي حال يُضربُ هذا المثل؟

(٦ درجات)

٤. كيف تجد شخصية البنت الصغرى في قصة "زوجٌ منْ عود خيرٌ منْ قُعود"؟ وما الذي يُفضلها على أخواتها؟

(٨ درجات)

٥. تصوّر أنك الأعرابي الذي ذُكر في قصة المثل "رجع بخفي حُنَيْن". اكتب لصديق لك تُبين ما حدث لك في مضمون ما جاء في النص.

(٨ درجات)

(٣٠ درجة)

ب. النموذج الثاني:

مستقبل الطاقة

للطاقة دور عظيم في مسيرة التنمية العالمية، وفي ازدهار الاقتصاد وتطوره، ولا عجب في ذلك؛ فالطاقة عصب الصناعة، وأساس التقدم الحضاري الذي شهده الإنسان في هذا العصر، ولذا لا بُدّ من توافرها، والحفاظ عليها.

وحتى العقد الرابع من هذا القرن – تقريباً – لم تكن مشكلة توافُر الطاقة قد بُحثت على النطاق العالمي، وعلى أساسٍ علميٍّ، ومن ثَمّ ظلّت بلا حل، فقد بدا -آنذاك- أنّ المجتمع العالمي -مع نُمُوِّه الاقتصاديِّ- لديه مواردُ كافية من الطاقة، وهي تحت تصرفه، ورهن إشارته.

ولمّا قامت الحرب العالمية الثانية، وتقدمت الصناعة تقدما ملحوظاً، زاد الاستهلاك العالمي للطاقة، وأدرك العلماء والاقتصاديون أنّ المخزون في الأرض من مواردها: مثل الفحم والنِّفط يُمكن أن ينضُبَ في المستقبل القريب، فيعوقُ التطور السريعَ الذي ينشُدُهُ العالم، ولذا دعوا إلى وضع تقديرٍ دقيقٍ لكميّة الطاقة المخزونة، وطالبوا بترشيدِ استخدامها.

لقد قدّر العلماء أنّ احتياطيّ الطاقة في الأرض سينفَدُ خلال القرن الحادي والعشرين، وأنه لا بُدّ من إيجاد مصادر جديدة لها، فقد تخيلوا الكارثة التي يُمكن أن تُحدِّق بالبشريّة كُلّها، إذا نَضَبت الطاقة المعروفة للإنسان، وكان واجباً على المختصين جميعِهم أن يَجِدّوا في البحث عن مصادر بديلة لكي لا تتوقف الصناعةُ، وينحسرَ التقدُّم، وتعود البشرية إلى الوراء.

وقد وجد العلماء أنّ بعض مصادر الطاقة غيرُ قابلٍ للتجدُّدِ على المدى القريب: مثل الفحم والنِّفط والغاز الطبيعي ومواد الطاقة النووية، وبعضها الآخر دائمٌ من الناحية العلمية، ويُمكن أن يستمِرّ قَدْرَ استمرار كوكبنا في الوجود. ومن ذلك الإشعاع الشمسي، ومياه المُحيطات والبحار، والأمواجُ والمَدُّ والجَزرُ، ومساقِطُ المياه، والرِّياح والخشب والفحم النّباتيُّ، وغيرُها. ومع أنّ هذه المصادرُ غيرُ قابلة للنّفاد من الناحية العلمية فإنّها لم تؤدِّ دَوراً مُهمًّا في الإنتاج، ولم تسهم بقدر كبيرٍ في ميزان الطّاقة العالَميّ الرّاهن لأسباب علمية واقتصادية: لأنّ استخدامَها لا يزال ذا طابعٍ تجريبيّ.

فالشمسُ مثلاً - وهي سببُ كُلِّ أنواع الطاقة على الأرض تقريباً - يُمكنُ توفيرُ طاقتها لِشعوب العالمِ من غير آثارٍ ضارّةٍ في البيئة، مما يجعل الشمسَ أفضلَ مصدر يُتيحُ للبشرية كُلّها طاقة نظيفة تسهم في تقدم اقتصادِها، وتحافظ على أمنها وصحتها.

وتبينُ الحسابات أنّه إذا تَحققت كفاءَةٌ عالية في تحويل عُشر طاقة الشمس واستغلالها فإنّها تكفي احتياجات العالم كُلّه من الطاقة الضرورية له.

ومع أنّ البُحوثَ الشمسية لا تزال في مراحِلها الأولى، فقد أمكن استخدام الطاقة الشمسية في مجالات متنوِّعة، وإن كان ذلك محدوداً، ومن ذلك: إزالة ملوحة الماء، وتدفئةُ المنازل وتسخينُ الماء، وطهوُ الطعام، وغيرُها.

وإذا أخذنا البحار والمحيطات مثلاً ثانياً فإننا نجدها مصدراً عظيماً للطاقة، عن طريق استغلال الفرق بين السطح الساخن والقاع البارد، أو عن طريق حركة الأمواج الدائبة، أو المدِّ والجَزر في توليد الكهرباء، وخصوصاً تلك البلاد التي لها ساحلٌ مناسب للانتفاع بهذه الظاهرة.

وإلى جانب ما تَقَدَّم توجدُ الرياحُ، وهي طاقة استغلّها الإنسانُ قديماً، وقد أمكنَ تطويرُها واستخدامُها في أغراضٍ كثيرةٍ.

إنّ جُهودَ العلماء لا تتوقف، وآمالهم لا تنتهي، وقد امتدّ بصرهم إلى باطن الأرض؛ للاستفادة من حرارتها الجوفية واستغلال الكامن فيها لتحريكِ مولداتٍ كهربائية تُعطي طاقةً نظيفةً.

لقد فتح العلمُ الطريقَ أمامَ الإنسان، وساعده على تحقيق كثير من أحلامه، فسبحانك ربي، سبحانك، أنتَ الخالق، علّمت الإنسان ما لم يعلم.

من مجلة العلم والمجتمع/مركز مطبوعات اليونسكو/العدد ٣٨/سنة ١٩٨٠، وبتصرف

أجب بأسلوبك الخاص عن الأسئلة التالية:

١. ما الذي يريده الكاتب من العالم في الفقرة الأولى؟

(٤ درجات)

٢. متى يرجع العالم إلى الوراء حسب رأي الكاتب؟

(٦ درجات)

٣. متى شعر العالم بأهمية الحفاظ على موارد الطاقة؟ وضح ذلك باختصار.

(٦ درجات)

٤. بين بوضوح كيف ربط الكاتب بين استهلاك الطاقة ومواردها وحماية البيئة؟

(٨ درجات)

٥. لماذا يشكر الكاتب ربّه في نهاية النص؟

(٦ درجات)

ج. النموذج الثالث:

الوسائط الجديدة في نقل الثقافة

مع انتشار الوسائط الحديثة في الحياة اليومية لعدد كبير من الأفراد في أرجاء الوطن العربي، ممثلا في استخدام الحواسب الآلية، وشبكة الإنترنت، بما تضمه من آلاف المواقع في شتى شؤون المعارف والحياة، وانتشار القنوات الفضائية، والزيادة المطردة في عدد الصحف الإلكترونية التي تتعدد تخصصاتها، وغير ذلك من مظاهر، فإننا نلاحظ أنّ هذه الظاهرة المتنامية لا تعكس تطورا ثقافيّا وتعليميّا موازيا، بل إنّها تتوازى مع نسب عالية من الأمية الأبجدية والثقافية، الأمر الذي يتسبب في فجوة كبيرة تبدو معها القوة البشرية في العالم العربي كأنها تستقل قطارا عملاقا، تتعرض قاطرته لانفصال تدريجي عن باقي العربات، وهو ما قد يهدد بكارثة حقيقية إذا لم يتمكن قادة القرار السياسي والتعليمي من إحكام السيطرة عليها في السنوات القليلة المقبلة.

هذه الكارثة لا تتعلق بكون القاطرة تتقدم إلى الأمام، على حساب العربات الأخرى، بدافع من التطور والتقدم في استخدام الوسائط الحديثة في الثقافة والمعرفة وشؤون الإدارة وغيرها، بل تتعلق بأنّ المؤشرات العديدة لما نسمع عنه ونتابعه، الآن، حول استخدام الشباب والمراهقين في العالم العربي لهذه الوسائط الحديثة تؤكد أنّ الأغلبية العظمى من مستخدمي هذه الوسائط لا يقومون باستخدامها وسيلةً معرفية، تتيح الاتصال بأهم المعارف العلمية والثقافية، بقدر ما يستخدمونها في وسائل الترفيه والتسلية وبرامج المحادثات (chatting)، أو بالأحرى "الثرثرة"، وفي البحث عن المواقع الإباحية، التي لا تزيدهم إلاّ ضياعاً، وما شابه ذلك في استخدامات تتدرج في إطار إضاعة الوقت فيما لا ينفع.

إنّ التناقض هنا يتأتى من استخدام وسيط حديث للاتصال والمعرفة، في غير مكانه، أو لأهداف تتناقض مع جوهر عملية التنمية والتحديث.

من جهة أخرى، فإننا إذا سلمنا جدلاً بقدرة الجهات القيادية والموجهة، خاصة المؤسسات التربوية والتعليمية في أرجاء العالم العربي، على ترشيد استخدام الوسائط الحديثة، وفقاً لبرامجَ محدودة، فما مصير ملايين الأميين الذين، ما زالت أعدادهم – مع الأسف – تتزايد في مناطق كثيرة في أرجاء واسعة من العالم العربي؟ وكيف يُمكن أن تُقامَ خطط تنمية وفقا لأسس تعتمد على وسائط حديثة تقتحم عالمنا اليوم، وعلينا أن نواكبها بكل ما نملك من قوة، في حين أن نِسَبُ الأمية المخيفة تُحيطُ بنا وتتكاثر كالأورام السرطانية وتشكل عقبة أمام أي إمكان لهذه التنمية في المستقبل القريب، بل والبعيد، خاصة أنّ هذه الوسائل الحديثة تشهدُ ثورات من التطوير المتلاحق يوما بعد آخر في العالم الغربي، وهو ما يُهدد باتساع الفجوة بين العالم العربي والعالم المتحضر بشكل قد يكون من المستحيل مواكبته إذا استمرّ الأمر على ما هو عليه.

إنّ معظم مستخدمي شبكات الإنترنت ووسائط الثقافة الحديثة من إخواننا العرب ربما لا يهتم في الشبكة إلا بكل ما هو مضيعة للوقت، وبكل ما قد يعتبر سلبيا، وفقا لمفهوم التنمية البشرية، ضاربا عرض الحائط، ومبدداً، فرصا ثمينة من معرفة علوم العصر، وثقافات الآخر، ومعرفة الأفكار التي تمكنه من أن يحسن إمكاناته ويطور قدراته ليواكب تقدم المجتمع البشري المعاصر.

ولا شك أنّ المؤسسات التعليمية، بالتعاون مع مؤسسات المجتمع المدني المهتمة بالتنمية الاجتماعية والبشرية يمكن أن تقدم عددا من البرامج التي تشجع على تعليم الشباب والمراهقين ممن تخلفوا عن قطار التعليم، وتشجيعهم على محو أميتهم في محاولة لتقليص الفجوة بين مجتمع الحداثة ومجتمع الجهل والتخلف في المجتمعات العربية بشكل عام.

للدكتور سليمان إبراهيم العسكري/مجلة العربي العدد ٦١٦/مارس ٢٠١٠ وبتصرف

أجب بأسلوبك الخاص عن الأسئلة التالية:

١. ماذا يقصد الكاتب وإلى أي شيء يرمز في تعبيره "فجوة كبيرة"؟

(٤ درجات)

٢. ذكر الكاتب القاطرة في النص. علل ذلك؟

(٦ درجات)

٣. ما الذي يطلبه الكاتب من الشباب؟

(٦ درجات)

٤. ما مدى استفادة العالم العربي من الوسائط الحديثة حسب رأي الكاتب؟

(٨ درجات)

٥. على مَن يضع الكاتب مسؤولية التوعية؟ وما رأيك أنت في ذلك؟

(٨ درجات)

٦. إجابات نموذجية لأسئلة تم الاختبار بها في الأعوام الماضية

أ. إجابة أسئلة القسم الأول من الورقة الأولى لامتحان تشرين الثاني (نوفمبر) ٢٠٠٦

اقرأ النص التالي بتركيز وتمعن، ثم أجب عن الأسئلة التي تليه بأسلوبك الخاص:

البيئة لنا ولأجيالنا القادمة

البيئة في نظر البعض تمثل مشكلة لا بد من إيجاد حل لها. وعند البعض الآخر مصدر الثروة لا بد من استغلالها. وهنالك من ينظر إلي البيئة بأنها الطبيعة التي يجب أن نحميها. وهناك آخرون يرون في البيئة المحيط الحياتي الذي نُربَّى فيه. وكل هذه تجتمع في تعريف البيئة بأنها جملة النظم الطبيعية الاجتماعية التي يعيش فيها الكائن البشري والكائنات الأخرى.

ونتيجة لبروز أزمة البيئة في بداية السبعينات، ظهرت التربية البيئية كاتجاه تربوي عالمي كرد فعل لهذه الأزمة، وبالتالي تعتبر التربية البيئية عملية ديناميكية يتمكن من خلالها الأفراد والجماعات من الوعي بمحيطهم واكتساب المعارف والقيم والكفاءات والتجارب، وهذا يساعدهم في العمل لإيجاد حلول لمشاكل البيئة سواء الحالية أو المستقبلية.

إن هذه التربية البيئية ترمي إلى مساعدة الأفراد على إدراك الترابط بين المجالات الاقتصادية والاجتماعية والسياسية والبيئية سواء في المدن أو الأرياف، وكذلك اكتساب القيم والمعارف والمواقف لحماية البيئة، وهذا كله يأتي من تربية الأفراد على أنماط جديدة في السلوك.

ونركز في هذا الصدد على توعية المواطنين كافة وتوجيه سلوكهم البيئي القويم لتحقيق التوازن بين الإنسان وبيئته، كما لابد من تضافر الجهود على مستوى الفرد والأسرة والحي والمدينة، وعلى مستوى الفرد والدولة حتى نحقق هدفنا الرئيس في المحافظة على البيئة لتكون لنا ولأجيالنا القادمة بيئة نقية لحياة أفضل. وخير وسيلة لتحقيق ذلك هي التركيز على توعية الأطفال وتربيتهم التربية البيئية السليمة لضمان المستقبل الأفضل. ولماذا الطفل؟ لأنه أكثر من يتأثر بما ينجم عن الكوارث البيئية، وعندما نتحدث ونركز على الأطفال فإننا نتحدث عن المستقبل. وهذا يعني ضمان بيئة صحية منتجة للأجيال القادمة.

فنحن أول من يُلام في حدوث أكثر الكوارث، فتجدنا نساهم في تلوث الهواء والماء والغذاء ونتسبب في تآكل التربة والتصحر نتيجة لإهمالنا ظناً منا بأننا نقوم بتطوير البنية التحتية لبلداننا من قلع أشجار وبناء بيوت ومصانع.

تساهم كثير من الأعمال والتوسع العمراني في تدمير النظام البيئي بمكوناته الطبيعية والاجتماعية تجاوزا للمفاهيم والاتفاقات الدولية والإنسانية. فالحيوانات والطيور البرية هي الأخرى لم تسلم من أذى مثل هذه الأفعال، حيث كان لها نصيب من الرحيل والهجرة بحثا عن المناطق التي يمكنها العيش فيها. ورغم اتخاذ الكثير من الدول المتحضرة خطوات إيجابية للمحافظة على البيئة مثل تخصيص محميات طبيعية لحماية الطيور والاكتفاء بالاستمتاع بمراقبتها والقيام بوضع برامج توعية على كافة المستويات للمحافظة على إبقاء الغابات ورعايتها وتأهيلها للسياحة والمتعة والتنزه، وغيرها من المشروعات، ما زالت هناك أمور تحتاج إلى وضع حلول لها في هذا المجال قبل فوات الأوان.

فيجب علينا ن نعمل وبكل الطاقات المتاحة لنا للمحافظة على البيئة من خلال أندية بيئية مدرسية لتوعية الطلبة وتوجيه المناهج نحو إدخال حماية البيئة في مختلف المجالات، هذا وإن خير من يتبنى هذه العملية هي وزارات التربية والتعليم عن طريق تدريب المعلمين في برنامج التربية البيئية باعتبار أن المعلم هو الشخصية المركزية في العملية التعليمية. وللإعلام دور فعال ليس فقط في مجال التوعية وتوجيه السلوك وإنما في العمل كوسيلة اتصال وتعاون ومشاركة بين المؤسسات المسؤولة عن البيئة، وله في محاولة خلق أنماط جديدة لحماية البيئة دور كبير في حياتنا اليوم.

إننا نحاول أن نضئ شمعة وسط هذا الظلام البيئي، تلك البيئة التي خلقها الله لتكون نورا ونعمة للبشر أجمعين.

قسم الطبيعة/ شبكة منتديات طلاب جامعة القدس المفتوحة/ وبتصرف

الأسئلة:

١. ما الأفكار التي تؤلف تعريف البيئة بأنها "النظم الطبيعية والاجتماعية التي يعيش فيها الكائن البشري والكائنات الأخرى"؟

البيئة قد تناولها المهتمون بأمرها من زوايا كثيرة وجاءوا بتعريفها بعدة صفات شملت الجوانب الطبيعية التي يجب أن يعمل الإنسان على حمايتها؛ وتوسع آخرون فجعلوها جملة الأسس والنظم الطبيعية والاجتماعية التي تمارس الكائنات وعلى رأسها الإنسان حياتها فيها، ولذا فقد اكتسبت أهمية من حيث متابعة ما يواجهها من مشكلات والعمل على حلها، لم لا وقد علمنا من التعريفات أن الإنسان والكائنات الأخرى على الأرض ترتبط ارتباطاً عضوياً بمكونات هذه البيئة وأن صحتها ونظافتها تشكل الهم الأكبر للإنسان على الأرض.

٢. على عاتق من تقع مسئولية المحافظة على البيئة؟

تقع مسؤولية المحافظة على البيئة على عواتق كل قطاعات المجتمع وذلك لتكامل الجهود وسدّ الثغرات أمام كل مهددات البيئة المتمثلة في التلوث

بأشكاله المتعددة، فالأفراد والجماعات عليهم اكتساب المعارف التي تعينهم على حماية بيئتهم وممارسة كل سلوك يمكن أن يساعد على سلامة البيئة ونظافتها في الأحياء والمدن والأرياف ويكون شعار كل فرد هو حماية البيئة مسؤولية تضامنية تشمل كل الأجهزة الرسمية الحكومية والأهلية الشعبية.

٣. حسب ما جاء في النص أعلاه ما التخطيط الصحيح للمحافظة على البيئة ومستقبلها؟

لكي نخطط لحماية البيئة من التلوث لا بد من خلق برنامج للتوعية وإقناع الناس وإكسابهم قوة استيعاب فوائد البيئة الصحية وتصوير المستقبل لهم بصور زاهية وجميلة تساعد على توفير حياة مشرقة للأجيال القادمة، كما أن تثقيف الأطفال في مجال حماية البيئة يشكل تخطيطاً سليماً لمستقبل أيام الأمة.

٤. لماذا جاء ذكر الأطفال في النص؟

جاء ذكر الأطفال في النص لأن الطفل يرمز إلى مستقبل الأمة، فتدريبه على أسس حماية البيئة يعني ضمان توفير الجو المناسب للأجيال القادمة التي تضمن دوام الحرص على صحة البيئة وتحويل القناعة بضرورة البيئة الصحية إلى سلوك ينتقل خلال حياة هؤلاء الصغار من طفولتهم إلى شبابهم وكهولتهم وشيخوختهم ومن ثم يظل هذا السلوك موروثاً من موروثات الأمة الثابتة.

٥. ما المقصود بالسطر الأخير: "إننا نحاول أن نضئ شمعة وسط هذا الظلام البيئي، تلك البيئة التي خلقها الله لتكون نورا ونعمة للبشر أجمعين" في مجال موضوع البيئة الذي نحن بصدده؟

يقصد الكاتب بقوله: إننا نحاول أن نضيء شمعة... إلى آخره... إنه يقصد بذلك هذه الجهود التي تُبذل في مجال توعية الناس بضرورة حماية البيئة وسط جهل من هؤلاء الناس بفوائد صحة البيئة وقيامهم بممارسات تلحق أضراراً جسيمة بالبيئة مثل تلوث الهواء بدخان السيارات وتلوث الماء بالأوساخ والنفايات وقطع الأشجار لإفساح المجال للزحف الصحراوي مع كثير من العادات الضارة التي تهدد كيان البيئة... نعم إن صيحات كهذه التي أطلقها الكاتب هي بالفعل كشمعة في ظلام دامس يعيش فيه الناس وقد صنعوه بأيديهم ناسين أو متناسين نعمة الله عليهم إذ خلق لهم بيئة نظيفة يعملون بعلم وبغير علم على إفسادها.

٦. ما المرافق المتوفرة في بلدك و مدرستك والتي تسهم في الحفاظ علي البيئة، على ضوء ما جاء أعلاه؟

لقد تنبهت حكومتنا والحمد لله لأخطار التلوث على البيئة في بلادنا وبدأت ترصد أموالاً لا يستهان بها في الميزانية العامة لحماية البيئة، كما وضعت برامج لتوعية المواطنين وحضهم على مساعدة الدولة لتوفير كل العوامل

المساعدة لحماية الطبيعة، فقد قامت وزارة منفصلة تسمى وزارة البيئة وأصدرت كثيراً من القوانين التي شاركتها فيها وزارات أخرى ذات اختصاص، فعلى سبيل المثال أوقفت الدولة ترخيص العربات القديمة التي تصدر دخاناً، كما قامت وزارة الزراعة بحملة كبيرة لزراعة الأشجار في جميع أنحاء البلاد؛ كذلك بدأت وزارة الصحة والبلديات في حملات نظافة مكثفة وأصدرت وزارة العدل قوانين صارمة ضد من يقوم بأي عمل يضر البيئة مثل إلقاء الأوساخ في الشوارع أو الأماكن العامة؛ وقامت وزارة الصناعة بنقل معظم المصانع بعيداً عن المدن مع إيقاف أي تصديق لمصانع داخلها.

- وفي مدرستنا قمنا معلمين وطلاباً بحملات مساعدة كاشتراكنا في زراعة الأشجار وإصدار صحف حائطية تحمل مقالات تشجع على حماية البيئة كما قمنا بتكوين جمعية مدرسية باسم "البيئة الصحية".

ب. إجابة أسئلة القسم الأول من الورقة الأولى لامتحان أيار (مايو) ٢٠٠٧

اقرأ النص التالي بتركيز وتمعن فيه، ثم أجب عن الأسئلة التي تليه بأسلوبك الخاص:

زواج الجيل الجديد

اجتمع مجلس الأسرة بكامل أعضائه، ورئاسة المجلس الشرفية والمظهرية للجد، أما الرئاسة الفعلية فهي للحماة. ومجلس الأسرة لا يجتمع إلا في الملمات وحالات الطوارئ. والموضوع الوحيد في جدول الأعمال هو زواج البنت الوحيدة لابنتهما... الحفيدة المدللة. وهذه مسألة لا تحتاج إلى طوارئ، فالزواج حدث سعيد يُمكنُ أن يتم وسط فرحة جماعية. ولكن في الزواج طرفين. واختيار الطرف الثاني هو المشكلة التي دعت إلى هذا الاجتماع الطارئ. افتتحت الرئيسة الاجتماع بكلمات حادة اتهمت فيها زوج ابنتها بأنه لا يتكلم ولا يُعلن رأيا ولا يتخذ موقفا، رغم أنَّ الموضوع مهم ويتعلق بابنته وابنتها ويجب أن يكون له رأي محدد فيه.

قال: منذ اليوم الأول لزواجي قبل سنوات بعيدة، ورأيي مرفوض. ما من شيء قلته وأخذتم به، ولذلك اعتدت الموافقة على ما تقولون، هذا إذا كان هناك اهتمام في يوم من الأيام باستطلاع رأيي.

قالت الحماة: هذا غير صحيح. أنا أؤمن بالمشورة طوال حياتي.

قال زوج البنت والد الفتاة التي ستتزوج: تكلم يا عمي!... يقصد حماه.

قال العم وهو يبتسم: أعلنت رأيي منذ البداية ولم يُفصح العم العزيز عن رأيه. فموقفه لا يختلف عن موقف زوج ابنته، وهو أنه بلا رأي، والاختلاف الوحيد بينهما هو تباين فترتي زواجهما. وظل طوال الاجتماع يلهو بإشعال الغليون، ولا يفتح فمه إلا لإطلاق الدخان.

وأخيرا تشجع والد الفتاة وقال: من حق ابنتي أن تختار زوجها. هي ترى أنه سيكون زوجاً ناجحاً، وأباً باراً لأولادها، ورجلا تستطيع الاعتماد عليه ليوفر لها الحياة المناسبة.

قالت الحماة: إنها تحمل شهادة عالية وتدرس الماجستير، وهو راسب في الثانوية العامة. أين التكافؤ؟ أين الميول المشتركة؟

قال الأب: أعرف أن ابنتي تُحسن الاختيار. أردنا أن نفرض عليها نوع الدراسة، فأبت واختارت الكلية التي تريدها وتفوقت فيها و...

قالت الحماة: أرجوك لا تفتح صفحات الماضي، وإلا ضاع الوقت كله في تاريخك وتاريخ ابنتك. إنها مثلُ أمها. وكانت تريد من وراء قولها أن ابنتها أساءت اختيار الزوج، والحفيدة تتجه الاتجاه نفسه بعد عشرين عاماً. ولكن الأب لم يستسلم بسهولة، ولذلك قال: أنا أحمل شهادات عليا، وابنتك - يا دوب تفك الخط – ومع ذلك عشنا سعيدين.

قالت الحماة: تريد أن تُعيرنا الآن بعد كل هذه السنين الطويلة. من الذي أرغمك على الزواج من ابنتي؟ أتنسى توسلاتك؟

قال الأب: ما نسيت شيئا، ولو عادت بنا السنون لتوسلت مرة أخرى؟

فتحت الزوجة فمها لأول مرة: أنت حبيبي.

قالت الحماة: حبك "بورص"، دعونا من الغراميات. أنا لا أوافق أن تتزوج حفيدتي من شاب لا يحمل مثل مؤهلاتها. إذا كان الزوج هو الذي يحمل شهادات عليا فهذا هو الوضع الطبيعي، والمنطق يقول ذلك. فإن الفتاة تأخرت في كل مكان في الالتحاق بالمدارس، وسبقها الفتى لأسباب كثيرة، ولكن إذا حدث العكس، فهذا أمر غير طبيعي، ويجب ألا يُسمح به.

قال الأب: نسأل البنت.

قالت الحماة: يجب ألا يكون لها رأي في هذا الأمر.

قال الأب: هي التي ستتزوج. فهي حياتها. (ثم أخذ يصرخ) يا عالم تكلموا.

قالت الزوجة هامسة: أنت تعرف حالة ماما الصحية – قلبها.

قال الأب وهو يهمس أيضا: "سلامة قلبها"!

قالت الحماة: بهذه الطريقة لن نصل إلى حل.

أجابها الأب: الحل موجود. البنت اختارت زوجها.

قالت الحماة: هذا هو المنطق المعكوس، فمنذ متى تختار البنت زوجها؟ هو الذي يختار ولها الخيار بالموافقة أو الرفض.

قال الأب: إنها تعرفه منذ الصغر؛ وقد نجحت في التعليم ونجح هو فيما يُفضله ويتقنه.

قالت الحماة: مبروك عليك وعليه.

قال الأب: الله يبارك فيك ويحفظك يا حماتي الغالية.

قالت الحماة: دخلنا في مرحلة السخرية!

قال الأب: لم يخطر لي ذلك على بال، فنحن كلنا نقدرك ونحترمك، ونأخذ بمشورتك.

قالت الحماة: لا يبدو هذا واضحا لي.

قال الأب: هذا هو الجيل الجديد. إنه يختار بطريقته وأسلوبه. لا نستطيع أن نعيش زماننا وزمانه، ومن المستحيل أن نفرض عليه رأينا.

قالت الحماة: عشت طول حياتي أقرر للأسرة. انظر إلى أبنائي. اخترت لهم زوجاتهم، واخترت لأبنائهم وبناتهم أيضا.

قال الأب: وكم عدد حالات الطلاق بينهم؟

قالت الحماة: سوء حظ.

وقبل أن يُعقّب الأب على ذلك. همست الزوجة بأذنه قائلة: أرجوك، دع العاصفة تمر.

قالت الحماة: أكمل حديثك ومجاملاتك. إننا في بيتك وهذا جزء من كرم الضيافة.

قال الأب: هذا الموضوع لا علاقة له بالمجاملات. إنه المستقبل، مستقبل ابنتي.

قالت الحماة: وما الذي دعاني لمغادرة سرير المرض؟ ألم يكن المستقبل نفسه الذي تتحدث عنه؟ جئت لأنقذها.

قال الأب: لتزويجها لحفيد شقيقك.

قالت الحماة: يعني أنت عارف بذلك.

قال الأب: وهل تخفى الحقيقة على أحد؟

قالت الحماة: وما الذي ينقصه؟ شهادته عالية مثلها.

قال الأب: ودخله دراهمُ معدودة.

قالت الحماة: المال ليس كل شيء.

قال الأب: كلنا نبحث عن المال والبنين.

قالت الأم: لنحسم الأمر.

قال الأب: لقد حسمناه.

قالت الحماة: وكيف تم الحسم؟

قال الأب: أبلغت الشاب أنني موافق بعد أن استشرت ابنتي وأبدت موافقتها.

قالت الحماة: وما جدوى اجتماعنا إذن؟

قال الأب: لتشهدوا حفلة الخطوبة هذه الليلة.

قالت الحماة بصوت بدا ضعيفا واهنا، تلاشت حِدَّته: يا حبذا لو طلب يدها مني ومن جدها.

بقلم محسن محمد/مجلة سيدتي: ١٩٨٩/٧/٣١ وبتصرف

١. ما المقصود بالطرف الثاني في اجتماع مجلس العائلة؟

المقصود بالطرف الثاني في اجتماع مجلس العائلة الزوج المتوقع للحفيدة المدللة.

٢. ما رد فعل كل من أم العروس والحماة على حديث والد العروس الذي نعت فيه زوجته بأنها كانت "يا دوب تفك الخط" عندما تزوجها؟ ولماذا؟

شعرت أم العروس بالفرح. وكان ردها "يا حبيبي" لأنه بين من خلال كلامه أن رغم عدم ثقافة زوجته فإنه وجد السعادة والمحبة معها. أما الحماة فغضبت لأنها اعتقدت أنه يعيِّرهم بذلك.

٣. بين أوجه التشابه والاختلاف بين الجد وبين زوج ابنته في اتخاذ القرارات بشكل عام وبشكل خاص في هذا اللقاء العائلي؟

أوجه التشابه بين الجد وبين زوج ابنته هو صمتهما وعدم الإدلاء بآرائهما حول زواج البنت والحفيدة في بادئ الأمر، أما الاختلاف فقد ظهر في أنّ فترة معاناة الجد في عدم الأخذ برأيه أطول من تلك التي مارسها زوج البنت وفي استمرار الجد في سلبيّته وصمته وعدم الإدلاء برأيه، في حين أسهم زوج ابنته هذه المرة برأي صريح وواضح بعد أن شعر بأن الحماة قد أعطت مساحة للرأي، فالجد بشكل عام لم يسهم برأي وعلى وجه الخصوص في زواج الحفيدة، أما الزوج فقد تقدم بالرأي الصريح والشجاع عندما وجد الفرصة.

٤. جاءت في النص أسباب مختلفة لمعارضة رئيسة الاجتماع للزواج، وضح ذلك بأسلوبك الخاص.

من الأسباب التي جاءت بها رئيسة الاجتماع في معارضتها للزواج أن الفتاة تحمل شهادة جامعية أو عالية في حين أن طالب يدها راسب في المرحلة الثانوية العامة، وهذا ما يجعل التكافؤ والميول المشتركة بين العروسين متنافرين، ولعل من الأسباب الخفية التي كشفها والد البنت من خلال حواره مع الجدة هو اتجاه الجدة نحو تنفيذ رغبتها في تزويج حفيدتها بحفيد شقيقها، كما ترى الجدة أن حق الاختيار بين الأزواج متروك للزوج وليس للزوجة رأي فيه، أما القبول أو عدمه فلها فيه الرأي، وفوق كل هذا ترى الجدة أن الممارسة عبر تاريخ الأسرة توضح أنها هي التي تختار الأزواج.

٥. حدد موضعين للسخرية في النص، مع بيان المقصود بهما.

الموضع الأول للسخرية جاء عندما قالت الجدة وهي تخاطب زوج ابنتها: إنها مثل أمها؛ وهي بذلك تريد أن تقول: إن حفيدتها مثل أمها تحسن الاختيار وبذا فهي تسخر من زوج ابنتها.

- الموضع الثاني عندما قال الأب وهو يهمس أيضا: سلامة قلبها! متحدثا عن الحماة.

٦. تصور أنك صديق للعائلة، وكنت تستمع لما دار في الاجتماع، وطلب إليك أن تتدخل قبل إعلان موافقة الأب على الزواج، فما نصيحتك لأعضاء الاجتماع؟

نصيحتي لأعضاء الاجتماع هي أن يعطوا مساحة للبنت أو قل الحفيدة لتبدي رأيها أمام الاجتماع فهي ناضجة ومتعلمة ويجب أن يكون لرأيها وزن يؤخذ به، وهي في تقديري تمتلك الشجاعة الأدبية التي تمكنها من إبداء الرأي ولعل هذا قد ظهر في رفضها نوع الدراسة الذي فرض عليها واختيارها لما تريد.

٧. ما الشخصية التي أعجبتك بين أعضاء العائلة ولماذا؟

الشخصية التي أعجبتني هي شخصية الزوج؛ لأنه تناول النقاش بمنطق قويّ ومن موقف قويّ، فمنطقه قد ظهر جلياً في نقاشه المستمر من واقع الحال وهو إعطاء مساحة للبنت للاختيار؛ لأن الأمر يهمها هي أولاً كما أن شخصيتها مؤهلة لهذا الرأي فهي التي اختارت مسار تعليمها وبالتالي يمكن مشاركتها الفعالة في اختيار الزوج، وقوة موقفه تتمثل في تناوله المباشر والصريح للموضوع.

ج. إجابة أسئلة القسم الأول من الورقة الأولى لامتحان تشرين الثاني (نوفمبر) ٢٠٠٧

اقرأ النص التالي بتركيز وتمَعُّن، ثم أجب عن الأسئلة التي تليه بأسلوبك الخاص:

الأدب و السينما

إذا ذكر الأدب تبادَرَ إلى الذهن "الكتاب"... والحق أنَّ الكتابَ هو في أغلب الأحيان الوعاءُ الطبيعيّ، الذي يُحفَظ فيه الأدبُ!... وإن كان العكسُ غيرَ صَحيح، فليسَ كلُّ ما يوضَعُ في كتابٍ، يُمكنُ أن يُعتَبَر أدباً!...

...طبيعةُ الكتابة الثابتةُ يسَرت إذن للأدب إثبات ما في أغوار النفس والذهن، وإيصالَهُ في أيِّ وقت إلى القارئ مباشرةً عن طريق مَلكاته العاقلة!...

لو أرَدنا أن نضعَ الأدب في إناءٍ آخَر، ذي طبيعة مُتحركة، فماذا يَحْدُث؟

الوعاء المتحرك هو أحد ألوان الفن الحديث. ومن بين ذلك فنُّ الصور المتحركة: "السينما". فالسينما فنُّ السرعة التي تخطف البصر. فأنت في السينما لا تستطيع أن تتمهَّل؛ لتَفهَمَ أو تتذوَّق أو لتَعجَّبَ أو حَتَّى لتُصفِّق؛ دونَ أن تفوتَكَ عجلاتُ الشريط التي تدورُ بسرعة البَرق!... ولا تستطيع انتظارَ مَن يُريدُ أن يتَأمَّل أو يتَفكَّر، وهذا الفنُّ السريعُ يقومُ على لُغةٍ أخرى غير لُغةِ الأدبِ المكتوب.

قال لي مُخرجُ أجنبيٌّ ذاتَ يوم: "إذا أرَدتَ أنَ تُعَبِّر عنْ معنىَ من المعاني: فإنَّهُ تَكفيكَ عبارةٌ لغويةٌ قوامُها الكلماتُ!... أمَّا أنا فأحتاجُ إلى عِبارةٍ سينمائيةٍ قوامُها المرئيَاتُ!..." والحقُّ أنَّ فنَّانَ "السينما" عليهِ – قبلَ كُلِّ شيءٍ – أنْ يُترجِمَ كُلَّ فِكرةٍ إلى حركةٍ مَنظورةٍ!... في حينَ أنَّ الأديبَ يُترجِم الحركة المنظورةَ إلى فِكرةٍ!...

فوقائعُ الحياةِ وأحداثُ المجتمع وحوادثُ الأفراد، تمُرُّ أمامَ الأديب فيُلاحظُ دَقائقُها، ويُحاولُ تَصويرَها ونقلها إلى "الورق"؛ وهيَ ذاتُها تَمُرُّ أمام رجل "السينما" فيلاحظها هو الآخر في دقائقها ويحاول تصويرها ونقلها إلى الشاشة. وهنالك فرق كبير بين عمل الرجلين: فالسينمائي ينقل أمام مشاهده صورة بالفعل... ولكن الأديب لا ينقل إلى قارئه صورة؛ بل ينقل معنى!... هذا المعنى هو الذي يثير في رأس القارئ صورة!... فالأديب إذن لا يستطيع أن ينقل الصور إلا عن طريق المعاني، على حين أن السينمائي يستطيع أن ينقل الصور عن طريق مباشر... فالمعاني إذن أداة الأديب... كما أن الصور المرئية هي أداة السينمائي... هنا ما يلاحظه دائما أولئك الذين يقرأون قصص العظماء من الأدباء في الكتب، ثم يشاهدونها بعد ذلك مصورة على الشاشة في السينما... ما أقسى النقد الذي وجه إلى قصة "أنا كارنينا" للمؤلف القصصي الروسي "تولستوي"، وقصة ذهب مع الريح "للكاتبة القصصية "مارغريت ميشيل" عندما مثلتا على شاشة السينما. فقد خرج بعد مشاهدتهما في السينما أكثر مَنْ قرأهما، يوازن بين الأثر الذي أحدثه الكتاب في نفسه، والذي أحدثته "الشاشة"؛

فيرجع أثر الكتاب موقنا أن شيئا ما قد أفلت من قبضة السينما ولم تستطع نقله بجوانبه الكاملة!... والشيء الذي أفلت من قبضتها هو الجانب غير المنظور، والذي يستطيع القلم أن ينقل معانيه إلى روح القارئ ولا تستطيع "الكاميرا" أن تبرزه في صورة تتحرك أمام نظر المشاهد!... وليس هذا عيبا للسينما وإنما تلك طبيعتها، وتلك حدود قدرتها بالنسبة إلى الأدب؛ لأن القلم يصل إلى أبعادٍ من الفكر والنفس، لا تصل إليها "الكاميرا".

من "فن الأدب" لتوفيق الحكيم وبتصرف

١. ما الذي يقصده الكاتب في قوله: "فليس كل ما يوضع في كتاب، يمكن أن يعتبر أدباً؟"

أنّ الكتاب هو موضع الأدب، ولكن هناك ما نقرأه في الكتب ولا يُمكننا تسميته أدباً من موضوعات أخرى مثل التاريخ والجغرافيا والعلوم والرياضيات وغيرها من أدوات المعارف.

٢. صف عملية تذوق الفن الأدبي عن طرق الفلم السينمائي؛ حسب رأي الكاتب

يُنقل الفن الأدبي عن طريق السينما بالصورة على نقيض ما ينقله الكتاب الذي يعتمد في نقله لهذا الأدب على المعنى ولذا كما يوضح الكاتب فإن مشاهدة الصورة بغرض المتعة يجعل من العرض السريع وصعوبة المتابعة نقصاً محسوساً في الجانب غير المنظور، فالسينما باعتمادها على الصورة تفقد الموضوع قدرة الوصول إلى الأبعاد الفكرية والنفسية التي ينجح الكتاب في إبرازها بوضوح.

٣. أيهما أكثر عمقا حسب رأي الكاتب في نقل الصورة الأدبية الحقيقية، الكلمات أم الصور؟ وضح ذلك حسب ما جاء في النص وبأسلوبك الخاص.

إن نقل الصورة الأدبية كما يرى الكاتب يأتي أكثر عمقاً في الكتاب من تلك التي تنقلها السينما وعليه فإن الكلمات لها من القدرة على التغلغل في نفوس المتلقين أكثر من الصورة، هذا وقد أبرز الكاتب تفوق المتعة في الكتاب على تلك التي تبدو ضعيفة في السينما عن طريق ذكره لكتابين هما: (آنا كارنينا) و (ذهب مع الريح) مقارناً شعور القرّاء والمشاهدين الذين وجدوا متعةً أقل في السينما من تلك التي حَوَتها الكتب.

٤. إلى من وجه الانتقاد في ذكر قصة "تولستوي" وقصة "مارغريت ميشيل"؟ ولماذا؟

تمّ توجيه الانتقاد إلى مَن قاموا بعرض القصتين في السينما لسببين التاليين:

- ما تركه الفلم من أثر في نفس المشاهد كان أقل من ذلك الذي تركته القصة المقروءة.

- عدم استطاعة السينما في نقل المعاني الحقيقية إلى روح المشاهد مثلما ينقلها الكتاب للقارئ.

٥. للكاتب وجه نظر حول الفن السينمائي والفن الكتابي. وضح ذلك بناءً على ما فهمت من النص

يرى الكاتب أن السينما لا تستطيع عن طريق أداتها وهي الكاميرا نقل المعاني إلى روح القارئ بالقدر الذي يؤديه الكتاب، غير أن السينما وفقاً لقوله لا يمكن وصفها بالقصور أو إلحاق العيب بها، فتلك طبيعتها وتلك حدود قدراتها مقارنة بالأدب والكلمة المكتوبة القادرة على الغوص في بحور المعاني.

د. إجابة أسئلة القسم الأول من الورقة الأولى لامتحان أيار (مايو) ٢٠٠٨

اقرأ النص التالي بتركيز وتمعن فيه، ثم أجب عن الأسئلة التي تليه بأسلوبك الخاص:

اللغة العربية تواجه تحديات كثيرة لعلها لا تقل أهمية عن تحدي اللغة والثقافة الأجنبية لها. إنها تواجه زحف اللهجات واللغات المحلية المحكية التي أصبحت لغة الخطاب السياسي حينا، ولغة التدريس والحوار الشفهي في الجامعات والندوات والمؤتمرات حينا آخر، والتي ثبتت أقدامها في المسرح والإذاعة والتليفزيون والأغنية، وبنوع ما في القصة.

لست متزمتا، فربما تأتي أشكال من الأدب والفن في إطار لوحات فنية جمالية بلهجة محلية. أغنية "يا ورد مين يشتريك" لمحمد عبد الوهاب فيها من المعاني الجميلة ما يفوق أية قصيدة مماثلة بالفصحى. أما المسرح فهو في معظم الأحيان صورة لحياة الناس اليومية ولذلك قد يتطلب الأمر استخدامه اللغة العامية المحكية، ويجب ألاّ يكون هدفا أساسا بل تكملة للصورة والمخيلة الشعبية والحياة اليومية، كما نجد ذلك في الحوار الذي يجري في روايات نجيب محفوظ وقصص يوسف إدريس.

غير أنّ الخطر يتمثل في زحف العامية بلهجاتها المتعددة والمحلية على الفصحى، كزحف اللغات الأوربية الحالية على اللاتينية التي نادراً ما تستخدم الآن. إنّ السماح للهجات العربية بالتهام الفصحى خطر له أبعاد سياسية وفي الوقت نفسه مسيرة في الابتعاد عن التراث والحضارة العربية وتاريخها. إنه لأمر مخيف أن تصبح في يوم من الأيام اللهجة اللبنانية المحكية أو المصرية الدارجة على سبيل المثال لغة بديلة للفصحى في الصحافة والأدب؛ إنّ اللغة العربية الفصحى اليوم هي الحصن الأخير الباقي للأمة العربية تعبيرا عن وحدتها ووحدة ثقافتها وفكرها ومشاعرها ووحدة انتماء أبنائها.

هناك من يقول إن العربية ليست لغة علم، وإذا كان الأمر كذلك فكيف استوعبت هذه اللغة إذن، فكر وثقافات الإغريق والفرس والهنود؟ ولِمَ يصح أن تكون لغات أخرى لغات طب وعلوم في الجامعات ولا يصح للعربية ذلك. فلا شكّ أنّ التقصير ليس في اللغة وإنما في القائمين بأمرها. ورغم أن التقصير قد يكون عائدا إلى المجامع العلمية واللغوية ولكن الحقيقة تكمن في تردد الأستاذ والعالم والطبيب في تقديم الترجمة والتعريب. وكل ما يتطلبه الأمر هو التَّمرُّس بهذه اللغة العظيمة وإتقانها. فالعربية ليست لغة أدب فحسب، فهناك قواعد سهلة للاشتقاق، وعبرها دخلت آلاف الاشتقاقات والاصطلاحات الأدبية والعلمية، ولكن عجْزَ الجيل الجديد من المتعلمين العرب بسبب ضعف أساسهم اللغوي، جعلهم لا يجرؤون على ترجمة المصطلحات وتعريبها في كليات العلوم والطب، لفرض العربية لغة علم عربي حديث.

ولعل الكثير من علمائنا وأطبائنا اليوم لا يعرفون أن تعليم الطب في مصر ولبنان بدأ في القرن التاسع عشر باللغة العربية، ثم تحول باللغات الأجنبية بصمت أجيال وأجيال من العلماء والأطباء العرب. وأسمح لنفسي أن أذكر أن تدريس الطب في جامعة دمشق منذ عام ١٩١٩ باللغة العربية صمد بفضل مثابرة علماء وأطباء كانوا متمكنين من لغتهم ومن علمهم ومن طبهم.

وبذلك صمدت معهم اللغة العربية وبرهنت على أنها لغة علم بقدر ما هي لغة أدب وشعر وفكر.

بقلم غسان الإمام / جريدة الشرق الأوسط ١٩٨٩/١٠/١٧، وبتصرف

أجب عما يلي:

١. ما الخطر الذي يتحدث عنه صاحب المقالة؟ وما الحقائق التي ذكرها من واقعنا اليوم في تعزيز رأيه؟

يتحدث الكاتب عن خطر زحف اللّهجات المحلية على الفصحى وهو كما يرى خطر لا يقلّ عن خطر آثار تحديات اللغات والثقافات الأجنبية؛ فاللغات المحلية أصبحت في أروقة السياسة والتدريس والحوار في اللقاءات والندوات والمؤتمرات وحتى على مستوى الجامعات – هذا ما يراه الكاتب من خطر ويخشى عواقبه.

٢. لماذا ذكر الكاتب الحضارات القديمة؟

ذكر الكاتب الحضارات القديمة ليدحض قول القائلين بأن اللغة العربية ليست لغة علم، فهو يقول: إذا كان هذا القولُ صحيحاً فكيف استطاعت العربية أن تضم بين أجنحتها مجالات الفكر والثقافة النابتَتين في موروث الإغريق والفرس والهنود.

٣. لماذا لا تُستخدم اللغة العربية في تدريس العلوم والطب في معظم الجامعات العربية في رأي الكاتب؟

يرى الكاتب أن سبب عدم استخدام اللغة العربية في تدريس العلوم والطب في معظم الجامعات العربية يرجع إلى التقصير الناشئ من لدن القائمين بأمرها، ومن المجامع العلمية اللغوية، ومن تردد العلماء والأطباء وعدم إقبالهم على الترجمة والتعريب. أشار الكاتب كذلك إلى ضعف الأساس اللغوي للجيل الجديد هذا الضعف الذي قلل فرص إقدام اللغة العربية على القيام بدورها لغة صالحة للتدريس في مجال العلوم والطب.

٤. ما الحقائق التي أعتمد عليها الكاتب في تعزيز رأيه في صلاحية اللغة العربية في تدريس العلوم والطب بالجامعات؟

الحقائق التي اعتمد عليها الكاتب في تعزيز رأيه في صلاحية اللغة العربية لتدريس العلوم والطب في الجامعات هي أنّ اللغة العربية استطاعت استيعاب علوم الحضارات في القِدم وأنّ تعليم الطب في مصر ولبنان بدأ العمل به باللغة العربية في القرن التاسع عشر وكان سيستمرُّ لولا صمتُ العلماء تسبب في تحويله للّغات الأخرى. هذا وأورد الكاتب أن تدريس الطب في جامعة دمشق ظل بصمود العلماء يدرس بالعربية منذ عام ١٩١٩.

٥. بين مواضع المتعة التي يجدها صاحب المقالة في استخدام اللهجات المحلية؟

لا يرفض الكاتب اللهجات المحلية رفضاً قاطعاً ولكنه يعترض على إحلالها محل اللغة العربية بشكل عام، فهو يورد بعض المواضع التي تأتي فيها اللهجات المحلية لوحاتٍ فنية وجمالية رائعة مثل أغنية (يا ورد مين يشتريك) (لمحمد عبد الوهاب)، كما أن المسرح قد يتطلب العامية تكملة للصورة وإبرازاً للحياة اليومية كما يجري ذلك في روايات (نجيب محفوظ) وقصص (يوسف إدريس).

٦. اختر نقطتين مما تطرق إليه صاحب المقالة وبين وجهة نظرك من حيث اتفاقك أو اختلافك في الرأي معه؟

النقطتان هما توسيع دائرة استعمال اللغة الفصحى وإدخال استعمالها في التعليم بشتى مراحله وفي اللقاءات والحوارات والمؤتمرات من جانب، والجانب الآخر اللجوء إلى العامية من أجل إبراز الصورة الشعبية والمحلية في مبناها ومعناها النابت من القرية والحي. هاتان النقطتان هما مرتكز النجاح، وأنا أوافق الكاتب على رأيه في النقطتين، فنحن إذا نجحنا في إنزال كلٍ من الفصحى والعامية منزلتها الصحيحة مع حفظ الحدود ومناطق النفوذ إن صح التعبير فإن اللغة واللهجة ستعملان في تكامل وتعاضد لخدمة تراث الأمة بإبراز أصوله وحفظ جذوره ورعاية موروثه.

هـ. إجابة أسئلة القسم الأول من الورقة الأولى لامتحان تشرين الثاني (نوفمبر) ٢٠٠٨

اقرأ النص التالي بتركيز وتمعن، ثم أجب عن الأسئلة التي تليه بأسلوبك الخاص:

كرة القدم وجمهورها

تبدو كرة القدم، التي يرى فيها بعض علماء الاجتماع اليوم متعة سحرية للشعوب، ضمن الألعاب الحديثة، فلم يكن لها من الفتنة في الماضي ما لها اليوم، بيد أن المهتمين بتاريخ الألعاب الرياضية يردونها إلى العصور الوسطى الإنجليزية حين كانت لعبة شعبية يصاحبها العنف والتقاتل؛ ولهذا فرض الملك إدوارد الثاني قيوداً شديدة على ممارستها عام ١٣١٤. وعمر هذه اللعبة الطويل منحها شكلين من القوانين: شكلاً تقنياً يحدد أصول اللعب وآليته، وآخر أخلاقيا يفصل بين المسموح والمقبول - أي يضمن تحقق اللعبة، بمنأى عن العنف والكراهية.

وتنطوي هذه اللعبة على التنافس الديمقراطي القائم على القدرة الذاتية، أي أن نصيب اللاعب من النجاح هو مرآة لمهارته الفردية، وأنها لعبة جماعية ولكل لاعب فيها دوره في إنجاز الهدف المقصود وهو النصر، وأدوار اللاعبين فيها يُكمل بعضها بعضا. وإذا كان اللاعب يمثل بقامته المعتدلة عملاً عضلياً، فإن هناك إلى جنبه عملاً ذهنياً كذلك، وهذا العمل يعطي اللعبة أسسها الضرورية؛ فهناك الإدارة التي تشرف على الفريق وتحلم بالنصر والتفوق، وإرضاء الجمهور بابتكار تقنيات واستراتيجيات جديدة؛ إضافة إلى وجود حكم يقضي بسيادة العدالة والمساواة خلال سير اللعب اعتماداً على قوانين موضوعية أقرها غيره. فالحكم هو الفنان الذي يشرف على اللعبة بصفته لاعباً آخر يشخص النظام ويوحد بينه وبين اللعب. وبين الإدارة والحكم يقف المدرب الذي يُحَوِّل المادة الخام إلى مادة مصنوعة عالية المقاومة، فهو عالم الجمال الغريب الذي يضبط حركة اليد والقدم ويصنع من الأجسام جميعا كتله متجانسة متناغمة تنتزع إعجاب الجمهور. والجمهور يتابع اللعبة رغبة في الاستمتاع باللعب برؤية اللاعبين وقدراتهم الفنية على حقيقتها، وذلك لأن اللعب هو المجال الذي يظهر الإنسان فيه على طبيعته، وهذه المتعة تصدر عن استغلال وقت الفراغ والانجذاب إلى المشاهدة والمفاجأة والإعجاب القديم بالأقوى والأسرع والأكثر نجاحا. ولا يخفى علينا أن مشاهدة هذه اللعبة ومتابعتها يكمن في عنصر مهم، ألا وهو التباهي بالآخر. ويتباهى المتفرج المفتون ببدايات اللعبة ونهاياتها بلاعب أختاره لنفسه، لاعب له قدم ذهبية وسرعة فائقة ومرونة سحرية وهو يترجم القدم والسرعة والمرونة الفائقة إلى أهداف صائبة، بالإضافة إلى قدرته على ضمان الفوز أمام خصم له متفرج آخر مأخوذ به أيضا. يعيش المتفرج وهو جالس في الملعب حركة اللاعب المثال على مدى فترة اللعب وحتى لحظة النصر الأخيرة. هكذا

يرجع المتفرج إلى بيته منتصرا، فإن لم يحالفه النصر عزا الإخفاق إلى أسباب خارجة عن الإرادة، مقنعاً نفسه بأن النصر سيكون حليفه في الجولة المقبلة. إنها بطولة الوهم أو وهم البطولة، وإن استمرار الإيمان بالربح في جولة مقبلة رغم الإخفاق المتراكم هو الذي يعطي اللعبة بعداً لاهوتيا مغلقا لا يؤمن بالخسارة. ولعل هذا ما يضع الحدود بين اللعبة ذاتها، وهي رياضة جميلة واللعبة موضوعا مقدسا أو يقترب من القداسة. وبهذا نستطيع أن نصنف لعبة كرة القدم إلى صنفين: كرة القدم هواية شعبية في الزمن الحديث ولعبة كرة القدم معتقداً جديداً في زمن ما بعد الحداثة.

من شبكة الإنترنت الموسوعة العربية وبتصرف

أجب بأسلوبك الخاص عن الأسئلة التالية:

١. ما التغير الأساس الذي طرأ على لعبة كرة القدم اليوم مقارنة بما كانت عليه في زمن الملك إدوارد الثاني؟

إن التغيير الأساس الذي ظهر على كرة القدم اليوم وبدأ يميزها عن كرة القدم التي سادت في زمن إدوارد الثاني هو انتقالها من ممارسة شعبية يمكن أن نصفها بالعنف والتقاتل بالقدر الذي جعل الملك إدوارد الثاني يضع قيوداً قوية تحكمها، إلى لعبة تحمل بين طياتها متعة عالية سادت بين الشعوب اليوم، وأصبحت ممارسة من الممارسات الحديثة المحكومة بنوعين من القوانين: أحدهما يتصف بالتقنية المتصلة بالأصول والآليات، والثاني يتصل بالأخلاقيات والسلوكيات التي تجعل حدوداً بين المسموح وغير المسموح لتكون بذلك لعبة ديمقراطية قائمة على القدرات الفردية.

٢. ما المساهمة التي يجب على لاعب كرة القدم تقديمها حسب رأي الكاتب؟

إن مساهمة لاعب كرة القدم ودوره يتمثل في سعيه إلى إحراز النصر، ويعمل مع فريقه في تعاون كامل مع إظهار مهارته الفردية فنياً ومع حرصه على التفكير الدائم في أن هذه اللعبة هي لعبة جماعية لا يتحقق فيها نصر إلا بالتعاون وتكامل الجهود واستعمال العقل في تقدير المواقف والالتزام بقوانين اللعبة.

٣. ما دور المدرب في كرة القدم؟

المدرب هو الشخص الذي يقع دوره بين الإدارة والحَكم، وهو في الحقيقة المهندس القادر على تحويل حركات اللاعبين إلى حركات فنية تقوم بتحريك الكرة بقدرات عالية من الانسجام بين أقدام كل لاعب وبين أقدام لاعبي أعضاء الفريق، وبهذا يكون المدرب العامل الأساس في تطوير العمل الجماعي للفريق وتنسيقه.

٤. ما الذي يشد جمهور المشجعين لهذه اللعبة؟

يشدّ الجمهور إلى هذه اللعبة الاستمتاع باللعبة الجميلة والقدرات التي يمتاز بها اللاعبون في الملعب وهم يتبادلون الكرة بحركاتٍ فنية عالية المستوى، كما يشد الجمهور عاملٌ آخر وهو عامل المفاجآت الذي يظهر من وقت إلى آخر مع سرعة الكرة واللاعبين، كما يأتي عامل التّباهي بالآخرين كما سمّاه الكاتب وهذا عامل مهم من عوامل انجذاب المشجع إلى لاعبٍ بعينه يبني له صورة في خياله لاعباً مثالياً، وهكذا يظل جمهور المشجعين في حالة انجذاب دائم للحظات الفوز، ولا يقل اهتمام الجمهور باللعبة بخسارة فريقه بل على العكس تصبح لحظات الخسارة عملية توقعات وأحلام تشدّ الأذهان إلى الفوز القادم.

٥. يرى بعض علماء الاجتماع أن كرة القدم معتقد جديد في المستقبل. بين رأيك في ذلك.

مما لا شك فيه أنّ كرة القدم أصبحت مساراً يعتنقه جمع كبير من الناس وهذا الجمع أخذ بالتزايد يوما بعد يوم، وبدأت اللعبة تُشغل معظم أوقات روادها ومشجعيها.

٦. تحولت مباريات كأس العالم إلى احتفال عالمي. ناقش هذا الموضوع وأبد رأيك فيه.

نعم أصبحت مباريات كأس العالم احتفالاً عالمياً ليس في البلد الذي تقام فيه هذه المباريات فحسب، بل امتد هذا الاحتفال ليعم أركان المعمورة كلها؛ فإذا بدأ الحديث عن كأس العالم فإنه يبدأ منذ بداية التصفيات الأولى والثانية والثالثة وهكذا إلى أن يتم اختيار الفِرَق التي تتنافس في موقع واحد. نعم يظل جمهور الكرة في جميع أنحاء العالم يتابع التصفيات خلال الفضائيات في الفنادق والمقاهي والمنازل، وتظل المناقشات والندوات الإعلامية والصحف السيّارة مسارح للحوار والنقاش في احتفالات متعددة ويُنتَظر الاحتفال الختامي الكبير بفارغ الصبر في جميع أنحاء العالم وخاصة في البلد المضيف للمباريات.

و. إجابة أسئلة القسم الأول من الورقة الأولى لامتحان أيار (مايو) ٢٠٠٩

اقرأ النص التالي بتركيز وتمعن فيه، ثم أجب عن الأسئلة التي تليه بأسلوبك الخاص:

عمي سائق الحافلة

ثلاثون عاماً مضت ومازال صوته الأبوي يتردد في آذاننا حتى هذه اللحظة. صوت تلذذت الأذنُ لسَماعه لما يخبره من طرائف ونصائح تساق بأسلوب أدبي راقٍ ينصت الجميع له ولا يتفوه أحد بكلمة ما دام صوت العم عبدالله يُسمعُ في الحافلة، والصوت الوحيد الذي كان يشاركه الحديث هو صوت الهواء الذي تشقه الحافلة والمنبعث من نوافذها.

تَعَوَّدنا جميعاً طلاباً أثناء مناداتنا له أن نقول "عمي" لوقاره وقوة شخصيته وعطفه الأبوي وجمال حديثه ونصائحه الغالية، كلها أجبرتنا على نُطق تلك الكلمة بكل معناها. ننتظر لحظة ذهابنا وإيابنا للمدرسة في لهفة وشوق كبيرين لنلتقيَ به ليحدثنا عن كل ما يخطر ببالنا في الدين والحياة والشعر والأدب والنُّصح والإرشاد. لا يمتلك الشهادة العلمية التي نسعى إليها نحن، بل يمتلك طفولة قضاها مع معلمي القرآن الكريم وبعض مشايخ العلم والأدب، فأخذ يَنهلُ من معِينهم فحوى حصيلة ثقافية واسعة قد تفوق أية شهادة.

فللعم عبد الله سائق حافلتنا المدرسية طيلة كل تلك السنوات الكثيرة قلب واسع تَحَمَّلَ مواقف ومواقف مع الطلاب، من تراشق بالألفاظ وعراك بين أثنين وأكثر. مشكلات يحاول جاهداً حلها قبل أن تتفاقم بأسلوب الأب العادل الرحيم بين أبنائه، فأسلوبه في سرد القصص المدعمة بالقرآن الكريم والحديث الشريف والمضمنة في الشعر والأدب مَيزه عن غيره في حل أي مشكلة تَقف في طريقه. لقد أوصانا دائماً بضرورة احترام العلم وتقديره لما يقدمه لنا من معارف ومهارات ودروس في الأخلاق لننطلق في الحياة بكل همة واقتدار. وعودنا دائما من خلال حديثه الأبوي أن نشُق طريق مستقبلنا بكل قوة وصلابة دون الانزلاق والتعثر في المنحدرات، وحَضَّنا على استذكار دروسنا وتحضيرها أولاً بأول، وعلى توجيه أيِّ استفسار عن أي شيء لا نفهمه للمعلم، هكذا كانت شعاراته التي نادى بها مراتٍ ومرات.

كان يتأنى في سيره أثناء قيادته للحافلة، ويلتزم بقواعد المرور والسلامة، ولذلك كُرِّم في المدرسة عدةَ مرات بجوائز رمزية باعتباره السائق المثالي. فهل نجد اليوم العم عبد الله بين سائقي الحافلات المدرسية؟! أم أننا نكتفي بسائق فقط دون النظر إلى سلوكه وأفعاله. فمن المؤسف هذا اليوم أن نجد بعض السائقين ضيقي الصدور لا يتحكمون في أقوالهم وأفعالهم، فإذا صدر أي موقف سلبي عن طالب

يرشقونه ويمطرونه بوابل من الألفاظ البذيئة التي تتنافى مع التقاليد الاجتماعية الرفيعة. فما يتعلمه الطالب من أدب وأخلاق في المدرسة يضيع في الحافلة، وهذا إضافة إلى ما يقوم به مثل هؤلاء السائقين من تهور ولا مبالاة... أثناء القيادة فهل يعود العم عبد الله مرة أخرى؟! أم نترك أولادنا فلذات أكبادنا ضحية في أنياب أولئك السائقين الطائشين؟!

أحمد بن راشد الجابري – مجلة التطوير التربوي وبتصرف/العدد ٣٨/نوفمبر ٢٠٠٧

أجب بأسلوبك الخاص عن الأسئلة التالية:

١. ما أهمية ذكر صوت الهواء في مقدمة النص؟

إنَّ أهمية ذكر الهواء في أول النص تأتي في سياق الجو الذي كان يسود الحافلة وهو جو قد تفرّد بالهدوء الكامل والإصغاء في صمت إلى صوت العم عبد الله سائق الحافلة. لقد خلا الجوّ تماماً من أي نوعٍ من الضوضاء أو الحديث بالقدر الذي جعل الشيء الوحيد الذي يخالطُ صوت العم عبد الله هو الهواء المنبعث من نوافذ الحافلة.

٢. ما الذي كان يتعطش إليه التلاميذ كل يوم؟ ولماذا؟

كان التلاميذ يتعطّشون لصوت العم عبد الله سائق الحافلة وهو يحدّثهم عن موضوعاتٍ شائقة في العلم والأدب ملكت أنفسهم وشدَّت انتباههم، وكان لأسلوبه الجذّاب أثرٌ واضحٌ في خلق هذا التعطّش، كما أنَّ الموضوعات التي كان يتطرّق لها العم عبد الله قد زادتهم شوقاً للسماع له. لقد كان يحدثهم عن الدّين والحياة والشّعر والأدب في أسلوبٍ إرشادي جميل.

٣. ما الفرق بين العم وأبناء المدارس في النشأة التعليمية؟

لم يتلقّ العم عبد الله تعليماً نظامياً كما يفعل طلاب المدارس الذين يسعون نحو نيل الشهادات العلمية، بل عمل العم على قضاء طفولته مع معلمي القرآن الكريم وبعض مشايخ العلم والأدب واكتسب من جراء ذلك معرفةً قد تفوق معرفة حملة الشهادات.

٤. ما المشاكل التي كان يواجهها العم؟ وكيف كان يتعامل معها؟

كان العم عبدالله يواجه مشاكل مستمرة كل يوم من عراك بين الطلاب وتراشق بالألفاظ البذيئة ولكنه كان يتعامل معها بحكمة وطول بال حتى يعطيَ لها الحلول الشافية في هدوء وسكينة قبل أن تتفاقم وتكبر.

٥. كيف ثمنت المدرسة جهود العم عبد الله؟ ولماذا؟

كانت إدارة المدرسة تتابع في اهتمام وإعجاب دور العم عبد الله الذي تعدى مهمة سائق الحافلة إلى المربي والمرشد والموجه الواعي والأب الرحيم والعطوف والحريص على الالتزام بقواعد المرور حفاظاً على حياة التلاميذ.

لقد قدّرت إدارة المدرسة هذا الدور العظيم للعم عبد الله وقامت بتكريمه مراتٍ كثيرة بجوائز رمزية باعتباره سائقاً مثالياً.

٦. إذا كنت العم عبدالله، أعطِ ثلاث نصائح لطلاب المدرسة بأسلوب المخاطبة مستعينا بإرشاداته حول المدرسة؟

إذا كنت أنا مكان العم عبد الله فإنّي أنصح التلاميذ مستعيناً بكلماته وأقول: يا أبنائي عليكم احترام المعلمين وتقديرهم لأنهم هم الذين يقدمون لكم العلم والمعرفة، وعليكم السير في طرق حياتكم بالهمم العالية والإصرار على النجاح بقوةٍ واقتدار، وعليكم كذلك المداومة على المذاكرة دون تقصير، وعدم التردد في تقديم الأسئلة لمعلّميكم عن أي شيء لا تفهمونه أو تحسون فيه شيئاً من الغموض.

٧. ما الذي يتحسر عليه الكاتب؟ ولماذا؟

يتحسّر الكاتب على انحسار تيار الأخيار من أمثال العم عبد الله. لقد ظهر على الساحة من السائقين الذين تضيق صدورهم ولا يستطيعون التحكُّم في أقوالهم وأفعالهم ولا يتحملون أيَّ موقف سلبي من الطلاب. لقد استبدلوا الألفاظ البذيئة حيال هذه المواقف بألفاظ العم عبد الله المليئة بالحكم ومعاني التربية الصحيحة. هذا بجانب تهورهم في القيادة وعدم مبالاتهم. لقد تمنى الكاتب في حسرة عودة أمثال العم عبد الله في صورة تساؤل مع قرائه حتى لا يتعرض الأولاد للخطر الناشئ عن طيش السائقين الجدد.

ز. إجابة أسئلة القسم الأول من الورقة الأولى لامتحان تشرين الثاني (نوفمبر) ٢٠٠٩

اقرأ النص التالي بتركيز وتَمَعُّن، ثم أجب عن الأسئلة التي تليه بأسلوبك الخاص:

الاهتمام بالموهوبين

تطورت فكرة العناية والاهتمام بالموهوبين والمتفوقين تطوراً ملحوظاً في العصور الحديثة، وأصبحت من المسؤوليات التي تقع على عاتق الدول المتقدمة في العالم، وبهذا تم التركيز على استثمار طاقتهم وإبداعاتهم للنهوض بمستوى الأمة الحضاري. ولأجل ذلك وُضعت استراتيجيات مختلفة لإنجاح هذه الفكرة. وفي محاولة للوصول إلى ما هو أنسب لرعاية الموهوبين والمتفوقين في العالم وُضعت ثلاثة أساليب واضحة وفقا لمعطيات الواقع الميداني والضرورات الاجتماعية اللازمة، وهي التجميع والتسريع، والإثراء.

يتمثل التجميع في جمع الموهوبين في مؤسسات خاصة، مع ما يقتضيه ذلك من توافر المستلزمات الخاصة لرعايتهم من برامج ومناهج إثرائية أكثر تقدماً وتطوراً. ويتجسد هذا الأسلوب في صور عمل مختلفة تشمل ما يلي:

إنشاء مدارس خاصة بالموهوبين، أو وضع صفوف خاصة داخل المدارس العادية، تُدَّرس مناهج خاصة أكثر تقدماً و تطوراً، أو إعداد غرفة للمصادر والبرامج الإثرائية المدرسية تفتح أبوابها لفترة محدودة من اليوم الدراسي للتركيز وبشكل خاص على التفكير والتحليل العلمي أو تخصيص صفوف إثرائية خارج المدرسة العادية يلتقي فيها الطلبة المتميزون من عدة مدارس في موقع محدد في نهاية اليوم الدراسي وأيّام العُطل.

وفي أسلوب التسريع يُسمح للطالب الموهوب والمتفوق بالتقدم على درجات السلّم التعليمي بسرعة تتناسب مع قدراته، وذلك بتمكينه من إتمام المناهج الدراسية المقررة في مدة أقصر أو عمر أصغر من المعتاد.

أما أسلوب الإثراء فإنه يهدف إلى توسيع معلومات الطالب المتفوق والموهوب وتعميق خبراته بطريقة منظمة وهادفة من خلال تزويده بوحدات تعليمية وأوجه نشاط إضافية.

وتعد فكرة غرفة المصادر والبرامج الإثرائية أكثر البرامج شيوعاً في العالم، حيث أنها أقلُّ تكلفة وأكثر قبولاً، لأنها تُحسّن بنية التعلُّم داخل المدرسة العادية بشكل عام. وفي الوقت نفسه تُعدُّ من أكثر البرامج التي أثبتت إنها ذات فاعلية، لأنها توفر للطلبة العاديين الفرصة للاستفادة من زملائهم المتميزين عند عودتهم إلى غرف الصف العادي.

إنّ مثل هذه الاستراتيجيات لابد لها أن تبدأ من حيث انتهى الآخرون، وبإمكانيات متناسبة مع حجم التطلعات والآمال لإعداد الإنسان المبدع القادر على المشاركة بعمق وفاعلية في العطاء، تمشياً مع متطلبات العصر اختراعاً وابتكاراً وتطوراً.

لفاطمة أحمد الكعبي من مجلة آفاق تربوية، العدد ٢١/ يناير ٢٠٠٣، وبتصرف.

أجب بأسلوبك الخاص عن الأسئلة التالية:

١. ما القضية التي طرحتها الكاتبة؟ ولماذا؟

طرحت الكاتبة فكرة العناية والاهتمام بالموهوبين وذلك نسبةً لتطور هذه الفكرة نتاجاً للحاجة التي نهضت لاستثمار طاقاتهم وإبداعاتهم وذلك للارتفاع بالمستوى الحضاري للأمم، فالموهوب هو مشروع إبداع كامن ذو استعداد للمشاركة في العطاء ومقابلة متطلبات العصر على طريق التطور والابتكار والإبداع.

٢. ما البرنامج الذي يُعدُّ أكثر تفضيلاً في العالم لرعاية الموهوبين وما مبررات ذلك التفضيل؟

يُعتبر برنامج غرفة المصادر والذي هو فرع من فروع برنامج الإثراء أكثر البرامج فاعلية وشهرة لأنه يفسح المجال للطلبة الآخرين للاستفادة من براعة زملائهم المتميزين العلمية عند رجوعهم إلى صفوفهم العادية.

٣. قارن وبأسلوبك الخاص بين برنامج التسريع وبين برنامج الإثراء؟

أسلوب التسريع يقوم على استهداف الموهوب وإمداده بوحدات دراسية تمتد وتتصاعد وفقاً لقدراته بأسلوبٍ منظم يمكّنه من تغطية المناهج الدراسية خلال فترة قصيرة وعمر أصغر، في حين يعتمد الأسلوب الإثرائي على تزويد الموهوب بأوجه نشاطٍ إضافية ضمن منظومة مدرسته العادية، الأمر الذي يجعله يتقدم من بين زملائه وفي الوقت ذاته يوفر لهؤلاء الزملاء فرص الإفادة من قدراته خلال الفترات المخصصة لانضمامه إليهم.

٤. ما الذي تقصده صاحبة المقال في الفقرة الأخيرة، بقولها:
"إنّ مثل هذه الاستراتيجيات لابد لها أن تبدأ من حيث انتهى الآخرون، وبإمكانيات متناسبة مع حجم التطلعات والآمال لإعداد الإنسان المبدع القادر على المشاركة بعمق وفاعلية في العطاء، تمشياً مع متطلبات العصر اختراعاً وابتكاراً وتطوراً"؟

تقصد الكاتبة بجلاء من وراء ذلك أنّ على المهتمين والمسؤولين أنْ يُواكبوا ويكملوا ما توَصَّلَ إليه الآخرون قبلهم في بلدهم وفي العالم من برامج وأساليب في التعامل مع الموهوبين.

٥. أي برنامج من برامج رعاية الموهوبين أكثر ملاءمة لمدرستك وفقاً لما طرحته كاتبة النص؟ ناقش ذلك.

البرنامج الإثرائي في اعتقادي هو أكثر البرامج ملاءمة لمدرستي لما يحمل من المميزات التي تجعله يفرض نفسه على كلّ من يود أن يجعل من الموهوبين مجموعة من القادة القادرين على قيادة بقية طلاب المدرسة والتأثير الإيجابي في مستويات الأداء الأكاديمي، فهم خير مثالٍ يحتذى وخير دليلٍ يقود إلى مرافئ النجاح؛ فوجود الموهوبين بين أقرانهم العاديين يشجع ويدفع عملية التنافس، هذا ومن الواضح ووفقاً لرأي الكاتبة أن البرنامج الإثرائي بجانب أنه يحظى بحب المؤسسات فهو أقل تكلفة من البرامج الأخرى.

ح. إجابة أسئلة القسم الأول من الورقة الأولى لامتحان أيار (مايو) ٢٠١٠

اقرأ النص التالي بتركيز وتمعن فيه، ثم أجب عن الأسئلة التي تليه بأسلوبك الخاص:

أول امرأة بحرينية تلتحق بطيران الخليج في وظيفة طيار

أصبحت ميساء هزيم في ٤ فبراير ٢٠٠٧ على قمة العالم بالفعل، حيث أنها أصبحت أول امرأة بحرينية تتأهل لمنصب ضابط أول طيار في شركة طيران الخليج. وعندما خرجت من غرفة القيادة في طائرة من طراز "إيه ٣٢٠" بعد

إكمالها بنجاح لآخر الفحوص التي خضعت لها ـ قالت: "إنها أعظم لحظة مليئة بالفخر بالنسبة لي".

وفي حفل استقبال أقيم في مكتبه، قدّم الكابتن حميد علي نائب الرئيس لشؤون العمليات في شركة طيران الخليج التهنئة إلى ميساء تقديراً لها على هذا الإنجاز الذي حققته، وتمنّى لها النجاح في مسيرة عملها.

وقال أيضاً: "إن ما حققته ميساء يعتبر إنجازاً خارقاً بكل المقاييس، حيث كان يتعين عليها تجاوز الكثير من الصعاب المفعمة بالتحديات والمتطلبات، وفضلاً عن ذلك فقد خضعت ميساء لبرنامج صارم من التدريبات على مدي عامين كاملين، ولم تكن هناك أية محاباة أو تساهل مع كونها امرأة". وعقب قائلاً: "يسود اعتقاد في هذا الجزء من العالم على وجه التحديد أن مهنة الطيران حكر على الرجال، ويُنظر إلى النساء على أنهن أقل مهارة للعمل في هذا المجال، بيد أن ميساء تمكنت من تحطيم هذه القيود والتغلب على الأفكار المغلوطة، وأظهرت أنها على درجة مُماثلة من القدرة والموهبة مع الرجال، ولذلك فإنها تعد نموذجاً حياً واضحاً للمرأة البحرينية الناجحة، وأنها على يقين تام من أن ما أنجزته سيفتح الأبواب على مصاريعها أمام الكثيرات من النساء البحرينيات اللواتي يتطلعن إلى تحقيق إنجازات مماثلة، وأن ما قامت به من عمل جاد وما أبدته من حماسة نحو التعلم، وإلى جانب ما أظهرته من تصميم لتحقيق هذا الإنجاز سيُساعدها لتصبح في وظيفة كابتن في المستقبل القريب".

ويضيف الكابتن حميد: "لقد خضعت ميساء لعملية الاختيار المعيارية في مراحل كثيرة من الاختبارات والمقابلات، ووقع الاختيار عليها من بين ٤٠٠ مرشح من المتقدمين للالتحاق بهذا البرنامج. وقد تمكنت من إكمال متطلبات التدريب مثل غيرها من المتفوقين الذين كان يتعين عليهم إكمال فترة التدريب الأولية على مدى ١٨ شهراً بنجاح تام حتى يتم استيعابهم في وظيفة ضابط ثان، ومن ثم الانتقال إلى المرحلة النهائية ومدتها أربعة أشهر من التدريب ليصبح المتدرب بعد ذلك مؤهلا لوظيفة ضابط أول".

وتجدر الإشارة إلى أن ميساء درست الهندسة الإلكترونية في جامعة البحرين، وتخرجت في عام ٢٠٠٠، وعملت في وظيفة ضابط الحركة الجوية في مطار البحرين الدُّولي على مدى عامين، وذلك قبل أن تنضم إلى برنامج تدريب الطيارين لدى شركة طيران الخليج في عام ٢٠٠٤.

وتقول ميساء: "إنّ كل مرحلة من مراحل التدريب كانت تشتمل على الكثير من التحديات والمتطلبات، لكنها كانت ممتعة جدا، وفي هذه المناسبة يطيب لي أن أعرب عن عظيم امتناني إلى شركة طيران الخليج وإلى المدربين الذين أشرفوا على تدريبي وأحاطوني بكل ما تتطلبه هذه المهنة، وإلى والدَيَّ اللذين قدما الدعم والتشجيع لي طوال مدة التدريب".

وتضيف ميساء: "إنّه شعور عظيم أن أعمل طيَّارا لدى شركة طيران الخليج، ومن جهتي أعتقد جازمة أنه يُمكن لكل امرأة تحقيق مثل هذا الإنجاز، ولكن يتعين على مَن يُقدم على مثل هذا العمل الجدية والإخلاص وإظهار العزيمة والإصرار لتحقيق النجاح المنشود. ويقول ناصر السالمي كبير الطيارين والمدير المكلف بتدريب ميساء: "إن ميساء فتاة موهوبة وجادة، وطوال مدة برنامجها التدريبي لم تتوقع أي تساهل أو معاملة خاصة أو أي تفضيل لها على زملائها المتدربين. وإن نجاحها كان نتيجة جهودها وتفوقها".

من مجلة حياتي/ العدد ١١/ ٢٠٠٧م، وبتصرف

أجب بأسلوبك الخاص عن الأسئلة التالية:

١. ما الصفات التي تحلت بها ميساء وجعلتها تصل إلى وظيفة طيار؟

السمات التي تحلت بها ميساء وجعلتها تصل إلى وظيفة طيار هي قدرتها النادرة على تجاوز الكثير من الصعاب التي لاقتها خلال التدريب ومجابهتها للتحديات وصبرها على صرامة البرامج لمدة عامين. كذلك أظهرت ميساء من السمات العظيمة المتمثلة في الدرجة العالية من الموهبة ما جعلها ترقى إلى مستوى اجتياز كلّ السدود والمصدات والنجاح في الاختبارات والمقابلات التي حققت من بعد هذا الإنجاز الخارق.

٢. هل تلقت ميساء معاملة خاصة فضلتها على غيرها؟ وضح ذلك استناداً إلى ما جاء في النص.

لا، لم تتلق ميساء معاملة خاصة، والدليل على ذلك قول الكابتن (حميد علي) نائب الرئيس لشؤون العمليات في شركة طيران الخليج والذي يشير به إلى أن ميساء لم تحظ بأيّة محاباة أو تساهل مع كونها امرأة. لقد نافست منافسة حرة ووقع الاختيار عليها من بين [٤٠٠] مرشح من المتقدمين، وتمكنت مثل غيرها من المتفوقين وبجهودها الخاصة من إكمال متطلبات التدريب كاملة من غير نقصان مع قناعتها بأنها ليست في حاجة للمعاملة الخاصة كما قال (ناصر السالمي) كبير الطيارين.

٣. ما المراحل والعملية التي مرت بها ميساء قبل بلوغها رتبة ضابط أول طيار؟

درست ميساء الهندسة الإلكترونية في جامعة البحرين والتحقت بوظيفة ضابط الحركة الجوية بمطار البحرين الدولي لمدة عامين ومن ثم انضمت إلى برنامج تدريب الطيارين فقضت [١٨] شهراً في تدريب أوَّلي أهَّلها لدرجة ضابط ثان، ومن بعد ذلك انتقلت إلى المرحلة النهائية من التدريب الذي دام أربعة أشهر مؤهلة نفسها لدرجة ضابط أول.

٤. من ساهم في نجاح ميساء حسب رأيها؟ وما دليلك على ذلك؟

أوضحت ميساء نفسها أنّ الذين أسهموا في نجاحها هم المدربون الذين أشرفوا على تدريبها وأحاطوها بالعناية والاهتمام وتقديم كل ما كانت تحتاج إليه من دعم، وكذلك والداها اللذان قدما لها الدعم والتشجيع في الالتحاق بالعمل طيلة فترة التدريب.

٥. لماذا يُعتبر ما وصلت إليه ميساء إنجازا كبيراً في مجتمعها؟ وضح ذلك معتمداً على ما جاء في النص.

تقع أهمية هذا الإنجاز وعظمته في الحقيقة القاضية بنجاح ميساء بوصفها أول امرأة بحرينية تصل إلى درجة طيار، فبهذا الإنجاز أرادت ميساء أن تقول وبالصوت العالي لأخواتها من نساء البحرين: ها أنا ذا قد كسرت حاجزاً ربما كانت بعض بنات عصري يعتبرنه مستحيل الكسر والاجتياز. إنها خطوة جريئة فتحت الباب أمام نساءِ البحرين على مصراعيه لدخول هذا المجال ومنافسة الرجال فيه.

ط. إجابة أسئلة الجزء الأول من الورقة الأولى في تشرين الثاني (نوفمبر) ٢٠١٠

اقرأ النص التالي بتركيز، وتمعن فيه، ثم أجب عن الأسئلة التي تليه بأسلوبك الخاص:

كيف تكون رائداً للأعمال

الرِّيادة لا تعني امتلاك مكتب شاسع، أو سيارة فاخرة، أو حتى شهادة عالية، وإنما هي ما يمكن وصفه بالقدرة والرغبة في التواصل مع المرؤوسين، والقابلية على التفاعل المنتج مع الذين ينفّذون متطلبات العمل، والتمكن من تحقيق النتائج عبر أسرع الطرق بأقل تكلفة وبأفضل أنواع الجودة. وهذا لا ينطبق فقط على الرؤساء في الشركات، بل على أي جمع يوجد فيه فريق متعدد الدرجات يسعى إلى هدف محدد. فالمؤسسات الخيرية تسعى إلى جمع التبرعات، والمؤسسات المالية تسعى إلى زيادة العائد والربح للمساهمين. وفي الحالتين كلتيهما تقوم المؤسسة بتعيين مسؤولين مكلفين بالوصول إلى نتيجة إيجابية.

إن من يشغل منصب رب عمل أو رئيس أو صاحب شركة لا يمتلك بالضرورة صفات الريادة المرجوة في العمل. فهناك فرق شاسع بين هذه الألقاب المكتبية وفكرة الريادة. توجد طرق كثيرة للوصول إلى مراكز "القوة" ولكن كسب الريادة يأتي من طرق مختلفة اختلافاً جذريا. فبينما حب الأقارب وقوة المعارف قد تؤديان إلى منصب مرموق، إلا أنهما لا تزرعان الأخلاقيات وطرق التعامل التي تخلق الرائد المقتدر.

وبينما يري المسؤول المتغطرس، أنَّ له الكلمة الأخيرة في أخذ القرارات، فإن الرائد الحقيقي هو الذي يرى نفسه ميسراً للنقاش والأخذ والعطاء الصريح. فالريادة الحكيمة هي التي تقوم بدعم المرؤوسين وتوفير ظروف العمل الملائمة لهم والمؤدية إلى تحسين الإنتاج وزيادته وبالتالي إلى نجاح الشركة.

إنَّ شعور مدير العمل بالخوف على مكانته ومركزه وعدم ثقته بنفسه قد يقود إلى الغطرسة والانعزال عن المرؤوسين، وهذا مما يؤدي إلى بعث الخوف وعدم الطمأنينة في نفوسهم.

ويبقى السؤال المهم وهو كيف يمكن أن يكون الشخص رائدا فعالا، فقد يقال هو ذلك الذي يمتلك موهبة القيادة، وهذا رأيٌ صحيح إلى درجة ما، غير أنه لا يُغنينا عن توفير فرص تدريب لمزيد من القيادات الجديدة لسد الحاجة. والتركيز على النهوض بقدراتهم من أجل عطاء أكثر. وعلى كل حال فلا جدوى من تدريب وتأهيل لا يصحبهما حب وولاء للعمل.

هناك الكثير من المسؤولين الذين لا يفلحون في حسن أداء عملهم ولا يحبونه لكنهم يتمسكون بمراكزهم، ولهذه الظاهرة أسباب عدة منها الحاجة إلى الدخل المادي العالي والرغبة في إرضاء توقعات المجتمع بحسن الأداء والحفاظ على المركز الوظيفي المرموق، وهناك من اعتاد على طبيعة عمله ويخشى الغموض الذي ربما تأتي به الوظائف البديلة الأخرى. وهناك من هو مُجبَرٌ على الحفاظ على العمل الذي يُعتبر تقليدا عائليا لا يُمكن التخلي عنه.

الريادة تتطلب التعامل المباشر مع فرق العمل والمبادرة والقدرة على التواصل مع جميع العاملين من أصغرهم إلى أكبرهم. فلا فائدة من "رواد" نخافهم، أو حتى رواد نحبهم. بل ما نريده هو رواد نحترمهم، نحترمهم لأنهم فتحوا قلوبهم إلى موظفيهم، وانساقوا بحبهم لعملهم قبل حبهم لمكاتبهم ومناصبهم. فهؤلاء هم الرواد الحقيقيون، الذين يزرعون الثقة في موظفيهم، والقادرون على الإرشاد بدلا من التسلط. إن الرائد هو من يحض أعضاء فريق العمل على السعي إلى النجاح، والحرص في الوقت ذاته على خلق كوادر قيادية للمستقبل.

هشام عبدالرحمن خليفة/ جريدة الشرق الأوسط/ ١٧ أكتوبر ٢٠٠٥م، وبتصرف

أجب بأسلوبك الخاص عن الأسئلة التالية:

١. ما تعريف مصطلح الريادة كما ورد في النص؟

الريادة هي الصفة التي يتحلى بها الأشخاص الذين تدفعهم القوة للبناء والتوسع في مجال عملهم أو مجال شركتهم. والرائد هو الشخص الطموح الذي تكون له القدرة والرغبة في التواصل مع المرؤوسين والتفاعل المنتج مع الذين يُنفّذون متطلبات العمل، ودعمهم وتوفير ظروف العمل الملائمة لهم لتحسين الإنتاج وزيادته بأقل تكلفة وبأفضل أنواع الجودة.

٢. ما طرق الوصول إلى المناصب العليا في العمل؟

هناك طريقتان للوصول إلى مركز الريادة حسب ما جاء في النص. أول هاتين الطريقتين هي الأسلوب المزيف الذي يعتمد على حب الأقارب للشخص وقوة معارفه الذين يصيرون عونا له في الحصول على المستوى الوظيفي المرموق بغض النظر عن مؤهلاته وقوة شخصيته وإمكاناته القيادية؛ والطريقة الثانية هي تلك التي تعتمد على قدرات الشخص القيادية، وحسن تعامله مع العاملين وقابليته لخلق الأخلاقيات الجيدة في الأسرة العاملة والتي تقود إلى تحسين الإنتاج ونجاح العمل.

٣. من هو الرائد الحقيقي؟

الرائد الحقيقي هو ذلك الشخص الذي لديه الكثير من المميزات التي تجعله أهلا للقيادة. وعادة ما يكون ذلك الشخص متدربا وذا تجربة ورغبة في تطوير العمل والتواصل مع المرؤوسين، وذا ثقة عالية في النفس بعيدة عن التغطرس والانفراد في الرأي، وتكون لديه القدرة على أن يدعم المرؤوسين ويوفر لهم ظروف العمل الملائمة التي تؤدي إلى تحسين الإنتاج وإنجاح الشركة.

٤. ما أسباب سوء علاقة المسؤول بالمرؤوسين؟

تسوء علاقة المسؤول بالمرؤوسين عندما يفقد المسؤول ثقته بنفسه ويبدأ بالشعور بالخوف على مكانته ومركزه، ويتردد في فتح قلبه للذين يقومون بالعمل تحت إدارته أو الإقدام على توفير ظروف العمل الملائمة لهم ليُمكّنهم من العمل والمثابرة لتحسين الإنتاج وزيادته، ونتيجة لذلك يفقد ثقة المرؤوسين به واحترامهم وحبهم له.

٥. ما أسباب فشل بعض المسؤولين في الوصول الى مستوى الريادة الفعّالة؟

يفشل بعض المسؤولين في الوصول الى مستوى الريادة الفعّالة لأسباب مختلفة. من هذه الأسباب وصولهم إلى مركزهم القيادي عن طريق الواسطة و ليس الكفاءه، وحبهم للمركز الوظيفي وليس العمل، وأحيانا نجدهم مكرهين على عملهم لأسباب عائلية أو مادية، إضافة إلى أنّ بعض المسؤولين ينهجون النهج القيادي الخطأ بسبب غطرستهم وانعزالهم عن موظفيهم والأخذ بآرائهم.

٦. من خلال ما ورد في النص, كيف نستطيع أن نوجه ذوي المناصب الإدارية لكي يكونوا رُوَّادا؟

خير ما نقوم به في توجيه ذوي المناصب الإدارية لكي يكونوا روّادا ناجحين هو أن يتأكدوا من أنهم يشغلون منصبهم بدافع الرغبة وحب العمل، وأن ينظروا إلى تطوير العملية الإنتاجية من خلال دعم المرؤوسين وتحسين ظروف عملهم، وعليهم أنْ يكسبوا ثقة العاملين معهم، وأن يعرفوا أنّ العمل الجماعي والأخذ بآراء المرؤوسين وتوفير التدريب المتواصل لهم كل ذلك

من السبل التي تؤدي إلى إنجاح العمل وتطويره. وعلى ذوي المناصب الإدارية أنْ يعرفوا نقاط ضعفهم ويقوموا بالتدريب المناسب لعلاجها والتخلص منها.

ملاحظة مهمة:

امتحان IGCSE إيديكسيل في اللغة العربية لا يأتي بسؤال يطلب منك المقارنة بين نصين أو الربط بين نص الجزء الأول من الورقة الأولى (القراءة والفهم) ونص الجزء الثاني (القراءة والفهم والتعبير الموجه).

الباب الثالث

القراءة والاستيعاب والتعبير الموجه

المحتويات

١. التمهيد

٢. أجوبة الامتحانات السابقة

أ. إجابة أسئلة القسم الثاني من الورقة الأولى لامتحان تشرين الثاني (نوفمبر) ٢٠٠٦

ب. إجابة أسئلة القسم الثاني من الورقة الأولى لامتحان أيار (مايو) ٢٠٠٧

ج. إجابة أسئلة القسم الثاني من الورقة الأولى لامتحان تشرين الثاني (نوفمبر) ٢٠٠٧

د. إجابة أسئلة القسم الثاني من الورقة الأولى لامتحان أيار (مايو) ٢٠٠٨

هـ. إجابة أسئلة القسم الثاني من الورقة الأولى لامتحان تشرين الثاني (نوفمبر) ٢٠٠٨

و. إجابة أسئلة القسم الثاني من الورقة الأولى لامتحان أيار (مايو) ٢٠٠٩

ز. إجابة أسئلة القسم الثاني من الورقة الأولى لامتحان تشرين الثاني (نوفمبر) ٢٠٠٩

ح. إجابة أسئلة القسم الثاني من الورقة الأولى لامتحان أيار (مايو) ٢٠١٠

ط. إجابة أسئلة القسم الثاني من الورقة الأولى لامتحان تشرين الثاني (نوفمبر) ٢٠١٠

٣. نماذج أسئلة على نمط القسم الثاني من الورقة الأولى

أ. النموذج الأول

ب. النموذج الثاني

١. التمهيد

يتكون القسم الثاني من الورقة الأولى في الأعوام القادمة لامتحانات إيديكسيل من نص قصير لا يتجاوز صفحة واحدة ولكنه ينقل للقارئ حكمة معينة يُمكن الاتعاظ بها في مجرى حياتنا اليومية. ويَتبَع النص سؤالان، أولهما يطلب منك تلخيصا للنص بنوع أو شكل أدبي معين أو إعطاء تعليق على فكرته الرئيسة، وثانيهما يطلب منك قصة وقعت لك أو سمعت بها تطابق فكرة النص الرئيسة ومضمونه كما في المثال التالي:

اقرأ النص التالي واكتب في ما هو مطلوب منك في الفرعين اللذين يليانه وبأسلوبك الخاص:

أسعد زوجين

...جلس يُصغي إلى الراديو وقد صدر عنه صوتٌ جميل:

"سيدتي الكريمة، أهلا بك ببرنامجكِ لهذا اليوم..." وبعد لحظات تابعت صاحبة الصوت: "يوضَع اللَّحم في القِدر، ثُمّ يُغطّى بالبطاطِس... ويُضافُ إليه البصلُ..." إلى آخرِ ما جاء في برنامج التّدبير المنزلي ذلك اليوم.

وكان ذلك المستمع الكريم يستمعُ بقلبٍ يطيرُ شوقاً. ولم يستَطِع صَبراً. فقامَ إلى أهلِه يُعلنُ إليهم:

- لا بُدّ لي من الزواج بهذه المرأة الخبيرة بالطعام.
- هل تَعرفُها؟
- لا أعرف عنها سوى إذاعتَها اللذيذة التي تهزُّ قلبي شوقا لِطبخها.

وكانَ صاحِبُنا هذا من أولئِكَ الذين لا يُفرِّقون بين القلبِ والمَعِدة. فإذا سأله طبيبٌ يوماً أين معدتك؟ أشارَ إلى قلبه. وإذا سأله أين قلبُكَ؟ أشارَ إلى معدته... وكان لا بد للمرأة التي تُريد أنْ تملك قلبَه من أنْ تعرفَ طريقها إلى معدته أولاً. فإذا ملكتها ملكت كُلَّ شيء.

وتمّ الزواجُ. ومرت أيامُ شهر العسل والزوجُ يطيرُ شَوقاً بانتظار اليوم الذي تدخل فيه زوجته المطبخَ، وتعملُ لهُ تلك الأكلات اللذيذة التي وصفتها في الراديو.

وأخيراً دخلت الزوجة المطبخَ، وفرِح زوجها وأخذ يدعو لها، وانتظر في شوقٍ يُفكر في الأكلة اللذيذة التي ستجعله سعيداً. وبعد غياب طويلٍ في المطبخ خرجت الزوجة والعرقُ يسيلُ من وجهها، وقالت له:

- آسفة... عملتُ لك بيضاً مقلياً - حتى لا أتأخّر عليك بالطعام.

لم يُصَدِّق حُجَّتَها، ولكنه كتم شعوره بالغضب. ولم يكن يتوقع أبداً أنّ امرأته تجهلُ تلك الأكلات التي تُقدمها في الإذاعة. وجلسَ على المائدة وبدأ يأكل البيضَ فوجدَهُ قد احترَقَ!

ولمّا كانت الساعة الرابعة أسرعت الزوجة إلى الخروج وكأنها على موعد مهم. وفي الخامسة جلس الزوج يستمع كعادته إلى الراديو فإذا بامرأته تُذيع على المستمعين بصوتها الجميل:

"يوضَعُ اللحمُ في القِدرِ... إلخ".

وفكّر الزوج المسكين قليلاً. ولم يعرف ماذا يفعل!

هل يبكي؟ أم يقبل بالبيض المحروق.

(من "أرني الله" لتوفيق الحكيم وبتصرف)

١. تصور أنك ذلك الرجل، اُكتب قصتك لزميل لك في حوالي ١٠٠ كلمة، مبينا مشاعرك خلال مراحلها.

(١٠ درجات)

٢. اكتب في حوالي ١٠٠ كلمة عن قصة وقعت لك أو سمعت بها بمضمون ما جاء في النص.

(١٠ درجات)

وعادة ما يتبع الامتحانات إجابات نموذجية تنشرها إيديكسيل على شبكة الإنترنت، ولكن تلك النماذج لا تُعطيك إجابة كاملة وإنما توفر لك رؤوس أقلام لإعانتك على الإجابة بأسلوبك الخاص كما هو الحال في الإجابة النموذجية عن الأسئلة أعلاه:

الأجوبة النموذجية

١. تجدر الإشارة إلى ما يلي وبأسلوب ضمير المتكلم:

- استماعك واستئناسك ببرنامج الطبخ الذي كنت تتطلع لأكلاته
- تعلقك بمقدمة البرنامج لحلاوة صوتها وخبرتها في الطبخ
- زواجك من مقدمة البرنامج
- اكتشافك الواقع الذي جاء مخالفا لتطلعاتك
- خيبة أملك

(١٠ درجات)

٢. كتابة قصة يتفق مضمونها مع فكرة النص الرئيسة والإشارة إلى:

- اتّباع العاطفة لا العقل
- التسرع وتقييم الأمور بشكل سطحي

(١٠ درجات)

٢. أجوبة الامتحانات السابقة

إليك الآن أجوبة نموذجية كاملة عن عدد من أسئلة امتحانات الأعوام الماضية:

أ. إجابة أسئلة القسم الثاني من الورقة الأولى لامتحان تشرين الثاني (نوفمبر) ٢٠٠٦:

اقرأ النص التالي واكتب في ما هو مطلوب منك في الفرعين اللذين يليانه:

زوج يشجع وأبناء يستغربون... أم الصغار عادت إلي مقاعد الدراسة

يبدو أن أم سلطان خالفت المثل الشائع الذي يقول: "العِلم في الصغر كالنقش على الحجر والعِلم في الكبر كالنقش على البحر"، إذ أنها جعلت تعليمها نقشا على حجر في هذه السن المتأخرة.

أم سلطان شارفت على الانتهاء من المرحلة الثانوية عندما كانت تتجاوز ال٥٠ من العمر، ولديها من العزيمة والإصرار ما يؤهلها للالتحاق بالجامعة بعد أن اعتزلت مقاعد الدراسة ٢٥ سنة كانت أثناءها متفرغة لتربية أبنائها والاهتمام بزوجها، بعد مرورها بظروف صعبة جعلتها تترك الدراسة.

تقول أم سلطان "كنت أحلم لدى زواجي بإكمال الدراسة والالتحاق بالجامعة. بدأت في المرحلة الابتدائية وأكملت الصف السادس الابتدائي ثم توقفت. وكان من أسباب انقطاعي عن الدراسة أبنائي الذين يحتاجون إلى رعاية واهتمام لصغر سنهم". وتستشهد بأحد المواقف قائلة: "أثناء رجوعي من المدرسة مساء، شاهدت ابني الأكبر الذي كان يبلغ من العمر سبع سنوات يعرض نفسه لخطر بتسلقه حائط سطح البيت بعد رجوعه من المدرسة الأمر الذي سبب لي هلعا وجعلني أقرر ترك الدراسة وصرف كل اهتمامي لرعاية بيتي وأطفالي، حيث لم يكن هناك ما يسمى في السابق بالخادمة، ومن هنا تركت الدراسة على مضض". وتشير أم سلطان إلى أنها على رغم انقطاعها الطويل عن الدراسة، لم تتوقف يوما عن حلمها بالعودة إلى التعلم، وذلك على رغم انهماكها في تربية أبنائها. أما جاراتها اللواتي كن معها على مقاعد الدراسة في الصغر، فكن يمارسن عليها ضغوطاً للعودة إلى المدرسة، إلا أنها بقيت تفضل أبناءها وزوجها على طموحها في تلك المرحلة.

بقيت طوال تلك السنين تهتم بفلذات أكبادها، إلى أن تخرج أصغرهم في الثانوية والتحق بالجامعة. وفي ذلك تقول: "بعدما تخرج ابني الأصغر، بدأت أشعر بالوحدة بسبب انشغال أبنائي وزوجي، وبقائي في البيت وحيدة. عندها قررت

العودة إلى الدراسة بتشجيع من زوجي الذي كان مشغولا بالتجارة، ومن صديقاتي اللواتي كن معي في السابق، وقد أثار هذا القرار استغراب أبنائي".

وبدأت أم سلطان بإكمال دراستها إلى أن وصلت إلى المرحلة النهائية من الثانوية.

وعن المشاهد الطريفة والمحرجة التي صادفتها أثناء دراستها تقول: "أثناء الاختبارات كنت منهمكة في الإجابة عن أسئلة الرياضيات، وإذا بجارتي أم عبد الله تريدني أن أساعدها للإجابة عن بعض الأسئلة، ولخوفي من المعلمة لم أعطها الإجابة، مما جعل أم عبد الله تقاطعني لمدة أسبوع ولا ترافقني إلي الزيارات الاجتماعية ولا الذهاب إلى المدرسة كما دأبت في السابق".

(علي العمري من شبكة إنترنت الحياة ٢٠٠٦/٢/٩) وبتصرف.

الأسئلة:

١. اكتب في حوالي ١٠٠ كلمة عن تغير أحلام أم سلطان ورغباتها في حياتها

٢. تصور أنك تعرف أم سلطان معرفة جيدة وطلبت إليك أن تكتب لها رسالة توصية إلى

مدير مدرسة البيان للعمل كسكرتيرة فيها. اكتب رسالة في حوالي ١٠٠ كلمة إلى مدير مدرسة البيان تصف فيها أم سلطان وصلاحيتها للعمل.

إجابة الفرع الأول:

أم سلطان سيدة ذات عزيمة قوية، فخلال حياتها قد برهنت على أن الإنسان يمكن أن يملك قراره رغم الصعاب؛ كانت أحلامها تدفعها للدراسة إلا أن الزواج والأطفال قد دفعاها إلى تأجيل مواصلتها لمدة خمسة وعشرين عاماً عادت بعدها وبمساعدة عزيمتها إلى استئنافها.

لقد رأت أم سلطان أن الأسرة من الأبناء والزوج هي الأهم في حياتها فتركت الدراسة مع الرغبة والأحلام في العودة يوماً ما إليها، ولعل حادثة طفلها الذي كاد أن يفقد حياته بصعود حائط سطح البيت عند غيابها عن البيت قادتها لقرار تأجيل دراستها للاهتمام بأولادها في وقت لم تكن فيه فرص الخادمات متوفرة.

انشغلت أم سلطان ببيتها وأسرتها، وعندما كبر أولادها وأكملوا دراسة المرحلة الثانوية وصاروا يعتمدون على أنفسهم شعرت بالوحدة التي حركت أحلامها للدراسة فعادت لها وأكملت ما أرادت.

إجابة الفرع الثاني:

السيد مدير مدرسة البيان

تحية طيبة

أكتب إليك بشأن التوصية الخاصة بأم سلطان المتقدمة إليكم للعمل في وظيفة سكرتيرة.

السيد المدير:

إن أم سلطان ذات تجارب غنية في هذه الحياة وتمتاز بروح المسؤولية فهي بجانب مؤهلها العلمي الذي ستقدمه لكم في صورة أوراقها الرسمية، تمتاز بالصبر والمثابرة وقوة العزيمة مع نضوج شخصيتها. إن عودتها للدراسة بعد انقطاع طويل دليل على ما أوردت من صفات تمتاز بها هذه السيدة الفاضلة. إنها الآن متفرغة تماماً للعمل، ولا تشغلها شواغل أخرى مثل المسؤوليات الأسرية وستجدونها إن شاء الله مثالاً للإخلاص وجودة الأداء والتركيز على عملها دون الانشغال عنه بأي عمل آخر يقلل من قدرتها على القيام بهذه الوظيفة المهمة والتي تحتاج لشخص مثل أم سلطان.

ب. إجابة أسئلة القسم الثاني من الورقة الأولى لامتحان أيار (مايو) ٢٠٠٧:

اقرأ النص التالي واكتب فيما هو مطلوب منك في الفرعين اللذين يليانه:

تصديق الأهاجيس

تعطّل إطار سيارة أحد البائعين في مكان ما خارج المدينة في الرّيف. ففتَح صَندوقَ السيارة وبحثَ عن رافعة السيارة... لكنّه لم يجدها هناك. "تمتم في نفسه، ما الذي أستطيع أن أعمله الآن".

شَكَّ في أن يجد أحداً يَمر على الطريق نفسه ويقدم له المُسَاعدَة. ولما رأى المنارة المدبَّبة للمسجد على مسافة خُيلت إليه أنها ليست ببعيدة، قَرَّر المَشي إلى تلك القرية ليستعير رافعة سيارة. وعلى نقيض ما تخيل كانَ الطريق طويلاً، ومما زاد الطينَ بلّة كان اليوم حارًّا جداً. وفي أثناء الطّريق قال لنفسه، "أتمنّى أن يوجد شخص ما في تلك البلدةِ لديه رافعة سيارة يُمْكِنُ أنْ يُعيرني إياها".

مَشى كثيراً، وجسمه يتصفدُ عرقا... وأثناء ذلك خطرت له فكرة، وبدأ يحدث نفسه قائلاً: "أعْرفُ كيف يكون النّاسُ هنا، إنهم لا يَستحسنون الغرباءَ".

مَشى بضع خطوات وهو يفكر: "طالما أنهم لا يعرفونني، فأنا حقاً لا أعتقد أن أي واحد منهم يمكن أن يُعيرَني رافعة سيارته".

ولكنه أخذ يَمشي ويتَخيَّل أسوأ نتيجةٍ محتملةٍ لمأزقه... لا أحد في البلدةِ يمكن أن يكون راغباً في إعارته رافعة سيارة، الناس سيَكُونونَ مرتابينَ جداً وسوف يَرْفضون حتى أنْ يعيروه أو يبَيعوه رافعة.

وعند وصوله القرية كان مترددا منزعجاً مما أوحاه إلى نفسه. ذَهبَ إلى وسط البلدةِ وطلب من أحد أهلها رافعة ولم تكن بحوزة ذلك الشخص رافعة آنذاك، وقبل أن يبادر ذلك الرجل بإخباره عن المكان الذي يمكن له أن يحصل منه على رافعة صَاح في وجهة منزعجاً وقال له: "حَسَنَاً طالما أنت تشعر تجاهي بهذه الطّريقة فلتَبقَ معك رافعتكَ الملعونة!"، ورجع خالي اليدين.

الفرع الأول:

اكتب في حوالي ١٠٠ كلمة عن قصة وقعت لك أو سمعت بها بمضمون ما جاء في النص أعلاه، والتي أدت إلى مثل ذلك الفشل الذي عاناه الرجل في الحصول على المساعدة.

الفرع الثاني:

اكتب في حوالي ١٠٠ كلمة عن الظروف والأهاجيس التي مر بها الرجل المذكور في النص والتي دعته إلى الحكم خطأ، مع بيان الحكمة مما تنتقيه منها.

إجابة الفرع الأول:

انتقلت أسرتي في العام الماضي من القرية إلى المدينة وكان عليّ أن ألتحق بمدرسة جديدة قريبة من بيتنا الجديد في المدينة بعد مضيّ ثلاثة أسابيع على ابتداء الدراسة. دخلت المدرسة ولم أكن أعرف أية طالبة فيها من قبل، وفوجئت بوجود امتحان في مادة الرياضيات في اليوم الثاني بعد وصولي إلى المدرسة. كنت أريد أن أعرف المواد المطلوبة في الامتحان ولكنني لم أجرأ على الاستفسار من المعلمة، أو من الطالبات معتقدةً أنهن سيستهزئن بي لأنّي بنت قُروية، وسيرفضون مساعدتي. وعندما اضطررت بسؤالي إحدى الطالبات عن الامتحان لم تستطع إجابتي، وذلك لأنها كانت مريضة ولم تأتِ للمدرسة لمدة أسبوعين كما عرفتُ فيما بعد، فغضبت منها وقررت أن لا أسأل أية طالبة بعدها، وجاء الامتحان ولم أوفق فيه رغم أني جيدة في تلك المادة. كل ذلك كان بسبب ظنوني غير الصحيحة بالآخرين.

إجابة الفرع الثاني:

يمكن أن نصف هذا الرجل بالمتشائم الذي يتوقع في كل أمر يعرض له أسوأ النتائج وبالتالي فهو يجرّ على نفسه حياة الاكتئاب والحزن الدائمين، هذه التوقعات التي عاشها الرجل قد أبعدته كل البعد عن التفاؤل وتوقع أحداث الخير في طريقه فبدأ يحشو ذهنه بقدر كبير من السلبيات والتوقعات غير السارة في

طريقه ولذلك قد طبع هذا التفكير أثره على نفسه فسلم أمره للهواجس التي جعلته يقفز إلى النتائج قبل أن يصل إليها وأصبح يتخيل من كل أمر أسوأ حال وهذه بالطبع عادة سيئة، فالإنسان عليه دائماً بالتفاؤل في كل أموره وعليه بالرغبة في الخير:

فالنفس راغبة إذا رغّبتها

وإذا ترد إلى قليل تقنع

وعلينا بالعزم والعزيمة على طريق الخير:

وعلى قدر أهل العزم تأتي العزائم

ج. إجابة أسئلة القسم الثاني من الورقة الأولى لامتحان تشرين الثاني (نوفمبر) ٢٠٠٧:

اقرأ النص التالي واكتب في ما هو مطلوب منك في الفرعين اللذين يليانه:

الشبكة الدولية للمعلومات "الإنترنت"

كان الإنسان قديماً يستخدم الحيوانات كالجمال، والبغال، والجياد، والحمير، وسيلة للتنقل، ولذا كانت الأخبار لا تصل إلا بعد وقت طويل من حدوثها، ثم وصل الإنسان إلى الحمام الزاجل وسيلة أسرع في نقل الأخبار عن طريق التراسل، ومع تقدم وسائل المواصلات البرية والبحرية والجوية... تطورت وسائل نقل الأخبار والمعلومات، وأصبحت أكثر سهولة، وأقل تكلفة، فتم اختراع أجهزة الهاتف والتلكس و"الفاكس" وتوجت هذه الاختراعات باختراع نظام الشبكة الدولية للمعلومات والمسماة "الإنترنت" وكلمة "إنترنت" هي اختصار لكلمتين إنجليزيتين تعنيان الشبكة الخارجية.

وقد أصبحت هذه الشبكة حديث المهتمين بتقانة المعلومات والاتصالات وشغلهم الشاغل، وهيمنت على كثير من أوجه النشاط العلمية والاقتصادية والتجارية في أغلب أقطار العالم، وبدأت الشركات والمؤسسات تتسابق للإفادة منها.

ولدت فكرة "الإنترنت" في أثناء الحرب الباردة بين الولايات المتحدة الأمريكية وروسيا. إذ إن العاملين في وزارة الدفاع الأمريكية أرادوا تصميم شبكة إذا أصيب جزء منها بتلف من جراء الغارات الجوية تبقى الأجزاء الأخرى منها تعمل ولا تتأثر بشيء.

ونتج عن هذه الفكرة ما عرف بشبكة "أربا" التي كانت تضم أربعة حواسيب عملاقة في أربعة مواقع مختلفة، وذلك في عام ١٩٦٩م، وسمح للعلماء والباحثين باستخدامها، وأزداد بعد ذلك عدد مواقعها ليصبح حوالي "٤٠٠٠" موقع في سنة

١٩٨٣م، وتطورت هذه الشبكة حتى أصبحت شبكة عامة مستقلة يستخدمها ما يزيد على "١٦٠" دولة، وتضم "ملايين" الحواسب، وهذه الشبكات متصلة ببعضها عبر وسائل الاتصالات المختلفة.

وقد استطاعت شبكة "الإنترنت" أن تحول العالم الذي نعيش فيه إلى قرية كونية صغيرة، نتيجة للسرعة الهائلة في تقديم الخدمات المتنوعة للأفراد في أماكن مختلفة على سطح هذا الكوكب.

ويعد البريد الإلكتروني من أكثر تطبيقات "الإنترنت" شهرة واستخداما في العالم، فالرسائل الإلكترونية تصل إلى وجهتها مباشرة خلال دقائق معدودة مهما كانت المسافة المرسلة منها، إضافة إلى قلة تكلفة هذه الرسائل، وسرية المحافظة على محتوياتها، كما يمكن أن ترفق مع الرسالة الإلكترونية صور أو نسخ من وثائق، أو أصوات، أو لقطات فيديو. وكما يمكن استخدام البريد الإلكتروني من أي مكان تتوافر فيه الإمكانات اللازمة لذلك، وتوجيه رسالة إلى أكثر من جهة في آن واحد، مما يوفر الوقت والجهد والمال.

ويمكن الإفادة من شبكة "الإنترنت" في القيام بأبحاث ودراسات مختلفة، والحصول على دراسات ومعلومات في أي مجال من المجالات عن طريق الدخول إلى هذه الشبكة، وطلب معلومات عن طريق ما يسمى بـ"المتصفح" وهو برنامج يمكن المستخدم من التجوال في حقول المعلومات، فعندما تدخل عنوان ما تود البحث عنه، يقوم المتصفح بجلبه من أي مكان على الشبكة خلال ثوان معدودة، ويساعدك في العثور على المعلومات المطلوبة.

ومن فوائد "الإنترنت" أيضا أنه يمكن الطالب من متابعة المحاضرات مباشرة من مكان عقدها، والحصول على مؤهل علمي عن طريق المراسلة من بعد، كما تتيح "الإنترنت" لرجال الأعمال عقد لقاءات واجتماعات مع بعضهم في مختلف أرجاء العالم.

كما فتحت الشبكة للشركات والمؤسسات التجارية فرصا تسويقية وتجارية ضخمة، مع تحول الشبكة إلى حلقة توصل بين الشركات نفسها من جهة، وبينها وبين المستهلك من جهة أخرى، وبالإضافة إلى الكم الهائل من المعلومات التي يمكن الحصول عليها عبر الشبكة، فهي تمثل وسيلة نموذجية للاتصال، والتسويق، نظرا لاتساع نطاق انتشارها وكلفتها الاقتصادية المنخفضة.

ولقد عرف أصحاب المال والأعمال أهمية "الإنترنت" في نقل المعلومات "لملايين" من البشر، فاستغلوها في الإعلانات والدعاية لشركتهم ولسلعهم، وتجد الآن آلاف الشركات تعرض بضائعها بأسعار منافسة. ومن خلال التجوال في "صور نماذج" إلكترونية للشركات تستطيع معرفة المعروض من السلع، والقيام بشراء ما تحتاج إليه من خلال بطاقات الائتمان. وهذا يؤدي إلى قلة تكاليف الاتصالات، والمعلومات، وسهولة دخول السوق، والمنافسة على مزيد من التنوع وارتفاع الجودة وانخفاض الأسعار.

الفرع الأول:

اكتب في حوالي ١٠٠ كلمة عن التطورات التي طرأت على أساليب الاتصالات حسب ما جاء في النص، وبأسلوبك الخاص.

الفرع الثاني:

اكتب رسالة من حوالي ١٠٠ كلمة إلى صديق لك تبين فيها كيف يمكنه أن يستفيد من خدمات الإنترنت في دراسته على ضوء ما جاء في النص.

إجابة الفرع الأول:

تطورت أساليب الاتصال بين الناس تطوراً عظيماً جعل الحياة أكثر سهولة من الماضي، فقد كان الناس يستعملون الدواب للتنقل وإرسال الرسائل، وعندما طرأت فكرة الحمام الزاجل فرح بها الناس واعتبروها نقلة كبيرة نحو تطور الاتصال.

توالت الاختراعات فشملت هواتف الأسلاك ثم الهواتف الهوائية، والفاكس، والتلكس، والبريد السريع وأخيراً توّج الإنسان انتصاره على الزمن باختراع الشبكة العنكبوتية التي أصبحت سيدة الموقف في الاتصالات وقمّة التبادل المعلوماتي.

لقد أصبح العالم الآن أشبه ما يكون بالقرية في ميدان الاتصالات، فالرسائل والتقارير حتى الصور والاجتماعات والمشتريات والصفقات التجارية كلها تتم بين الناس بالسرعة الفائقة وهم في مواقعهم لا يتحركون، وأصبحت المعلومات متوفرة من المواقع الإلكترونية تنتظر الضغط على الأزرار لتظهر على الشاشات.

إجابة الفرع الثاني:

الأخ الفاضل محمود

تحية طيبة

أكتب إليك هذه الرسالة بشأن أمر مهم للغاية وأنا أعلم أنك على أبواب دراستك الجامعية. إن نصيحتي لك قبل بداية الدراسة أن تدخل في دراسة الحاسب الآلي لتجيد التعامل معه، فالبرامج والقدرات التي يتمتع بها هذا الجهاز هي قدرات غير محدودة تساعدك كثيراً في دراستك وتجعل أمر حصولك على الشهادة سهلاً ميسوراً.

إن المواقع الإلكترونية والشبكة العنكبوتية من أهم مميزات هذا الجهاز، فالمعلومات التي تحتاج إليها لتدعيم دراستك، والمراجع بل وطباعة المذكرات وكل ما يتعلق بمادة الموضوعات المدرجة في برنامجك الدراسي... كل هذه

ستجد لها سنداً قوياً يوفر جهودك ويختصر زمنك ويجعل من أدائك أداءً ممتازاً، فاحرص يا أخي على هذه النصيحة وستجد نتائجها خير عونٍ لك إن شاء الله.

د. إجابة أسئلة القسم الثاني من الورقة الأولى لامتحان أيار (مايو) ٢٠٠٨:

اقرأ النص التالي واكتب فيما هو مطلوب منك في الفرعين اللذين يليانه:

كان في أحد البلاد ملك شاب، وسيم الطلعة، قوي الساعد، ولكنه سريع الغضب، حاد الانفعال، وذات يوم أراد أن يتعرف أحوال الناس، ولفت نظره ضوء بيت في طرف البلدة، فمضى إليه، حتى إذا بلغه وقف تحت شبّاكه المضاء، وأخذ يستمع إلى ما يدور في داخله.

وكان في البيت ثلاثة أخوات، صبايا، فقيرات، يعملن في غزل القطن، من أجل تأمين لقمة عيش، وبينما كان الملك يصغى إلى ما يدور في بيتهن، تحت الشباك، سمع الكبرى تقول:

- لو يتزوجني الخباز عند الملك، لشبعت من الخبز.

ثم تأوهت الوسطى، ثم قالت:

آه لو يتزوجني اللحام عند الملك، لشبعت من اللحم.

فضحكت الصغرى، ساخرة منهن، وقالت باعتداد: أنا، والله، لا أتزوج إلا الملك الشاب، أضع يدي على خده، وهو يدير لقدمي القبقاب.

ولما سمع الملك قولها، أخذه الغضب، وطلب من وزيره أن يرسل وراءهن، لينظر في أمرهن. وفي صباح اليوم التالي، أرسل الوزير الجند وأحضروا الأخوات الثلاث، فأمر الملك أن يدخلن عليه واحدة واحدة، وأخبرهن أنّه يود أن يحقق لهن أمنياتهن، وكانت أمه حاضرة في مجلسه، فدخلت الأخت الكبيرة فلما رأتها دهشت لجمالها، وتمنتها زوجة لابنها الملك الشاب، على الرغم من مظهرها الدال على فقرها، وثيابها البالية، ولكن أملها خاب، عندما سمعت أمنيتها، وهي الزواج من الخباز الذي يعمل في قصر الملك.

ثم دخلت عليه الوسطى، فأعجبت الأم بجمالها الإعجاب كله، وتمنتها زوجة لابنها، ولكن أملها خاب مرة أخرى عند سماعها أمنيتها في الزواج من اللحام الذي يعمل في قصر الملك.

وأخيرا دخلت الصغرى، فبهتت الأم أمام جمالها الفتان، وعزمت أن تتخذها زوجة لابنها، وقد تقوى عزمها حين سمعتها تجيب الملك بجرأة:

-أنا لا أتزوج إلا الملك الشاب الذي يدير لقدمي القبقاب، ولو قمت بذلك الآن لما تزوجتك. ولم يكد الملك يسمع قولها، حتى أمر السياف بضرب عنقها، ولكن الأم

تدخلت، ورجت ابنها أن يمهل الفتاة، فهي صغيرة لا تعقل، فلعلها تراجع نفسها، وتغير قولها، فإن لم تفعل، فليقطع عندئذ رأسها، فأمهلها الملك ثلاثة أيام، ثم توسلت إليه أمه أن يسمح للفتاة أن تقيم عندها، الأيام الثلاثة، فاستجاب الملك لطلب أمه، ومنحها ما سألت.

صرحت الأم للفتاة بأنها تتمناها زوجة لابنها ولكنها أكدت لها أنها لا تستطيع أن تفعل أكثر مما فعلت، فالملك الشاب سريع الغضب، حاد الانفعال، وليس أمامها سوى ذكائها، وقدرتها على لفته إليها، وإثارة اهتمامه بها، ثم أخبرتها أن ابنها يخلو بنفسه كل يوم، قبل المساء، في شرفة القصر، فما عليها إلا أن تنزل هي إلى حديقة القصر، لتتمشى أمامه، وتبرز له.

ولما كان الأصيل نزلت الفتاة إلى حديقة القصر، ومضت تتثنى بين الزهور، كأنها إحداها، وهي في رشاقة حركاتها، كأنها نسمة من النسمات. وعندما رءاها الملك الشاب، وهو في شرفة القصر، فتن برشاقتها وجمالها، فأرسل الخدم ليدعوها إليه، ولما مضى إليها الخدم، لم يعثروا لها على أثر، إذ كانت قد رجعت إلى غرفتها التي خصتها بها أم الملك، كما رجعت إلى ثيابها البالية القديمة.

وفي أصيل اليوم التالي خرجت الفتاة إلى حديقة القصر، بأبهى مما خرجت به أمس من ثياب، وكان الملك الشاب في شرفة قصره، كعادته، ففتن بجمالها وأسرع بإرسال الخدم وراءها، ولكنها غابت عن العيون.

وفي اليوم الثالث هيأتها الأم بأروع مما هيأتها من قبل، فخرجت إلى حديقة القصر تتهادى في مشيتها، تسحب وراءها ذيل ثوبها الأبيض، ممشوقة القوام، دقيقة الخصر، وشعر مرسل، تنشر حيثما مشت غيمة من عطر.

وكان الملك الشاب في شرفة القصر، ينتظر، وما أن رآها حتى ناداها، ولما رنت إليه دعاها، فلبت الدعاء، وصعدت إليه في شرفته، وجلست تحادثه وتسامره، وقد ذهل بحلو حديثها، ورقة جمالها، وهو بها موله مفتون.

ومرة كان يناولها كأس الشراب، فتعمدتُ إفلاتها، من غير أن تشعره بذلك، فانصب بعض الشراب على طرف ثوبها، فأسرع إلى منديله الخاص، يمسح به طرف ثوبها، فما كان منها إلا أن طلبت منه أن يسمح لها بالاحتفاظ بمنديله، فقدمه إليها هدية.

وطال بهما السمر والحديث، والأكل والشراب، حتى حل المساء، فاستأذنت منه بالانصراف، ووعدته أن تلقاه، فأبى إلا أن يودعها حتى باب الحديقة، ومضى يهبط معها على درج القصر، وبينما كانا يهبطان عليه معا، افتعلت زلة القدم، من غير أن تشعره بذلك، فسقط قبقابها من قدمها ووقع إلى أسفل الدرج، فأسرع الملك إليه، فالتقطه، ثم صعد إليها، وانحنى ووضعه أمام قدمها الصغيرة، فمسحت على خده الناعم بأناملها الرقيقة.

ولما كان الصباح، عقد الملك مجلسه، ودعا إليه الفتاة، فدخلت عليه، مع الأم، في هيأتها الأولى، وهي الفقيرة، فلما سألها عن أمنيتها، أعادت عليه الجواب بأنها تتزوج الملك الشاب، تضع يدها على خده فيدير لقدمها القبقاب، وقبل أن يثأر ثائره، أضافت بقولها أنها ستتزوجه لو فعل ذلك. شعر الملك بالإهانة وأمر السَّياف أن يضرب عنقها على الفور، ولكن الملك فوجئ بها وهي ترفع بأناملها الرقيقة منديله الخاص، وما تزال به آثار من بقع الشراب، فدهش الملك وسألها: ما هذا؟ فأجابت: "أنا التي أحضرتُ لها يوم أمس، من أسفل الدرج، القبقاب، وأنا من مسحتُ على خدك بأناملها". وما قمت به كان بدافع الحب الذي يستحق الزواج منك.

الفرع الأول:

لخص القصة بأسلوبك الخاص، مبينا جوانب تحقيق الأمنيات فيها.

الفرع الثاني:

بين رأيك في تصرفات البنت الصغيرة، وعلل سبب تغيير جزء من كلامها الذي قالته للملك في بداية القصة.

إجابة الفرع الأول:

بدأت القصة بأمنيات لشقيقات ثلاث يتجاذبن أطراف الحديث عن فارس الأحلام وزوج المستقبل فتمنت كل منهن فارس أحلامها، فكانت الكبرى تتمنى الخباز بقصر الملك، والوسطى اللحام، والصغرى تمنت الملك، غير أنها اشترطت شرطاً لزواجه أثار ثائرة الملك الذي كان ينصت لحديث الشقيقات من غير علمهن.

دعا الملك الشقيقات بحضور أمه التي هالها جمالهن وبخاصة صغراهن التي تمنت زواج الملك بعد أن يلتقط قبقابها. قرر الملك إعدام الفتاة التي أهانته إلا أن أمه طلبت سانحة من الزمن في صحبة الفتاة فسمح ابنها الملك لها بذلك.

نزلت الفتاة إلى حديقة القصر عدة مرات في ثيابٍ غير ثيابها الرثة التي كانت عليها فرآها الملك وفتن بها غير أنه لم يظفر بها إلا في المرة الأخيرة التي جلست خلالها معه وأعجب بها ومسح ما سقط على ثوبها من المشروب وطلبت منديله الذي استعمله في ذلك المسح فأعطاها إياه، وفي الدّرج سقط قبقابها فأسرع فالتقطه لها.

انتهت فترة الإمهال فجاءت الفتاة وكان الملك مصمماً على قتلها فأخرجت له منديله فذهل للأمر واضطربت مشاعره لهذا الموقف العجيب. إنها الفتاة التي كانت تنزل الحديقة وهي التي جالسته، وهي التي بذكائها الذي زان جمالها

استطاعت أن تحقق أمنيتها باستدراج الملك وإثارة كوامن حبه وإعجابه بها، فبحِيَل الذكاء واستثمار التفكير السليم يستطيع المرء تحقيق ما يتمنى.

إجابة الفرع الثاني:

لا ريب أن هذه الفتاة الصغيرة قد وهبها الله ذكاءً زان جمالها وجعلها تتصرف حيال الموقف بحكمةٍ وتأنٍّ وصبر وشجاعة. لقد استطاعت بقوة عزيمتها تنفيذ ما أرادت باستغلال ضعف الملك أمام جمالها ومظهرها، فبظهورها عدة مرات في الحديقة بثيابٍ أظهرت جمالها على حقيقته استطاعت أن تستميل قلبه.

في بداية الأمر قالت الفتاة الصغيرة للملك إنها ترغب الزواج منه وهو يدير القبقاب لقدميها، ولكنها لن تقبل الزواج منه حتى وإن قام بذلك آن ذاك، لأنّ ما كان قد يقوم به لم يكن بدافع الحب والرغبة الصادقة في الزواج كما هي الحال بعد أن وقع في حبها في نهاية القصة بعد معاشرته لها أثناء بقائها في القصر.

هـ. إجابة أسئلة القسم الثاني من الورقة الأولى لامتحان تشرين الثاني (نوفمبر) ٢٠٠٨:

اقرأ النص التالي واكتب فيما هو مطلوب منك في الفرعين اللذين يليانه وبأسلوبك الخاص:

الإتقان سِرُ النجاح

أقنعني صديق لي بأن الإتقان موهبة يتمتع بها أصحابها، فهي موهبة كالموسيقى، والغناء والشعر والتصوير، وحينها كنت أعرف ماسح أحذية أصبح صاحب ثروة كبيرة، ومع ذلك لم يترك مهنته، فأردت أن أختبر سر نجاحه فذهبت إليه يوما ودفعت برجلي أمامه وبدأت أراقبه وهو يعمل، فرأيته منكبا على الحذاء بكل جوارحه، فلا قطار قادر أن يلفت نظره وما صراخ الناس في الشارع بمؤثر فيه، وما هو ماسح الحذاء فقط، وإنما كان همَّهُ إظهار الحذاء بمظهر لمَّاع نظيف، لا غُبارَ عليه. فقلت لنفسي إنَّه رائع في عمله ومتقن له خير إتقان، فهل هيَ موهبة أم حُبٌّ للعمل؟ كثيرٌ مِنَّا قادرٌ على هذا العمل، ولكن قلّ مَنْ أتقنه، ندمت على تصديقي لذلك الصديق بعد أن رأيت ذلك الصانع الذي عشق مهنته وأتقنها فنجح في حياته من خلال كسبه ثقة زبائنه وحبهم بالتعامل معه. فالعمل المتقن جميل، وما الجمال نفسه إلا عمل متقن من صنع الله. فالجمال ليس صفة لعمل معين بل هو صفة لأي عمل متقن، وما الإتقان بموهبة وإنما حب وقناعة بأعمالنا، وإنَّ الله يُحِبُّ إذا عمل أحدكم عملا أن يتقنه، وعلمت أن الإتقان لا يأتي بمعزل عن القناعة وأثاب الله خيرا من قال في القناعة إنها كنز لا يُفنى.

الفرع الأول:

ما أثر القناعة الذاتية على حياة الإنسان؟ وضح رأيك في حدود ١٠٠ كلمة في إطار مضمون الموضوع أعلاه.

الفرع الثاني:

اكتب قصة أخرى في حدود ١٠٠ كلمة عن الإتقان على نسق ما جاء في النص أعلاه وبأسلوبك الخاص.

إجابة الفرع الأول:

القناعة الذاتية لدى الإنسان هي الشراع الذي عن طريقه يستطيع السير بقارب حياته إلى أية وجهة يريد الذهاب إليها، فبقدر قوة القناعة تنمو في أنفسنا مواهبنا وتبدأ في ازدهارها وعطائها فالذي اكتشف هبة الله له في مجال الرّسم مثلاً وبدأ ينمّي هذه الهبة أو الموهبة بالمثابرة والعمل الجاد فإنه بلا شك سيصل في يومٍ من الأيام إلى درجة من إتقان هذه الموهبة بل وتحويلها إلى مهنة تدرّ عليه مالاً ومن ثم تنقله إلى مرتبة المشاهير من الفنانين الرسّامين الذين تنتشر أسماؤهم وتعمّ جميع أركان العالم.

نعم، إن القناعة هي السبيل الوحيد لكسر كلّ حواجز اليأس والكسل بالعبور إلى تحقيق الأحلام، فلا محال مع عزيمة، ولا يأس مع إصرار على الوصول إلى النجاح، فالعقبات التي تعترض صاحب القناعة والعزيمة يجب أن تكون محطات راحة واستجمام لا استسلام.

إجابة الفرع الثاني:

أين حسّان؟ هذا سؤال وجّهه إليّ صديق في مرة وأنا أقابله في محطة القطار. قلت له: حسّان قد سافر إلى السعودية. لماذا تسأل عنه؟ قال: حسّان كهربائي ممتاز يجيد عمله ولذلك فهو سينجح قطعاً في مكانه الجديد، كنت أريده في عملٍ بمنزلي، فهو رجل يعرف مهنته حق المعرفة وقد كانت لي معه تجارب كثيرة، لم يحدث يوماً أن احتجت إلى مراجعة أعمال حسّان الكهربائية؛ فقد جئت بعدد من الكهربائيين بعد حسّان فما أجادوا العمل، وما زلت حتى الآن أبحث عن حسّان أو من يكون في مستوى حسّان من الإتقان.

إن أمانة حسّان وممارسته الدائمة لعمله والتركيز على ما يقوم به قد جعله يتقن العمل، فهو لا يملّ ولا يكلّ، وبالأمانة نفسها وبالإتقان نفسه مارس حسّان عمله في السعودية وعاد بعد ثلاثة أعوام إلى السودان وقد تحسنت حالته المادية وأصبح صاحب ورشة للأعمال الكهربائية بالخرطوم.

و. إجابة أسئلة القسم الثاني من الورقة الأولى لامتحان أيار (مايو) ٢٠٠٩:

اقرأ النص التالي واكتب في ما هو مطلوب منك في الفرعين اللذين يليانه:

بَدِّدْ هُمومك

منذ خمس سنوات، تملكني هم وحزن قبيل العيد كادا يقتلانني، حيث كانت أول مناسبة عيد أقضيها بعيدة عن زوجي الراحل منذ زواجنا قبل ٢٥ سنة. لقد كانت بداية لنهاية سعيدة وعندها لم أجد راحة أو بهجة في زوايا حياتي التي غمرها اليأس والحنين لأيامي السابقة. رفضت دعوات كثيرة لقضاء ليلة مع أصدقائي وأقربائي لأني أردت أن أخلو لأحزاني. وفي اليوم السابق للعيد، تركت مكتبي في الساعة الثالثة بعد الظهر ورحت أتجول بغير هدف في الطرقات التي كانت تزخر بجموع مرحة مبتهجة من الناس فأعادت رؤيتها إلى ذهني السنوات السعيدة الخوالي التي قضيتها مع زوجي، فانفجرت باكية. وبعد أن سرت نحو ساعة بدون هدف وجدت نفسي أمام محطة الحافلات للضواحي. فركبت حافلة وأنا في شبه غيبوبة لم أفق منها إلا حين صاح قارض التذاكر: هنا آخر محطة يا سيدتي. ونزلت وأنا لا أدرى اسم الضاحية التي نزلت فيها، فشرعت في المشي حتى وجدت مقعدا تحت شجرة فقعدت عليه. فغلبني النوم. وبعد وهلة أفقت على صوت طفلتين تقولان: "هذه ليست امرأة، بل هي ملك أرسله الله لنا في هذه المناسبة السعيدة". فتحت عيني فوجدت طفلتين بثياب رثة... وفهمت من حديثهما معي أنهما يتيمتان تقيمان في ملجأ قريب، فأنساني حديثهما همومي وبدأت أفكر في نعمة العطف الأبوي الذي لم أحرم منه في طفولتي. رافقت الطفلتين إلى الملجأ حيث تبرعت بثمن وجبة عشاء ساهمت في إعدادها، وأكلت مع الأطفال أكلة ممتعة أعقبتها حفلة سمر صغيرة بددت كل أفكاري القاتمة السوداء. وقد دلتني هذه التجربة على أن من يعطي يكسب خيرا، ومن يساعد الغير ويهتم بهم يقهر الهم مهما كان شديدا.

الفرع الأول:

مرت المرأة في النص بتجربتين في حياتها، وضحهما وقارن بينهما في حوالي ١٠٠ كلمة.

الفرع الثاني:

اكتب في حوالي ١٠٠ كلمة عن قصة وقعت لك أو سمعت بها بمضمون ما جاء في الجملتين التاليتين:

"أنَّ مَن يُعطي يكسِب خيرا، ومَن يُساعد الغير ويهتم بهم يقهر الهم مهما كان شديدا".

إجابة الفرع الأول:

التجربتان اللتان عاشتهما هذه المرأة جديرتان بالاهتمام، فالأولى: براكين من الحزن والبكاء على الأيام الخوالي التي قضتها مع زوجها الراحل قبل موته في سعادةٍ وحبور، وخلفت وراءها من الآلام ما لم تستطع تضميد جراحها أيام فرح الناس في العيد الذي ظلّ بالنسبة لها خالياً من السعادة والبهجة، والثانية: منبعها ملجأ الأيتام حيث الراحة النفسية؛ ذلك الملجأ الذي بعثت زيارته في نفسها ورود الأمل وضروب السعادة والهناء. لقد حركتها مشاعر العطف على اليتيمتين اللتين التقتهما وطفقت تجاهد من أجل تغيير واقعهما من بؤسٍ وشقاء إلى سعادةٍ وهناء. رافقت الطفلتين إلى الملجأ وهناك قامت بالتبرع بثمن وجبة عشاء أسهمت في صناعتها، وتأكد لها أن من يساعد غيره، يستطع قهر الهموم والارتفاع فوق الأحزان والولوج في أبواب السعادة.

إجابة الفرع الثاني:

قال صديقي: لقد كنت بالقاهرة لدراسة الهندسة الإلكترونية، ولقد أرسلني والدي إلى هذه الدراسة لتفكيره في إقامة شركة للمعدات الإلكترونية بالسودان.

لقد وفّر لي والدي الجو الدراسي الكامل وكنت سعيداً بذلك كما كان هو وأسرتي بالخرطوم سعداء كذلك.

وفي سنتي النهائية جاءني نبأ وفاة والدي الذي كاد أن يُلحق بي الجنون.

حزن معي صديقي وزميلي بالجامعة وهو مصري الجنسية، وحكى لي قصة والده الذي أصيب بشلل مع فقدان الذاكرة، وكأن وفاة والدي ومرض والده على موعد، فانضممت إليه نواسي والده ونحمل الهدايا له وللأطباء، وقد شغلني همّ صديقي ومواساتي له ودعائي لوالده عن مصيبتي حتى رضيت بقدري وعلمت أن الاشتغال بعمل الخير يُنسي الإنسان همومه.

ز. إجابة أسئلة القسم الثاني من الورقة الأولى لامتحان تشرين الثاني (نوفمبر) ٢٠٠٩:

اقرأ النص التالي واكتب فيما هو مطلوب منك في الفرعين اللذين يليانه:

عصير الذهن

قالت عصا الحكيم: هل رأيت هذه المكتبة العامرة بالكتب كيف تحولت إلى حانوت للمرطبات؟ إنّ صاحبَها هوَ صاحبُها لم يتغيّر، ولكنه قلب نفسه بكلّ بساطة من "كُتُبيّ" إلى "بائع عصائر" وعندما سُئِلَ عن ذلك قال:

"الناس اليوم لا يُريدون عصير الذهن... إنّهم يُريدون عصير الليمون". قلت:

هذا صحيح مع الأسف، وهي ظاهرة خطيرة تستحق العناية والعلاج. فإنّ انصراف الناس عن غذاء العقل نكبة كبرى لأمة في طريق التحضُر. وما قيمة التعليم في أمّة إذا كانت نتيجته تخريج زبائن للمشارب لا للمكاتب؟!

إنّ أبقى درس وأهمّ كسب للطالب في المدرسة ليس في تلك المعلومات المحددة التي ستُنسى حَتماً بعد حين، ولكنها تُسهم في غرس مَلَكة المطالعة التي ستُلازمه في كلِّ حين، فالطالب الذي ينشأ فيه حبُّ المطالعة والاطلاع، تنشأ في الوقت عينه، جامعة كُبرى في نفسه تزودُه بالمعارف المتجددة طِوالَ أيّام حياته. لانّ حُبَّ القراءة يُمرِّنُ عضلاتنا الفكرية على هضم أغذية العقل، ثمّ يدفعنا إلى الحياة نحصدُ ثمرات الذهن منها.

قالت العصا: حقاً إنَّ الإنسان يولدُ زبوناً بالفطرة لعصير الليمون، ولكنه لابد أن يُعدْ إعداداً ليصير زبوناً لعصير الذهن.

من "عصا الحكيم" لتوفيق الحكيم ١٩٥٤

الفرع الأول:

ما الظاهرة الخطيرة التي تستحق العناية؟ وما الدور الذي يجب أن تلعبه المؤسسات التعليمية برأي الكاتب في مواجهتها؟

الفرع الثاني:

اكتب في حدود ١٠٠ كلمة قصة حول نجاحك أو نجاح أحد في عمله أو مستقبله نتاجا لاستخدام عصير الذهن.

إجابة الفرع الأول:

الظاهرة الخطيرة التي تستحق العناية هي تزايد إقبال الناس على غذاء البطون وإحجامهم عن غذاء الأذهان والعقول وهذا ما أشار إليه الكاتب بذكاء، فهذا الحانوت وقصة تغيير غرضه من مكتبة للكتب إلى مكان لبيع عصير الفاكهة فيها إشارة لظاهرة كما أسلفت خطيرة. إن المؤسسات التعليمية يقع عليها دور تنمية مَلكة المطالعة والاطلاع عند الطلاب، فالطالب الذي ينشأ منذ صغره وقد غرست فيه عادة القراءة والاطلاع وحب الكتاب الذي يجعل عضلات ذهنه في مرانٍ دائم هو ذلك النوع من الطلاب الذين يرغب الكاتب في صياغتهم ورعايتهم لتصبح عادة القراءة لديهم غذاءً لعقولهم كما هو حال عصير الليمون غذاء البطون وبهذا السلوك التشجيعي تولد جامعات كبرى في نفوس القراء لتمدهم بالمعارف المتجددة مدى الحياة.

إجابة الفرع الثاني:

خلال دراستي بالمدارس المتوسطة قد نمت في نفسي رغبة قراءة القصص وقد شجّع نمو هذه الرغبة معلم اللغة العربية الذي امتاز بمَلكة سرد القصص الشائقة علينا بأسلوب جذب انتباهنا. مما أذكره جيداً تعلقي بقراءة روايات الهلال التي ما زلت حتى كتابة هذه السطور أذكر بعضها بتفاصيلها مثل مسرحية (فتاة غسّان). هذا وقد توالت قراءتي للقصص من شتى ضروب تجارب الحياة وأصبح عصير ذهني ينتج من مخزون الذخيرة اللغوية التي امتلكتها خطباً وكلمات اشتركت بها في تزيين الليالي الأدبية بالمدرسة، ومما زاد حماستي للقراءة والاطلاع تشجيع المعلمين الذين راهنوا بلا استثناء على نجاحي كاتباً من كُتّاب الصدارة في مستقبل أيامي.

هكذا صعدت بي رغبة القراءة إلى مدارج الكُتّاب فقمت بتأليف كتب في النقد والأدب كما أضحت لديَّ صفحات ثابتة على بعض الصحف. هذه الصفحات التي جلبت إليَّ من المعجبين العدد الكبير.

ح. إجابة أسئلة القسم الثاني من الورقة الأولى لامتحان أيار (مايو) ٢٠١٠:

اقرأ النص التالي واكتب في ما هو مطلوب منك في الفرعين اللذين يليانه وبأسلوبك الخاص:

ابدأ بالسهل

وُضِع أحد سجناء الإمبراطور المحكوم عليهم بالسجن مدى الحياة في قلعة تُطل على جبل، وقد كان الإمبراطور معروفاً بصدقه وإنجاز وعوده رغم ابتكاره لحيل وتصرفات غريبة.

وفي ليلة من الليالي فوجئ السجين وهو في أشد حالات اليأس بباب الزنزانة يُفتَح والإمبراطور يدخل عليه مع حرسه ليقول له: "أعرف أنك ستقيم مدة طويلة في هذا السجن، ولكني سأعطيك فرصة إن نجحت في استغلالها فبإمكانك أن تنجوَ. هناك مخرج موجود في جناحك بدون حراسة إن تمكنت من العثور عليه قبل شروق الشمس فيمكنك عن طريقه الخروج من السجن وإنْ لم تتمكن فسوف تبقى هنا لبقية حياتك. أرجو أن تكون محظوظاً بما فيه الكفاية لتعرف هذا المخرج".

وبعد وهلة فكَّ الحراس السلاسل وتركوا الزنزانة برفقة الإمبراطور.

جلس السجين مذهولاً وكان يعرف عن لجوء الإمبراطور لمثل هذه الابتكارات في قضايا وحالات مماثلة، ولما لم يكن لديه خَيار قرر أنه لن يخسر من المحاولة، وبدأت المحاولات وأخذ يفتش في الجناح الذي سُجن فيه والذي يحتوي

على عدة غرف وزوايا، ولاح له الأمل عندما اكتشف فتحة مغطاة بسجادة بالية على الأرض وما أن فتحها حتى وجدها تؤدي إلى سلم ينزل إلى سرداب سفلي ويليه درج آخر يصعد مرة أخرى وبعده درج آخر يؤدي إلى درج آخر، وظل يصعد ذلك الدرج إلى أن بدأ يحس بتسلل نسيم الهواء الخارجي ما بَثَّ في نفسه الأمل ولكن الدرج انتهى إلى نافذة صغيرة في برج القلعة الشاهق والأرض لا يكاد يراها، وبقي حائراً لفترة طويلة فلم يجد هناك أية فرصة ليستفيد منها للهرب، وعاد أدراجه حزيناً منهكاً وألقى نفسه في أول بقعة في جناحه خائب الأمل، ولكنه كان واثقاً أن الإمبراطور لا يخدعه، وبينما هو ملقى على الأرض مهموماً ويضرب بقدمه الحائط غاضباً وإذا به يحس بالحجر الذي يضع عليه قدمه يتزحزح، فقفز وبدأ يختبر الحجر فوجد بالإمكان تحريكه وما أن أزاحه فإذا به يجد سرداباً ضيقاً لا يكاد يتسع للزحف، فبدأ يزحف وكلما زحف ارتفع صوت خرير مياه، وأحس بالأمل لعلمه أن القلعة يجري بجوارها نهر وفجأة تحطمت آماله عندما وجد نافذة مغلقة بالحديد تُطل على ذلك النهر.

وعاد يختبر كل بقعة في السجن لربما كان فيها منفذ آخر، ولكن كل محاولاته ضاعت سدى والليل يمضي.

وهكذا ظل طوال الليل يلهث في محاولات، وبوادر الأمل تلوح له مرة من هنا ومرة من هناك، غير أنها في النهاية قد باءت بالفشل.

وأخيراً انقضت ليلة السجين كلها ولاح له من خلال النافذة ضوء الشمس وهو ملقى على أرضية السجن في غاية الإنهاك محطم الأمل من محاولاته البائسة وأيقن أن مدته انتهت وأنه فشل في استغلال الفرصة، ووجد الإمبراطور يطل عليه من الباب ويقول له: "أراك ما زلت هنا !"

قال السجين: "كنت أتوقع صدقك معي أيها الإمبراطور".

قال له الإمبراطور: "لقد كُنت صادقا".

سأله السجين: "لم أترك بقعة في الجناح إلا وطرقتها، فأين المخرج الذي أشرت إليه؟"

قال له الإمبراطور: "لقد كان باب الزنزانة مفتوحاً وغير مغلق".

من منتديات تونيزيا سات ٢٠٠٨ وبتصرف.

الفرع الأول:

لخِّص مشاعر السجين وهو يتطلع للنجاة خلال مراحل القصة في حوالي ١٠٠ كلمة.

إجابة الفرع الأول:

يداعب الأمل مشاعر السجين وتُحدثه نفسه بأن هذا الليل الطويل كفيلٌ بأن يمنحه فرصة الخروج من السجن بخاصَّة وهو يعلم أن الإمبراطور لم يعرفه أهل إمبراطوريته بأنه كاذب فقد كان يصدق في كل ما يقول.

ظل السجين طوال الليل يقضي رحلات البحث التي تبدأ بالآمال المشرقة ثم تنتهي بالإحباط. السرداب الذي قاده إلى سلسلة من الدرجات صعدت به على مكانٍ عالٍ وعلم أن لا مجال لنجاح هذه الحيلة، والأخرى عن طريق الحجر الذي حرّكه برجله مما أيقظ في قلبه الأمل مرة أخرى فزحف، ولم تكن هذه المحاولة بأحسن من سابقتها.

ظلت تتجاذبه مشاعر الأمل واليأس والليل يمضي وأنفاسه تعلو وتنخفض وعقله قد اختلطت فيه الأفكار والحيل بين حقيقة صدق الإمبراطور التي لا يشك فيها وبين حظه العاثر الذي لم يقده إلى المنفذ الذي علمه أخيراً من الملك ولسان حاله يقول: يا لغبائي وتعاستي... فالباب مفتوح.

الفرع الثاني:

اكتب في حوالي ١٠٠ كلمة عن قصة وقعت لك أو سمعت بها بمضمون ما جاء في النص موضحاً الدرس الذي يمكن استخلاصه منها.

إجابة الفرع الثاني:

تُذكرني هذه الحكاية بقصة الجدة التي لم تستطع القراءة دون نظارتها لضعف قوة نظرها. وفي يوم من الأيام وجدها أحفادها مرتبكة تُفتش عن نظارتها في كل زاوية في غرفتها. اشترك الجميع في عملية البحث ولكن دون جدوى. سمعت أم الأحفاد بما كانوا عليه فجاءت لمساعدتهم، ولكن عند وصولها غرفة أمِّها انفجرت ضاحكة، وقالت لهم:

"أنظروا إلى رأس جدتكم". وحينها بدأ الجميع بالضحك لأنّ الجدة نست أنها وضعت نظارتها فوق رأسها.

ط. إجابة أسئلة القسم الثاني من الورقة الأولى لامتحان تشرين الثاني (نوفمبر) ٢٠١٠

اقرأ النص التالي واكتب فيما هو مطلوب منك في الفرعين اللذين يليانه:

الوفاء

كان للملك النعمان بن المنذر، ملك الحيرة في العراق، يومان من كل سنة: يوم نعيم يرتدي فيه ثيابا زاهية ويبالغ في إكرام أول من يُقدم عليه، ويوم بؤس يرتدي فيه ثياباً سوداء ويأمر بسجن أول من يأتيه زائرا أو طالب حاجة مدى الحياة.

وذات يوم جاء رجل بدوي قطع مسافة طويلة للوصول إلى الحيرة وطلب مقابلة الملك.

وعند السماح له بالدخول عرفه النعمان، إذ هو حنظلة الطائي، الرجلُ الذي أكرمه يوم ضلَّ الطريق في الصحراء مع وزيره ورفيقه الحميم عدنان، ووقتئذٍ وعده النعمان برد الجميل.

أصر الملك على تنفيذ قراره في حق حنظلة لأنه جاء في يوم بؤس، وأمر بتطبيق الحكم عليه.

فقال حنظلة: أنا رهن إرادتك أيها الملك، ولكن لي عيالا تنتظرني فاسمح لي بالعودة إليهم لأوصي بهم وأودعهم قبل سجني وأعدك بالرجوع في مثل هذا اليوم من الأسبوع المقبل قبل غروب الشمس.

قال النعمان: أسمح لك ولكن أريد أن يكفلك شخص ويرضى بالسجن مكانك إذا تخلفّت عن الحضور.

نظر حنظلة في وجوه الحاضرين واستقرت عيناه المتوسلتان على عيني الوزير عدنان رفيق الملك يوم قام بضيافتهما وتكريمهما.

وبعد لحظة قال الوزير عدنان: أنا أكفل رجوعه أيها الملك...، ووافق الملك مرغما على ذلك.

وفي اليوم السابع تدفقت الجموع إلى ساحة القصر. وقبل الغروب وصل النعمان وحاشيته، وبدا القلق على وجوه الجميع... هل سيعود حنظلة في الوقت المحدّد؟ هل يسجن الملك رفيقه عدنان؟

نظر الملك إلى الشمس... ها قد اختفى نصفها الأسفل ولم يبقَ منها سوى قوس أحمر صغير... رفع الملك يده، ليصدر حكمه بالسجن على رفيقه... انحبست الأنفاس، وجفّت الحناجر، وتنقلت نظرات الجماهير بين المغيب ويد الملك...، وفجأةً رأوا غباراً يتصاعد، وإذا بجواد يعدوا كالبرق ويستقر بين الجموع. فترجّل صاحبه صارخا... ها أنا حنظلة قد عدت، فُكوا أسرَ الوزير.

انفرجت أسارير الملك، وسأل عدنان: لِمَ جازفت بنفسك؟

أجاب عدنان: لقد عزّ عليّ أيها الملك أن يُشاعَ بأن الوفاء والمروءة قد فُقِدا من مملكة النعمان.

فالتفت النعمان إلى الطائي وسأله: بربك قل لي: ما الذي حملك على الرجوع؟

فأجاب حنظلة: أخلاق عربية ترفض الغدر، ووفاء نبيل أقوى من السجن.

عندها قال الملك: يا قوم... يا قوم... لقد كان الطائي نموذجا في الوفاء، كما كان وزيري عدنان مثالا في المروءة. وإنّ أخلاقا عربية كهذه لن أبخل على صاحبها بالعفو. لقد عفوت عنك يا حنظلة، عد إلى عيالك سالماً. أما أنت يا عدنان فهنيئا لمملكة أنت وزيرها... غابت شمس ذلك اليوم وغاب معها يوم بؤس النعمان إلى الأبد.

من قصص العرب – شبكة "ملتقى الأجيال" وبتصرف.

الفرع الأول:

تصور نفسك الوزير عدنان، اكتب القصة لزميل لك في حدود ١٠٠ كلمة؟

الفرع الثاني:

اكتب في حوالي ١٠٠ كلمة بأسلوبك الخاص عن قصة وقعت لك أو سمعت بها بمضمون ما جاء في النص نفسه، موضحا الدرس الذي يمكن استخلاصه منه.

إجابة الفرع الأول:

في يوم من الأيام خرجت مع الملك النعمان في رحلة في الصحراء، وقبل غياب الشمس قررنا الرجوع ولكن لم نعرف الطريق إلى المدينة، ولحسن حظنا التقينا أعرابيًّا اسمه حنظلة أطعمنا ووجهنا إلى الطريق الصحيح. شكَرْنا الأعرابي، ووعده الملك أنْ يرد له جميله في المستقبل.

مرت الأيام وبينما كنت مع الملك النعمان في القصر دخل أعرابي وإذا به حنظلة الذي أنقذني والملك عندما تهنا في الصحراء، ولكن لسوء حظه لم يكن ذلك اليوم يوم النعيم للملك، وإنما يوم بؤس يسجن كل من يدخل لزيارته فيه.

أمر الملك بسجن الأعرابي، ولكن الأعرابي رجا الملك أن يمهله أسبوعا ليرجع إلى أسرته ليودعها. وافق الملك على طلبه ولكنه طلب منه أن يضع شخصا آخر رهينة حتى عودته. وبدافع الرأفة ورَدِّ الجميل للرجل الذي أنقذ حياتي قررت أن أكفله.

وبعد مرور أسبوع كان الملك وحاشيته بانتظار الأعرابي، ولم يتوقع أيٌّ منهم أنه سيرجع ليدخل السجن، ولكنه رجع كما وعد وسلم نفسه للملك. عند ذلك اندهش الملك وسأله عن سبب رجوعه، فأجابه بأنّه رجع وفاء بوعده وإنقاذا لمن عرَّض نفسه للخطر من أجله. ومن ثم توجه إليَّ بالسؤال عن سبب المخاطرة بنفسي من أجل الأعرابي، فأخبرته بأنني عملت ذلك بدافع المروءة والوفاء ومن أجل ألا يعتقد الناس أنّ مملكته خلت منهما.

فرح الملك لجوابينا، وقرر الصفح عن حنظلة، وإلغاء يوم البؤس بعد ذلك اليوم.

<u>إجابة الفرع الثاني:</u>

ردُّ الجميل والوفاء بالعهد

خرج طبيبٌ وهو جرّاح مشهورٌ في رحلة خلال إجازته الصيفية يقوم خلالها برياضة المشي وتسلق الجبال. وفي أحد أيام إجازته انطلق مبكراً لاجتياز سلسلة من الجبال للوصول إلى قرية صغيرة تقع على بضعة أميال من مكان إقامته. توجه نحو القرية واستمر بالمشي والتسلق حتى قرُب غروب الشمس، ونفد ما كان معه من طعام وماء، ولم يستطع الوصول إلى تلك القرية. نظر حوله ليجد مَن يرشده إلى أقرب طريق للوصول إلى القرية، أو يعطيه ماءً ليروي عطشه ليُكمل ما تبقى من مساره، وفجأة لمح امرأة عجوزا تقترب منه. قدمت المرأة له الماء والطعام وأرشدته إلى الطريق الصحيح. شكر الطبيب المرأة ووعد بأن يرد جميلها في يوم من الأيام.

وبعد خمسة أعوام وبينما كان الطبيب في المستشفى أحضرت سيارة الإسعاف امرأة تشكو من مرض مُعْدٍ جداً، ولم يَجْرُؤْ أيٌّ من الأطباء الاقتراب منها. نظر الطبيب إلى المرأة وإذا بها المرأة التي قدمت له المساعدة من قبل. ورغم تحذير زملائه الأطباء من الاقتراب منها، قرر معالجتها، متحديا خطر العدوى بدافع الامتنان ورد الجميل، واستطاع أن ينقذها من مرضها.

٣. نماذج أسئلة على نمط القسم الثاني من الورقة الأولى:

تمعن بالنصوص التالية والتي جاءت على نمط ورقة الامتحان التي نحن بصددها، وحاول الإجابة عنها، ثم أنظر إلى الإجابة النموذجية التي تتبعها:

أ. النموذج الأول:

اقرأ النص التالي واكتب في ما هو مطلوب منك في الفرعين اللذين يليانه وبأسلوبك الخاص:

الحكمة في المسامحة

سافر الصديقان الحميمان حسام وعلي معاً إلى بلد بعيد، وبينما كانا يمشيان في إحدى الطرق حصل جدال بينهما، ولما احتدّ الجدال فقد حسام أعصابه ورمى حقيبة علي في الوحل وقد كانت فيها أمتعته وطعامه، ولكن عليًّا لم يتفوه بأية كلمة واكتفى بأخذ عود صغير وكتب في الرمل على الأرض: "ألقى أعز صديق عندي حقيبتي في الوحل".

استمر الاثنان بالمشي، وبعد وهلة من الزمن وصلا إلى بركة ماء، فقررا أن يدخلاها ويسبحا لشدة حر ذلك اليوم. وبعد وقت قصير وهما يسبحان دخلت رِجلُ علي في بقعة طينية ولم يستطع إخراجَها، وأوشك على الغرق لولا أنْ هرع صديقه حسام لإنقاذه واصطحابه خارج البركة. وبعد أن أخذ علي قسطا من الراحة أخذ قطعة معدنية وحفر كاتبا على حجر: "أنقذني أعز أصدقائي من الغرق، وأنقذ حياتي". اندهش حسام مما فعله علي، وسأله: "لِمَ تنقش كتابتك في الحجر هذه المرة، وليس في الرمل كما فعلت سابقا؟"، فأجابه علي: "عندما يؤذينا أحد نكتب بالرمل لنتيح الفرصة لرياح التسامح لحملها ومسحها من سجل ذكرياتنا، ولكن عندما يعمل أحد إحسانا أو فضلا علينا، نقوم بكتابة ما قام به على الحجر لكي لا تمحوه الرياح مهما كانت سرعتها وقوتها ولذا تبقى في سجل ذكرياتنا إلى الأبد، وبهذا نحاول أن نتذكر محاسن الغير وننسى ما أقدموا عليه من إساءة.

١. تصور أنك حسام، أكتب ما حدث لك ولزميلك علي في حوالي ١٠٠ كلمة، مبينا مشاعرك خلال مراحلها.

(١٠ درجات)

٢. اكتب في حوالي ١٠٠ كلمة عن قصة وقعت لك أو سمعت بها بمضمون ما جاء في النص.

(١٠ درجات)

الإجابة النموذجية:

إجابة السؤال الأول:

بينما كنت وصديقي علي في رحلة خارج القرية، احتد النقاش بيننا وقمت نتيجة لغضبي بإلقاء حقيبته في الطين. نظف علي حقيبته وكتب على الرمل أساء إلي أعز صديق عليّ.

واصلنا سيرنا وصادفتنا في الطريق بركة ماء فنزل علي يسبح بينما أخذت أنا في إعداد الطعام. وبعد وهلة من الزمن سمعتُ عليا يطلب النجدة والإنقاذ، فالتفتُّ ناحيته وقد أوشك على الغرق، فهرعت إليه وأخرجته من الماء.

عندما أفاق علي من صدمته أخذ قطعة معدنية ونحت على ظهر صخرة ثابتة "أنقذني أعزُّ أصدقائي من الغرق". فسألته لِمَ لم يكتب ذلك على الرمل فأجابني بأنه كان يريد أن يكون إحساني له مذكورا طول العمر، في حين تكون إساءته المكتوبة على الرمل معرضة للرياح لتمحوها وتصبح في عداد النسيان، وبهذا حرّك علي مشاعري بإحساس الحب والتقدير وقيمة الصداقة والتسامح، ولقنني درسا لن أنساه مدى حياتي.

إجابة السؤال الثاني:

كانت لي صديقة عزيزة عليَّ جدا عندما كنتُ في المدرسة المتوسطة، وفي يوم من الأيام طلبت مني أنْ أؤجِّل إعطاء حلّ الواجب المنزلي إلى المعلمة لكي يكون لديها وقت كافٍ لتنقله، ولكني رفضت فانهارت علي بالشتائم والكلمات البذيئة. وعند رجوعي إلى البيت ذهبت إلى أمّي التي كانت محبوبة بين الناس جميعا لأنها لم تُغضب أحدا يوما أو تتحدث سوءاً عن أيٍّ من أصدقائها أبداً، وسألتها: هل أغضبك أحد في حياتك؟ هل أساء إليك أحد يوما واستطعت الانتقام منه؟ ابتسمت قليلا وقالت:

ليس هناك بشر يعيش حياته من دون أن يلتقي مَنْ يُسيء إليه عمدا أو بغير عمد، ولكن الأهم من ذلك هو كيفية التعامل مع الإساءة. تعلمت من أبي ومن تعاليم ديننا الحنيف أن أقابل الإساءة بالإحسان، وأن أنظر للإساءة بأنها غير مقصودة وأضعها خارج إطار ذاكرتي، أما إذا أحسن إلي أحد فأكون مدينة له لما قدّمه لي وأحافظ على علاقتي به. وهكذا أصبح لي أصدقاء كثيرون أحبهم ويحبونني، ولا أذكر منهم إلا طيبتهم وحلاوة مقابلتهم.

ب. النموذج الثاني:

اقرأ النص التالي واكتب في ما هو مطلوب منك في الفرعين اللذين يليانه وبأسلوبك الخاص:

الخير فينا جميعا

كانت هناك امرأة عجوز تسكن في بيت بمزرعة تبعد نصف ميل من النهر، وكان النهر مصدر تمويلها بالماء. اعتادت المرأة أن تأخذ جرّتيها الكبيرتين، رابطة إياهما بعمود خشبي تحمله على كتفيها وتذهب بهما إلى النهر لجلب الماء، الجرة الأولى سليمة والثانية فيها شرخ صغير ربما لا يُرى بالعين المجردة، وبسبب ذلك الشرخ لم يبقَ من ماء الجرة الثانية إلا نصفه عند وصولها إلى منزلها بعد رجوعها من ملء الجرتين من النهر، وكان جانب الطريق الذي تمر عليه الجرة المشروخة ينعم بقطرات الماء النازلة منها.

شعرت الجرة المشروخة بالألم والحزن لأنها لم تكن مثل أختها الجرة الأخرى لعجزها عن نقل الماء كاملا إلى البيت؛ وبعد فترة طويلة من الزمن أخذت الجرة تعتذر للمرأة عن تقصيرها في عملها، وعن قلة فائدتها، ولكن المرأة ابتسمت وأخبرت الجرة بأنها جرة رائعة استطاعت أن تملأ البيت زهورا. اندهشت الجرة واستفسرت من المرأة عن سرِّ ذلك، فأجابتها قائلة: ألَم تلاحظي الزهور التي على جانب الطريق من الجانب الذي أحمِلكِ عليه وليست على الجانب الآخر؟ أنا أعلم تماماً عن إمكاناتك وعن الماء الذي كان ينسكب منك، ولهذا السبب غرست بذور أزهار مختلفة على طول الطريق من الجهة التي أحملك فيها عليها حتى ترويها في طريق عودتي إلى المنزل من النهر، وها أنا ولمدة طويلة استطعت أن أستثمرَ طاقتك وأحصل على هذه الزهور الجميلة لأزين بها منزلي، وأنا سعيدة وشاكرة لخدمتك لي.

كل منا له محاسنه وله عيوبه، والذي له عيب لا يخلو من العمل المثمر والناجح حسب قدرته وإمكاناته، ويفترض فينا أن نجد السبل الصحيحة لجعل تلك الإمكانات في خدمة المجتمع.

١. ما الذي تقوله المرأة العجوز لأحد أحفادها عما كان يحدث لها كما ورد في النص والحكمة من وراء تلك التجربة، أكتب في حوالي ١٠٠ كلمة عن ذلك.

(١٠ درجات)

٢. اكتب في حوالي ١٠٠ كلمة عن قصة وقعت لك أو سمعت بها بمضمون ما جاء في النص.

(١٠ درجات)

إجابة السؤال الأول:

لقد كنت في يوم من الأيام أعيش في منزل متواضع بسيط، ولم يكن لي فيه مصدر ماءٍ مما دفعني للذهاب يومياً إلى النهر الذي يبعد عنّي بضعة كيلومترات بجرتين واضعةً الخشبة التي تحملهما على كتفيَّ.

كان بإحدى الجرتين ثُقبٌ صغير يتسرب منه الماء على طول الطريق إلى المنزل. لقد كنت عالمة بأنّي لم أفقد ذلك الماء أو أبذرهُ كما سأروي لكم، يا أعزائي الصغار.

بعد فترة من الزمان بدأت الجرة المثقوبة تتقدم بالاعتذار عن الماء المفقود، وكانت إجابتي لها: انظري إلى جانب الطريق، إنّه مليءٌ بالورود ذات الألوان الجميلة التي زينت حياتي ومنزلي، وكلُّ ذلك كان بسبب مائك المتسرب.

إنّ لكل فرد محاسن وفوائد لمجتمعه وإنْ قلت قدراته، وعلى المجتمع أنْ يُوجه تلك القدرات إلى ما فيه منافع للآخَرين.

إجابة السؤال الثاني:

حسن وعلي شقيقان بدآ دراستهما بمدرسة القرية الابتدائية. كان والدهما رجلا حكيما قادته حكمته إلى توجيه كل منهما الوجهة الصحيحة.

لقد كان حسن متفوقا في الدراسة الأكاديمية في حين كان أخوه علي يجد صعوبة في الدراسة النظرية، ومن علمهما وجه الوالد كلاً منهما التوجيه الذي يتفق مع قدراته. وكان نتاج ذلك أن أصبح حسن مديرا ناجحاً لشركة كبيرة، في حين صار عليٌّ مبدعا في الصناعات الميكانيكية واختص في مجال صنع قطع غَيار القطارات.

كان علي يشعر وكأنه أقلّ كِفاية من أخيه حسن، ولكن الوالد في يوم من الأيام بين له مدى حاجة المجتمع إلى قدراته ومهاراته التي يفتقر إليها كثير من الآخرين، وأنه رغم قلة قدرته في مجال الدراسة النظرية، فإنّه أكثرُ براعةً من غيره في ما يُنتجه من ثمار يديه.

الباب الرابع

التعبير وكتابة المقالة

المحتويات

١. التمهيد
أ. المقدمة
ب. صلب الموضوع
ج. الخاتمة
٢. تدريب تطبيقي/عائشة الريامية
٣. الإعداد للامتحان
٤. في قاعة الامتحان
٥. تدريب تطبيقي/كتابة رسالة
٦. التعبير عن الصورة
٧. أمثلة على نمط السؤال السادس
٨. إجابة توجيهية عن أسئلة مختارة تم الاختبار بها في السنوات الماضية
إجابة نموذجية عن أسئلة أيار (مايو) ٢٠٠٧
إجابة نموذجية عن أسئلة أيار (مايو) ٢٠٠٨
إجابة نموذجية عن أسئلة أيار (مايو) ٢٠٠٩
إجابة نموذجية عن أسئلة تشرين الثاني (نوفمبر) ٢٠٠٩
إجابة نموذجية عن أسئلة أيار (مايو) ٢٠١٠
إجابة نموذجية عن أسئلة تشرين الثاني (نوفمبر) ٢٠١٠

١ . التمهيد

يعتمد دور مادة التعبير في تكوين أوراق الامتحانات على مدى إثبات الطالب لقدراته الشخصية في مجالات الإفصاح عن رأيه حول الموضوع المطروح وتسلسل الأفكار وتدرجها في بناء هيكل المقالة التي يقوم بكتابتها مع مراعاة المكونات الأساس لها، وتضمينها في بحر ما يكتب، وعليه أن يلتزم بتلك المكونات لكتابة المقالة، وهي:

أ. المقدمة:

تتصدر موضوع التعبير مقدمة مختصرة تتعرض في إيجاز لمحتوى أصل المقالة، وتشكل مدخلا طبيعيا ومنسابا لمحورها الرئيس.

ب. صلب الموضوع:

- يتناول أصل المقالة النقاط الأساس التي يرى الطالب أهميتها في بناء موضوعه، ويُفضل من أجل ذلك حصر هذه النقاط باختصار قبل الشروع في الكتابة مع الالتزام دائما بالبقاء داخل دائرة المطلوب وعدم اللجوء إلى الإطالة والتكرار.
- تدور موضوعات التعبير حول عدد من المحاور منها القصة والرسالة والحوار والمذكرات والصور الفوتوغرافية أو المرسومة، ومن ثَم يتم استدعاء الجمل والتراكيب من كوامن التفكير بعد الوقوف مثلا عندَ الحاجة إلى إيراد الخواطر وإعمال الخيال والتعمق في التفاصيل بالقدر الذي يمنح تلك الصورة أبعادها في الشكل والمحتوى عن طريق الطواف بالنظر والخيال في كل تفاصيلها.

ج. الخاتمة:

تأتي بعد ذلك خاتمة التعبير في صورة إشارات مختصرة واستنتاجات مستخلصة من صلب الموضوع بالقدر الذي يعطي القارئ الشعور بفائدة ما قرأ.

هذا، وما ينطبق على التعبير ينطبق على كل أسئلة الامتحانات وهو ضرورة مراجعة نص السؤال من وقت إلى آخر، وذلك في أثناء الإجابة، وهي وقفة أو قل لمحة تؤكد لك أنك تسير على الطريق الصحيح خلال الإجابة وأنك لم تترك لقلمك فرصة التيه في متاهات عبارات لا دخل لها بالسؤال وبإجابته، وهذا الأمر، لأهميته، قد يلاحظ القارئ أننا في هذا الكتاب نعمد إلى تكراره في أكثر من موقع أو موضع وذلك لحرصنا على أن يظل التفكير متعلقا بهدف الموضوع ومقصده.

٢. تدريب تطبيقي

انظر إلى المقال التالي، الذي اتبعت به كاتبته الخطوات الثلاث التي مرت أعلاه حسب التقسيم المشار إليه:

عائشة الريامية

المقدمة ←

هناك في تاريخ عُمان المُشرق صفحات مضيئة، سطّرها رجال ونساء، صنعوا مجدا مؤثلاً، وبنوا صرح حضارة زاهرة، لا تزالُ معالمُها باقية، تروي للأجيال قصصَ عطاءٍ لا يعرفُ النضوبَ، وترسم للإنسانية صور بذلٍ وكفاحٍ.
في طيّ تلك الصفحات يحكي التاريخُ مشاهدَ خالدةً، ومواقفَ مشرفة، سجلتها المرأة العمانية، مساهمةً في صناعة أحداث الحياة، ومشاركة في تغيير مسارها، بما يكفلُ خيرَ المجتمع، وصلاح أفراده، وتاركة خلفها بصمة شاهدة على ذلك الدور الخالد، ومؤكدةً أنّه لا يصنع التاريخ إلا ذو العزيمة الماضية، والإرادة القوية.

صُلب الموضوع ←

ومن أولئك النساء اللواتي حفظ التاريخ أسماءهن، وأكبر جهودهن وعِلمَهنَّ، الشيخة بنت راشد بن خُصيب الريامية، التي عاشت في عصر اليعاربة الذي ازدهر بالعلم والعلماء، وكثُر فيه التدوين، وانتشرت المدارس العلمية فيه. عاصرت الشيخة عائشة الإمام "بلعرب بن سلطان"، ثمّ أخاه سيف بن سلطان، ثمّ ابنُ الأخير سلطان بن سيف الثاني، وقد اهتم هؤلاء الأئمة بنشر العلم وفتح المدارس.
اتصفت الشيخة عائشة بالزهد والورع والتُّقى وذكاء القريحة، وغزارة الاطلاع، والبحث في نفائس الكتب واقتنائها، ويشهد على ذلك بعضُ المخطوطات المحفوظة بوزارة التراث والثقافة العمانية. وكان للشيخة عائشة نصيبٌ في الفتيا، وقد تمّ جمع فتاواها فبلغت مجلدين وُضِعا تحت عنوان "جوابات الشيخة عائشة"، وهذا إنْ دلّ على شيء فإنّما يدلُّ على سعةٍ في الاطلاع، وتعمق في قضايا العلم الشرعي، ورغبة في نشر المعرفة والصلاح بين الناس.
وقد سجل التاريخ لها موقفاً حاسماً في بيعة الإمام سيف بن سلطان اليعربي؛ إذ أصرت أن يلزم بيته؛ حتى أرسلت إليه، وناقشته في بعض القضايا بحضرةٍ من أعيان البلاد، فما كان له إلا وخضع لرأيها ورأي العلماء ووافقهم، ثمّ عاد إلى ممارسة حكمه.

الخاتمة ←

قضّت الشيخة عائشة حياةً حافلة من أجل وطنها ومن أجل العلم والمعرفة، وقد خلدت الحكومة العمانية ذكرها بتسمية مدرسة باسمها في مدينة بُهلا.
إنّه حقا تاريخ مشرق بالعلم والعمل، حافلٌ بالسعي نحو العلا بكلّ جدٍّ وإخلاص وتضحية من أجل جيلها والأجيال التي تبعتها.

لبدرية بنت حمد الشقصية/كتاب السيرة الزكية للمرأة الإباضية/الطبعة الأولى عام ٢٠٠٠م وبتصرف

٣. الإعداد للامتحان

يحتاج كل طالب مُقدِم على خوض الامتحان أن يكون مُلِمًّا بما يتطلبه الامتحان منه من إعداد وتحضير أكاديمي إضافة إلى إلمامه ببنود الإجابة ومستلزماتها والتي عادة لا تتغير من امتحان إلى آخر، وعليه أن يتأكد من أنه على علم واضح بما يتطلبه امتحان الورقة الثانية لشهادة الـ IGCSE Edexcel، من حيث عدد الأسئلة وعدد ما هو مطلوب منه الكتابة عنه إضافة إلى توزيع الدرجات، والوقت المخصص للكتابة، ومن أجل ذلك نقترح عليك يا عزيزنا الطالب ما يلي:

من المفضل أن تكون قد احتفظت برؤوس أقلام وملاحظات عن كل ما اطلعت عليه خلال دراستك داخل المدرسة وخارجها، لأن تلك المعلومات تؤدي خدمة كبيرة لك عند اقتراب موعد الامتحان، إذ تكون سهلة المراجعة وتغنيك عن البحث والرجوع إلى المصادر التي قرأتها خلال وقتك المحدود قُبيل الامتحان.

أ. إنّ خير ما تقوم به قبل خوض الامتحان هو مراجعة أسئلة الامتحانات السابقة، والاطلاع على أجوبتها النموذجية. إنّ اطلاعك على أسئلة الامتحانات السابقة يخدمك في اختبار معلوماتك، ويساعدك على معرفة مستواك وقدراتك، وكذلك يسهم في زيادة معلوماتك وتوسيع آفاق معرفتك، بالإضافة إلى تهيئتك التهيئة الجيدة للإجابة عن أسئلة الامتحان.

ب. عَوِّد نفسك على كتابة ألوان أدبية مختلفة بشكلها الصحيح ككتابة الرسائل والقصص والخطابة والحوار والتقارير وغيرها.

ج. الإلمام بأساليب الكتابة المختلفة مهم جدا قبل خوض الامتحان؛ لأن بعض الأسئلة يتطلب منك أسلوبا معينا في الكتابة وطرح أفكارك، والأساليب الكتابية التالية هي أكثر احتمالا وشيوعا في الامتحانات:

١. التحليل: عندما يُطلب منك أن تُحلل موضوعا ما، عليك أن تشخص عناصر ذلك الموضوع، وتوضح العلاقة بينها وتحدد أهميتها مع إعطاء الأسباب.

٢. المقارنة: هنا يُطلب منك أن تتحدث عن رأيين أو وجهتي نظر وتقوم بالمقارنة بينهما من حيث التشابه والاختلاف، مع بيان إيجابيات كل منهما وسلبيّاته.

٣. المناقشة: عندما يُطلب منك أن تناقش موضوعاً أو مسألة ما، فعليك أن تقوم بعرض الأفكار المختلفة والآراء المطروحة حول الموضوع ومن ثم تبدأ بمناقشتها وتقييمها مبينا جوانب القوة فيها وجوانب الضعف، وتعطي استنتاجاتك لِما توصلت إليه قبل الانتهاء من الكتابة عن الموضوع المطلوب.

٤. الشرح: عندما يُطلب منك أن تشرح موضوعا ما، فعليك أن تُعطي معلومات واضحة عن كل ما يتعلق بالموضوع، مبينا كل ما يُحيط به من أسباب وتأثيرات، ونتائج.

٥. التوضيح: عندما يُطلب منك أن توضح فكرة أو موضوعا فعليك أن تعتمد في إجابتك على إعطاء أمثلة أو استخدامك أسلوب المقارنة لبيان مدى فهمك وإلمامك بالموضوع المطلوب.

٤. في قاعة الامتحان

كتابة المقالة يمكن أن يكون أمراً سهلاً عند كثير مِنّا عند انعدام وجود قيود على الوقت أو على استخدام المصادر التي لها علاقة بالمقالة أو على حرية التحرك والوقوف لأخذ قِسط من الراحة في المنزل للتفكير خلال الكتابة، ولكنّ الأمر غير ذلك عندما تكون في قاعة الامتحان، فأنت مُقيَّد بالوقت والمكان، ولا يُمكنك استخدام أي مصدر أو كتاب ليعينك على الكتابة. إنّ الموضوع الذي تختار الإجابة عنه قد يكون الموضوع نفسه الذي تناولته في منزلك وكان ذلك عليك سهلا، أو يشابهه إلى حدٍّ ما، ولكنه يبدو أصعب مما كان عليه في المنزل. إنّ السبب هنا يعود إلى الضغوط والحالة النفسية التي تمرّ بها، وللتغلب على ذلك ولتسترجع ثقتك بنفسك نقترح عليك ما يلي:

أ. إنّ الإجابة المُرضية في الامتحان لا تعتمد على حجم ما تكتبه أو كميته مثل اعتمادها على طريقة كتابتك وطرح آرائك في ورقة الإجابة التي من خلالها يتمكن المصححُ من أن يعرف مقدار فهمك للموضوع، ومدى قدرتك على الإجابة والإبداع.

ب. عند تَسلُّمِكَ ورقة الامتحان، من المفضل أن تُعطي نفسك بِضع دقائق لتقوم فيها بوضع خطة سليمة لتوزيع الوقت المخصص للإجابة بما يخدمك ويساعدك على الحصول على أفضل الدرجات. وهنا يكون الخيار لك بعد الاطلاع على جميع أسئلة ورقة الامتحان في تحديد كمية الوقت الشافي للإجابة عن كل سؤال. وبما أنّه عليك الإجابة عن سؤالين فقط في الورقة الثانية، فمن المهم جداً أن تبدأ بالإجابة عن السؤال الذي تشعر أنك على استعداد أفضل للإجابة عنه خلال الوقت الذي تخصصه له، وخلال إجابتك عن هذا السؤال تجنب الوقوف أو التفكير في السؤال الآخر الذي تنوي الإجابة عنه لاحقاً لأنّ ذلك سوف يشتت أفكارك ويضيِّع عليك جزءا من وقتك الثمين، ولكن إذا حدث وتذكرت نقطة تخدم الموضوع الآخر الذي ستكتب عنه فيما بعد فلا ضير من أن تكتبها في إحدى جوانب دفترك لتعود إليها بعد الانتهاء من السؤال الذي أنت بصدده.

ج. من الضروري جدا أنْ تُعطيَ نفسك بضع دقائق لقراءة السؤال الذي تريد الإجابة عنه قراءة دقيقة لكي تفهم وتستوعب كل ما هو مطلوب منك. إنَّ الممتحن الذي يضع الأسئلة يكون عادة دقيقا في كتابتها واختيار كلماتها، لينقل إليك ما يتوقعه منك في إجابتك. ولأجل أن تضمن لنفسك النجاح وتحصل على أعلى الدرجات، يجب عليك مراعاة ما يلي:

- ضع خطة موجزة للكتابة مبينا فيها رؤوس أقلام ما تنوي كتابته.

- فكر فيما هو مطلوب منك في السؤال، والمعلومات التي يمكن أن تكون لها علاقة بالإجابة الصحيحة؛ لأنّ أكثر الحالات التي تُفقد الطالب جزءا كبيرا من الدرجات، هي عندما تكون إجابته لا تمُت بصلة للمهمة المطلوبة في السؤال. فإنْ سُئلت السؤال التالي، على سبيل المثال، كما جاء في امتحان الورقة الثانية في أيّار (مايو) ٢٠١٠:

  "إنّ حماية البيئة الطبيعية والمحافظة عليها حماية لجسم الإنسان وعقله من المرض والألم". اكتُب مقالة تشرح فيها هذا القول.

  عليك التركيز هنا على ما هو مطلوب منك الكتابة عنه. هناك عدد كبير من الطلاّب سمحوا لأنفسهم أن يقعوا في الخطأ الذي أفقدهم جزءا كبيرا من الدرجة المخصصة لهذا السؤال وهي ٣٠ درجة، والخطأ الذي وقعوا فيه هو أنهم لم ينتبهوا إلى ما هو مطلوبٌ منهم، وإنما أسرعوا بالكتابة عن حماية البيئة بشكل عام، معتمدين على ما مرّ عليهم خلال مراجعتهم للامتحان، جاهلين في ذلك أنّ المطلوب هو الكتابة عن علاقة صحة الإنسان وتأثره ببيئته. فالاحتباس الحراري مسألة تستحق الذكر ولكن المطلوب هو تأثير تلك المسألة على صحة الإنسان. التلوث المائي موضوع آخر له أهمية كبيرة في الكتابة ولكنه لا يفي بالغرض المطلوب من دون التطرق إلى علاقته وتأثيراته علينا، وهكذا يجب عليك أن تفي بالمطلوب منك، ومع أنّ بعض الطلاّب قد كتبوا مقالات ذات مستوىً عالٍ جداً من الناحية اللغوية والتعبير وطرح الأفكار، لكنهم لم يحصلوا على درجات عالية وذلك لعدم ربط ما تطرقوا إليه بصحة الإنسان جسما وتفكيرا. إنّ المُمتحِن ملتزمٌ بمعايير تقييم وضعتها له لجنة التصحيح المسؤولة عن إدارة الامتحان وتوزيع الدرجات، ولا يستطيع أن يمنح درجات لمجرد شعوره بأن كتابة الطالب سليمة وتدل على مستوى أكاديمي عالٍ مع عدم تطرقه لما هو مطلوب منه في السؤال.

- إذا كان المطلوب منك في السؤال أن تكتب عن ناحية معينة لموضوع ما، فلا تشغل نفسك بالكتابة عن نواحٍ أخرى لا علاقة لها بالمطلوب فقط لأنك تجد نفسك قادرا على سردها بشكل جيد لتكسب ثقة الممتحن وإعجابه؛ ذلك يضيع عليك الوقت ولا يكسبك درجات إضافية، كما حدث في إحدى السنين حينما سُئل الطلاب عن فوائد التلفزيون، وشرع عدد كبير منهم في قضاء معظم وقته في الكتابة عن مضار التلفزيون وإعطاء

النصائح لتجنبها، ومع تطرق بعضهم لجانب من الموضوع بقدر ضئيل إلى المطلوب وهو فوائد التلفزيون، لكنهم حصلوا على جزء قليل من الدرجات يتناسب وكمية ما له علاقة بالمطلوب.

- تعليمات امتحانات الـ IGCSE Edexcel في الورقة الثانية تنص على الإجابة عن سؤالين من جملة ستة أسئلة، لذا عليك الالتزام بذلك، ورغم أنه لا توجد عقوبات أو خصم درجات على مَنْ يجيب عن أكثر من سؤالين، فإن ذلك وحده يكون مضيعة لوقتك، وتشتيتا لأفكارك التي أنت بحاجة إليها للتركيز على السؤالين اللذين يقع اختيارك عليهما، وفي الوقت نفسه تكون الكتابة الزائدة ثِقلاً على المُمتحن الذي يجب عليه أن يقرأ كل ما تكتبه ويقيِّمه ليختار أحسن موضوعين وهما الموضوعان اللذان حصلت على أعلى الدرجات في الإجابة عنهما.
- تعليمات امتحانات الـ IGCSE Edexcel في الورقة الثانية تنص على كتابة ما يقارب ٣٠٠ كلمة في كل موضوع من الموضوعين اللذين تقوم بالإجابة عنهما، لذا يجب عليك الالتزام بذلك، والابتعاد عن التطويل أو التقصير المُطَّردين. فالكتابة التي تزيد عن الحد المطلوب تضرك بفقدان جزء من وقتك في الإجابة عن الأسئلة الأخرى، وتعرضك لأخطاء لغوية ومعنوية وإملائية تكون أنت في غنى عنها، وفي الوقت نفسه تزيد في احتمال التكرار والإعادة التي لها أثر سلبي في التقييم. أما المقالة أو التعبير الذي هو أقصر بكثير عما هو مطلوب فإنّه يؤثر في وضوح الفكرة، والإيفاء بالغرض المطلوب، ويكون غير شاف في تغطية جميع نقاط الموضوع الأساس.
- لكل سؤال عنوان وتعريف خاص به، لذا يجب عليك الالتزام بالكتابة ضمن ذلك الإطار، وعدم إعطائك لنفسك عنواناً آخَرَ للموضوع مبتعداً بذلك عنْ المهمة الرئيسة. انظر إلى الأمثلة التالية التي تبين ما قام به بعض الطلاب من تغيير لعنوان الموضوع المطلوب:

الموضوع المطلوب	العنوان الذي اختاره الطالب لنفسه بديلاً للموضوع المطلوب
للسفر فوائد كثيرة، بين ذلك من خلال تجاربك وتوقعاتك	معاناة السفر
أساء إليك صديقٌ وواجهته بالإحسان بدلا من الإساءة. أكتب عن ذلك	الصديق وقت الضيق
طُلبَ منك أن تختار شخصية لتكون ضيف شرف في حفل خيري يقوم به أبناء منطقتك. من ستختار لذلك؟ ولماذا؟	أبي خير مثال أقتدي به (ويبدأ بالكتابة عن واجبنا بالاقتداء بالأب واحترامه كما أوصانا الله تعالى)

اكتب مقالاً تتحدثُ فيه عن واجبات الدولة والمواطن تجاه حمايةِ البيئةِ والحفاظ على سلامَتِها	النفايات الضارة وأثرها على صحة الإنسان
الوقت من ذهب	الوقت كالسيف إن لم تقطعه قطعك (والبدء بالكتابة عن المعاناة التي تحدث لعدم استغلال الوقت ناسيا في ذلك ما هو مطلوب وهو فوائد استغلال الوقت)
قمت مع مجموعة من الزملاء بعمل جماعي لمساعدة أهل بلدتك، صف هذا العمل، وبين دورك فيه	حب الوطن من الإيمان (ناسيا الكتابة عن المشروع أو العمل والدور الذي قام به والفوائد التي يجنيها أهل بلدته من المشروع)

د. عند إجابتك عن أي موضوع تأكد من أنك تكتب فيما هو مطلوب منك، فلا يجوز أن تكتب حوارا إذا كان المطلوب كتابة رسالة؛ ولا يجوز كتابة خطبة إذا كان المطلوب منك أن تكتب عن تجربة في حياتك. إنّ تغيير اللون الأدبي المطلوب يُفقدك قدرا لا يُستهانُ به من الدرجات.

هـ. قبل البدء في الكتابة عن أي موضوع يجدر بك أن تفكر فيما يلي:

- عدد الفقرات التي ستكتبها
- الموضوع أو الفكرة الرئيسة لكل فقرة
- المعلومات والأدلة التي تدعم ما سوف تكتبه
- الترتيب المعقول والمناسب لتلك الفقرات

و. عند انتقالك من فقرة إلى أخرى أو جملة إلى أخرى استخدم بعض المصطلحات التعبيرية التي تعطي قوة ومتانة للتركيب اللغوي الذي تستخدمه، مثل قولك: أولاً، ثانيا، بعد ذلك، إضافة إلى ذلك، استنادا إلى ذلك، نظرا لـ، نتيجة لـ، وإلى آخره من المصطلحات التعبيرية الوظيفية.

ز. إنّ محتوى المقالة مهم جدا وهو يحمل في طياته ما يعتمد عليه المُمتحِن في التقييم، غير أنّ ذلك لا يبدو كافيا من دون مقدمة تبدأ بها مقالتك واستنتاج في آخرها. احرص على أن تكتب مقدمتك واستنتاجك بهيئة موجزة وبلغة واضحة وبسيطة.

ح. إنّ إحدى ركائز التقييم هي سهولة قراءة المكتوب وفهمه أو صعوبته، ولهذا من المهم جدا أن تكون كتابتك واضحة وسهلة القراءة.

ط. إنّ كل محاولة للإجابة عن أي سؤال ستضمن لك بضع درجات وبذلك تكون أفضل من ترك الورقة فارغة لأي سبب من الأسباب.

٥. تدريب تطبيقي/كتابة رسالة

والآن أنظر إلى هذا المثال الذي يحدد لك اللون الأدبي الذي يجب أن تكتب في إطاره:

أكتب رسالة إلى عدد من أصدقائك الذين يسكنون بمدن مختلفة تنظم فيها رحلة سياحية تلتقون فيها بعد غياب طويل.

قبل البدء بالجواب يجب أن تتأكد من أنك تكتب رسالة وليس قصة أو أي لون أدبي آخر، ولأجل ذلك تنبه إلى النقاط التالية:

أ. بالطبع لا بد من معرفة من أخاطبه وكذلك تفاصيل العنوان داخل الرسالة وعلى وجه الظرف الخارجي.

ب. وضع التاريخ على الرسالة مهم لرصد رحلتها خلال سفرها ومعرفة الزمن الذي أمضته.

ج. تحمل الرسالة في صدرها مقدمة تُرسل من الإشارات الشائقة التي تجذب قارئها، وحبذا لو كانت الإشارات في أولها مبهمة تكتسب الوضوح شيئاً فشيئاً خلال التقدم على أسطرها، فهناك سبب التفكير في الرحلة وهناك الإعداد للاتفاق واقتراحات التحرك كلٌّ من بلده ونقطة اللقاء.

د. تقديم المعلومات كاملة لمن تخاطبه حتى لا تدع بعد رسالتك له علامة استفهام تدور برأسه.

هـ. متابعة موضوع الرسالة وتحميلها شرحاً لموضوعات جانبية تثير اهتمام مستقبل الرسالة.

و. تحتوي خاتمة الرسالة على عبارات تحمل العائد الناتج عن الموضوع الأساس وتربط أواصر المقدمة بالموضوع الأساس وتصحبهما نحو نهاية تكمل عقد إقناع الطرف المتلقي بجدوى الموضوع.

الإجابة:

عثمان عبد المجيد

مدينة قطر الشارع رقم ٣٥ **التاريخ: ٢٠١٠/٤/٢٢م**

مربع ٩٥ مبنى١٤

أخي العزيز عثمان

بعد تقديم التحية والاحترام

أكتب إليك هذه الرسالة ونحن على أبواب العطلة الصيفية التي ننتظرها بشوق عظيم لكي نستمتع بالسفر والرحلات خارج البلاد وذلك عن طريق تغيير رتابة الحياة، وتكرار المناظر التي نعيش معها طوال العام. وبعد غياب طويل منذ أن تخرجنا في الجامعة أنا بأشد الشوق لرؤيتك ورؤية جميع الأصدقاء، ولأجل ذلك اتفقت مع الأصدقاء محمود وحسين وطاهر على أن نجعل رحلتنا هذا العام رحلة جماعية إلى المملكة الأردنية الهاشمية، ووضعنا البرنامج كما يلي:-

١. يقوم محمود من الخرطوم، وحسين من الجزائر، وطاهر من البحرين.

٢. نقترح أن تقوم أنت من قطر، وأنا من اليمن.

٣. نلتقي جميعاً في الخامس عشر من شهر يونيو في دبي لنقضي يومين، ثم بعد ذلك نسافر بخطوط الإمارات إلى عَمَّان.

أنا اتفقت مع صديقنا رياض بعَمَّان ليقوم بتنظيم رحلة سياحية لمدة أسبوع كامل نطوف خلالها بكلّ المناطق السياحية المهمة، ونستمتع بمناظر الأردن الجميلة، ونزور الأغوار والبحر الميت والبتراء، وغيرها من الأماكن التي قرأنا عنها في التاريخ.

نخصص اليومين الثامن والتاسع لجولة في سوق عَمَّان العاصمة حيث نشتري الهدايا للأهل والأصدقاء، ونتناول وجبات الطعام في الفنادق والمطاعم، ونختار بعض الأفلام السينمائية لمشاهدتها، وحبذا لو صادفتنا بعض المحاضرات الثقافية، ومباراة لكرة القدم ليكتمل بذلك عقد المتعة، وتكون عطلتنا مناسبة تاريخية نذكرها جميعاً ونتمنى أن نعيدها مراتٍ ومرات.

أرجو أن تحافظ على هذه المواعيد وسأكتب لبقية الأصدقاء ليفعلوا كذلك حتى تصبح رحلتنا على قدر من التنظيم عالي المستوى، وأتمنى أن تكون المتعة كاملة لرحلة نظل نذكرها دائماً.

وأخيراً أرجو تبليغ سلامي وتحياتي إلى جميع الأهل وخصوصا إلى ابن عمك عدنان الذي زارنا عندما كُنّا في الجامعة أثناء دراستنا.

أخوك

صالح عبد الله

٦. التعبير عن الصورة

إليك الآن اقتراحات وتوجيهات في كتابة تعبير حر عن السؤال السادس في الورقة الثانية والمطلوب فيه الكتابة عن صورة معينة.

إنّ صيغة السؤال تكون في الإطار التالي:

"تمعن في محتوى الصورة التالية، واكتب قصة تُعبِّر بها عن مشاعرك تجاه ما تراه فيها والدور الذي تلعبه مكوناتها الرئيسة".

تمعن في الصورة المعطاة في السؤال، وحاول أن تسأل نفسك الأسئلة التالية وتجيبَ عنها:

أ. ما القصة أو الحدث أو المفاجأة التي ترمز إليها الصورة بناء على ما تحويه؟

ب. في أي مكان أُخذت الصورة؟ (الممتحِن لا يتوقع منك أن تعرف المكان الفعلي الذي أخذت فيه الصورة وإنما يريدك أن تستخدم مخيلتك وتكتب بما تتصوره ضمن المعقول)

ج. هل هناك شيء يثير الاهتمام ويلفت النظر في الصورة؟ ما هو وما علاقة ذلك بالقصة أو الحدث الذي يأتي من مخيلتك؟

د. لو استطعنا أن ننقل تلك الصورة إلى الواقع، أو إلى فلم سينمائي ونحرك ما فيها، ماذا سيحدث؟ وما الشيء الذي سيتبعُ ذلك مباشرة؟

هـ. ما الحدث أو الأحداث التي تجري خارج إطار أو أبعاد تلك الصورة ويُمكن أن تكون لها علاقة بما في مضمونها؟

و. ما الشخصية أو الشخصيات المبينة في الصورة؟ وما علاقة تلك الشخصية أو الشخصيات بأحداث القصة؟

بعد الإجابة عن هذه الأسئلة ستُكوِّن لنفسك فكرة كاملة عما تريد أن تتحدث عنه، ويكون بوسعك أن تبدأ بالكتابة والتعبير عنها. ولأجل أن تسهل عملية الكتابة على نفسك أكتب مجيبا عن الأسئلة التالية إذا أعطيت صورة تحوي شخصية أو شخصيات كما جاء في ورقة امتحان أيار (مايو) ٢٠١٠:

١. من الشخص الذي في الصورة؟ ما اسمه؟ كم عمره؟ صف عائلته مبينا بأسلوب واضح وشائق المكان الذي تعيش فيه عائلته.

٢. ماذا تفعل تلك الشخصية أو الشخصيات في الصورة؟

٣. ماذا ستفعل بعد أن تنتهي مما تقوم به في الصورة؟ (من الممكن أن تبدأ بقصة معينة ويكون للصورة علاقة بمرحلة من مراحل أحداثها حتى وإن جاء ربطك لتلك الأحداث في النهاية).

٤. إذا كانت في الصورة أكثر من شخصية واحدة، حدد علاقة تلك الشخصيات ببعضها مع إعطاء وصف مناسب لكل منها.

٥. هل هناك أسرار في القصة تعرفها بعض الشخصيات وشخصيات أخرى تجهلها؟

٦. هل هناك ذكريات تستحق الذكر تربط بين الشخصيات؟

٧. هل الشخصيات سعيدة بحياتها وبعملها بشكل ما؟ ما تعليل إجابتك عن ذلك؟

بعد وصفك للشخصيات من خلال إجابتك للأسئلة السابقة يمكنك إضافة ما يلي:

١. خصص للشخصية أو الشخصيات الرئيسة دورا في التحدث والتعبير عما تفكر فيه.

٢. قدم الشخصية الرئيسة وتحدث عن رغباتها والعوائق التي تقف في طريقها.

٣. بين الصعوبات التي تواجه الشخصية الرئيسة، والمفاجآت المفرحة أو المحزنة التي تمر بها.

٤. لا تنسَ الوصول إلى نهاية القصة بأسلوب سلس ومتدرج وله علاقة بالصورة.

ملاحظة مهمة: يجب أن تتذكر دائما أنك تكتب عن الصورة التي تختارها، خوفا من الابتعاد عن المطلوب والذي هو مضمونها.

صور نموذجية للتدريب على السؤال السادس

أنظر إلى الصور التالية بتمعن وحاول أن تكون قصة وقعت لك، أو من مخيلتك عن كل منها وبأحداث ترتبط ارتباطا وثيقاً بالعناصر التي تشاهدها فيها، وعليك أن تأخذ بالاعتبار النقاط التالية إضافة إلى ما سبق ذكره في هذا الحقل:

أ. فكّر بالأحداث التي تشد القارئ إلى قراءة قصتك، كما لو تكون قصتك منطوية على قيمة اجتماعية ذات أهمية عالية.

ب. لا تجعل من قصتك خيالاً مفرطاً يجعل القارئ يشعر باستخفافك لعقله وقد تبعدك عن المنطق السليم، وفي الوقت نفسه لا تجعلها واقعا يجعلها في درجة تقرير إخباري يسرد أحداثا متلاحقة تقود إلى الملل.

ج. احتفظ بجوانب خافية من القصة ولا تظهرها للقارئ في أول القصة بل حاول أن تُعطيه الأحداث بالتدرج حتى يصاحبك إلى نهايتها.

د. لا تبالغ في التفاصيل إذ إنّ هنالك مواقف يجب أن تكتفي فيها بالإشارة وذلك لإثارة أفكار القارئ.

هـ. احرص على أن تكون نهاية قصتك مرتبطة كُلّ الارتباط بوقائعها.

٧. أمثلة على نمط السؤال السادس

عند الإجابة عن هذا السؤال، يتحتمُ عليك كتابة قصة وليس رسالة أو أي لون أدبي آخر.

أنظر إلى الصور التالية وتمعن فيها وحاول أنْ تخرج بقصة حول كل واحدة منها بعد مراجعتك للتوجيهات التي جاءت في الصفحات ١٦٨-١٧٠ في "التعبير عن الصورة" وباستعانتك بالأسئلة والتوجيهات المدرجة تحت كل منها:

صورة رقم ١

١. ما الحدث الذي أدّى إلى انعقاد هذا الاجتماع في هذه الصورة؟ وأين وقع؟

٢. هل الحدث أمرٌ سارٌ أم أمرٌ مرعب؟

٣. ما علاقة الشخصيات التي تؤلف هذه الصورة فيما بينها؟ أنظر إلى الشخص الواقف أمام المجتمعين وحاول أن تصفه من حيث مكانته الاجتماعية وخلفيته الثقافية.

٤. ما الدور الذي يقوم به الشخص الواقف؟ وما المعلومة التي ينقلها إلى المستمعين والتي لها علاقة بالحدث الذي بيّنته في بداية قصتك؟

٥. هل يقوم المجتمعون بتنظيم مشروع أو برنامج عمل معين له علاقة بالحدث الرئيس؟ ما المشروع أو البرنامج الذي سيقومون به بعد انتهائهم من الاجتماع؟ وما نتائج ذلك العمل؟

صورة رقم ٢

تحدث عن الخلفية الاجتماعية والثقافية للشاب الذي يقفز في الصورة، ثم أضف إجابتك عن الأسئلة وعن الاستفسارات التالية إلى ذلك:

١. كيف بدأ حياته؟ وما الذي كان يطمح إليه؟

٢. ما المناسبة التي يشارك فيها في الصورة؟

٣. ما الذي يدور في ساحة اللعب التي يقفز فيها؟

٤. ما الانجاز الذي حققه؟ وما الأشياء التي حصل عليها؟

صورة رقم ٣

أعطِ مقدمة قصيرة عن ضرورة رعاية الحيوانات، ثم أضف إجابتك عن الأسئلة وعن الاستفسارات التالية إلى ذلك:

١. أكتب باختصار عن نظرة المجتمع إلى الكلب وعن وفائه.

٢. أين كان هذا الكلب قبل التقاط هذه الصورة؟ ومنْ الشخص الذي يحمله؟

٣. ما علاقة حامل الكلب بموضوع الكلب؟ وما خلفيته أو خلفيتها الاجتماعية؟

٤. ما الذي حدث للكلب بعد المشهد الذي تشاهده في الصورة؟

صورة رقم ٤

١. مَنْ هؤلاء الذين في الصورة؟ وما العلاقة التي تربط بينهم؟ وأين يسكنون؟

٢. مَنْ منهم صاحب البيت؟ وما المناسبة التي تجمع بينهم؟

٣. ما الحديث الذي يجري بين الرجل والمرأة؟

٤. ما الذي يخططون للقيام به؟ وما العقبات التي تقف في طريقهم؟

٥. ماذا حدث بعد هذا المشهد؟

صورة رقم ٥

انظر إلى الشخص الذي يحمل الهديّة وتكلم عن خلفيته الاجتماعية والثقافية، ثم أضف إجابتك عن الأسئلة وعن الاستفسارات التالية إلى ذلك:

١. ما الإنجاز الذي قدمه لكي يحصل على مثل هذه الهدية؟

٢. من الأشخاص الواقفون معه في الصورة؟ وما علاقتهم به؟

٣. ما المناسبة التي قُدمت فيها الهدية؟

٤. هل هناك مكافآت أخرى حصل عليها هذا الشخص؟ ما هي؟

٥. ما شعوره وشعور أسرته أثناء تسلُم الهدية وبعدها؟

صورة رقم ٦

١. أين هذا الحدث؟ ومن الذين يسكنون في هذا المكان؟

٢. أعطِ وصفا تفصيليا لِمَنْ يسكن في هذا المكان.

٣. هل الرجلان من أصحاب البيت أم عاملان يعملان بأجر؟

٤. ما الأعمال التي يقوم بها الرجلان؟ وما المناسبة التي تستحق هذا الاستعداد؟

٥. ما الذي حدث بعد الانتهاء من العمل؟

صورة رقم ٧

أعطِ نبذة مختصرة عن العلاقات الأسرية العربية واستمرارها، ثم أضف إجابتك عن الأسئلة وعن الاستفسارات التالية إلى ذلك:

١. من هاتان الأسرتان؟ وما علاقتهما ببعضهما؟

٢. ما سبب وجودهما معاً في السوق المركزي؟

٣. ما الذي ستقومان به بعد خروجهما من السوق المركزي؟

٤. هل هناك دور تلعبه شخصيات أخرى غير موجودة في الصورة فيما سيحدث بعد هذا المشهد؟ من هذه الشخصيات؟ وما ذلك الدور؟

صورة رقم ٨

أعطِ نبذة مختصرة عن الحياة المدرسية وعلاقات التلاميذ فيما بينهم، ثم أضف إجابتك عن الأسئلة وعن الاستفسارات التالية إلى ذلك:

١. ما الشخصيتان اللتان تظهران في الصورة؟ بيّن كيف بدأت علاقتهما ببعضهما.

٢. ما الإعداد الذي تقومُ به الطالبتان؟ وهل هناك أية صعوبات تقف في طريق أيٍّ منهما؟

٣. ما طموحات كل منهما؟

٤. كيف كان مستقبل كل منهما؟ وهل استمرت العلاقة بينهما بعد انهائهما مرحلة الدراسة؟

صورة رقم ٩

أكتب مقدمة عن أهمية توفير الحدائق العامة في المدينة، وضرورة الاعتناء بها، ثم أضف إجابتك عن الأسئلة وعن الاستفسارات التالية إلى ذلك:

١. مَن هذه الأسرة؟ وما عمل كل فرد منها خلال أيام الأسبوع؟

٢. هل الأسرة تزور الحديقة العامة باستمرار أم في المناسبات فقط؟ أكتب عن مشاعر أفرادها وهم يستمتعون بزيارتها.

٣. ما الإعداد الذي يقوم به كل فرد من أفرادها للزيارة؟

٤. ما الحديث الذي يجري بين الأم وابنتها؟

٥. ما تطلعات الأبناء في المستقبل؟ وهل تمّ تحقيق ذلك؟

صورة رقم ١٠

١. من هذان الشخصان؟ وما علاقتهما ببعضهما؟

٢. هل تعتقد بأنّ هناك شيئاً ما يُقلق الرجل؟ ما هذا الشيء؟ وما التجربة التي مرّ بها؟

٣. ما دور المرأة في الحديث الذي يجري بينهما؟

٤. ما الذي حدث بعد هذا المشهد؟

صورة رقم ١١

أعطِ نبذة مختصرة عن العلاقات الطلابية والصداقة، وبين مدى تعطش التلاميذ للرحلات المدرسية، ثم أضف إجابتك عن الأسئلة وعن الاستفسارات التالية إلى ذلك:

١. من هاتان البنتان؟ وما الذي جاء بهما إلى هذا المكان؟

٢. ما هذا المكان؟ وكيف قضت البنتان وقتهما فيه؟

٣. هل هذا المشهد قبل امتحاناتهما المدرسية أو بعدها؟ بيّن ذلك من خلال وصفك لشعورهما.

٤. ما الذي قامتا به بعد رجوعهما من رحلتهما؟

صورة رقم ١٢

١. ما الخلفية الاجتماعية لكل من الشخصيتين في الصورة؟

٢. ما غرض اللقاء؟

٣. هل كانت المقابلة ناجحة؟ بين نتائج ذلك.

٤. ما الخطوة أو الخطوات التي سيقومان بها بعد الانتهاء من اجتماعهما؟

٥. بيّن كيف تطورت العلاقة بينهما فيما بعد، وهل استمرت اللقاءات بينهما؟

صورة رقم ١٣

أكتب باختصار عن الأعياد والمناسبات المفرحة عند الأسر، ثم أضف إجابتك عن الأسئلة والاستفسارات التالية:

١. من هذه العائلة؟ وما المناسبة التي تجمع أفرادها؟

٢. ما الاستعدادات التي قامَت بها الأم؟ وما الدور الذي لعبه الأب في هذه المناسبة؟

٣. ما الفعاليات الأخرى التي قامت بها الأسرة بهذه المناسبة؟

٤. ما تأثير رعاية الوالدين وحنانهما في مستقبل أبنائهما؟

صورة رقم ١٤

أكتب عنْ التعليم، وعن تطور الرعاية التعليمية في المدارس، ثم أضف إجابتك عن الأسئلة وعن الاستفسارات التالية إلى ذلك:

١. منْ هذا الطالب الذي يستخدم الحاسوب؟ وما إمكاناته الثقافية؟

٢. لِمَ يهتم المعلم به ويتابع عمله؟

٣. هل لهذا الطالب ميزة خاصة وقدرات تستحق الدعم والتطوير؟

٤. كيف استفاد التلاميذ الآخرون من قدراته وقابلياته؟

٥. استعن بمقال "الاهتمام بالموهوبين" صفحة ١٢١ لزيادة المعلومات.

٨. إجابة توجيهية عن أسئلة مختارة تم الاختبار بها في السنوات الماضية

وإليك الآن توجيهات تعينك على الإجابة عن عدد من أسئلة امتحانات الأعوام الماضية:

إجابة نموذجية عن أسئلة أيار (مايو) ٢٠٠٧

خذ في الاعتبار النقاط المذكورة تحت كل سؤال لإعانتك على الإجابة التالية:

١. هل يستطيع الإنسان أن يُحقق كل رغباته دون التعاون مع الآخرين؟ وضح رأيك مستعينا بتجاربك في الحياة.

أ. يتمنى كل إنسان تحقيق كل الذي يحب في هذه الحياة ويحلم بذلك وربما تكون هنالك أحلام هي في مستوى المستحيل.

ب. عليك التخطيط والتفكير للشروع في تنفيذه ولا بد من أن تكوّن له صورة واضحة المعالم في ذهنك.

ج. لا تنفرد برأيك خلال التخطيط ولا أنفرد برأيي خلال التنفيذ لأن رأي الجماعة كما قالوا: لا تشقى البلاد به رغم ما يشوبه من خلاف ولكن رأي الفرد يشقيها.

د. أرى أن الشورى هي أساس للرأي الناضج والمشروع الناجح.

هـ. في مراحل دراستي الأولى كنت أنفرد بدراستي والتحضير والمذاكرة ورغم أن الزمن الذي أقضيه في ذلك كان طويلاً إلا أن نجاحي لم يكن في مستوى طموحي وتوقعاتي.

و. في المراحل الأخيرة اشتركت مع زملائي في المذاكرة وكانت النتائج مذهلة إذ أن ما يفوت عليّ من معلومات كنت أجده عند زملائي وما يفوت عليهم يجدونه عندي.

٢. طُلب إليك أن تقدم مشروعا لتحسين مكتبة مدرستك لتكون بمستوى التطور الحضاري في عصرنا اليوم. بين ذلك مع ذكر الفوائد المتوقعة منه.

أ. أولاً أقوم بذكر فوائد المكتبة وما تقوم به من دور في تنمية التفكير وذلك عن طريق الاطلاع على تجارب الآخرين من خلال الكتاب.

ب. كما يتقدم العالم في كل مرافق حياة الناس لابد من العمل على تقديم معينات تطوير عقل الإنسان بالمعرفة وإثراء التجارب وعلى ذلك أبني مشروعي لتطوير مكتبة مدرستي وهو نقلها من مكانها الحالي إلى مبنى أكثر اتساعاً مع إضافة غرفتين ليصبح عدد الغرف ثلاثاً؛ الأولى

لأرفف المكتبة مع تصنيف الكتب وفقاً للموضوعات، والثانية للاطلاع وأخذ المذكرات مع إضافة عدد من الحواسيب الآلية للاستعانة بها على زيارة بعض المواقع المفيدة والإفادة من الاسطوانات التي يجب إضافتها لأرفف المكتبة وهي عبارة عن نواة لمكتبة إلكترونية في المستقبل، والثالثة لماكينات التصوير وإعداد المذكرات.

ج. بقيام هذا المشروع نستطيع أن نجعل من مدرستنا مؤسسة ذات نفع عظيم نواكب عن طريقه كل جديد في هذا العالم المتطور بالكتاب والاسطوانة والموقع الإلكتروني ونسخره لخدمة مجتمعنا في هذا العالم الذي أضحى كالقرية في تواصله واتصاله وأصبحت الثقافة وميراث التجارب في متناول كل من يملك أداة اتصال كمكتبتنا في صورتها الجديدة.

٣. ليس الكريم من يتظاهر بالكرم، بل من يتجه إلى مساعدة المحتاجين بإحساس من نفسه وشعور بالرحمة، مؤديا واجبه سرا وعلانية.

أ. ليس الكريم من يتظاهر بالكرم، بل من يتجه إلى مساعدة المحتاجين بإحساس من نفسه وشعور بالرحمة، مؤدياً واجبه سراً أو علانية.

ب. الكرم صفة حميدة يتصف بها خيار الناس وأنفعهم لمجتمعهم الصغير الذي يوجد حولهم أو ذلك الذي تتسع دوائره ليشمل كل من يحيط بهم ويتعامل معهم في القرية والمدينة بل وفي كل مكان يقطنون فيه.

ج. وإذا كان الكرم هو أن يجود الإنسان بما عنده للآخرين فهذا يعني ميل حب ذلك الإنسان إلى زرع المودة والحب بين الناس وتشجيع الروابط والصلات الطيبة بخاصة إذا كان الكريم هو ذلك الذي يتفضل بخيره على غيره وهو طيب النفس مندفع لهذا العطاء بالرضا وسلامة النية دون البحث عن الشهرة وحب الظهور؛ فالذي يبذل المال والطعام وكل ما يمكن أن يقدم للآخرين من أنواع العطاء النافع لكي يقال عنه كريم فهذا قد خرج عن دائرة هذه الصفة الحميدة إلى دوائر الساعين إلى الاشتهار وحب الظهور والمدح.

د. إن الذي يتفضل على غيره بخيره في تواضع وخفية ورغبة في نيل الأجر من الله فهو الذي يؤهل نفسه لهذه الصفة الحميدة لأن العطاء في غير مَنٍّ ولا أذى هو دعوة صريحة للفوز برضا الله وقد بشر الرسول صلى الله عليه وسلم الذي يعطي في خفاء بالجنة وأشار إلى أنه من بين عشرة يظلهم الله يوم القيامة بظله يوم لا ظل إلا ظله فقال عليه أفضل الصلاة وأتم التسليم: (ورجل تصدق بصدقة فأخفاها حتى لا تعلم شماله ما صنعت يمينه).

هـ. لا شك أن من أصبح الكرم من صفاته الملازمة له سيصبح معروفاً بين الناس شاء ذلك أم لم يشأ؛ لأن معروفه سيسري بين الناس وسيتناقل أخباره من نالهم عطاؤه وستتحدث عنه مشروعاته التي أسهم في إنشائها

وسيدعو له المحتاجون الذين سعدوا بأياديه البيضاء.. سيدعون له بالخير وسعة الرزق.

و. من كل هذا نخلص إلى أن من حباه الله بصفة الكرم والعطاء، فعليه أن يتحرى الكتمان واللجوء إلى العطاء في هدوء لا يعطي مجالاً لإحراج من يتسلم ذلك العطاء ونحن نعلم أن من بين الناس ذوي حاجات يمنعهم حياؤهم عن السؤال وهم الذين وصفهم الله تعالى بقوله: (لا يَسألونَ النَّاس إلحَافا) فهؤلاء هم موطن عطاء الخفاء الذي يثبت أجره بإذن الله.

٤. أنت تعيش في مدينة صغيرة قرب بحيرة هادئة جميلة. قررت السلطات بناء سد يحجز بعض مياه البحيرة لرفع المنسوب لإرواء الأراضي الزراعية وكذلك لتوليد الطاقة الكهربائية. أكتب كلمة لإلقائها على أهل مدينتك لإقناعهم بأن المشروع سيكون ذا منفعة لهم.

أ. لا شك في أن البحيرة الهادئة والجميلة لها دورٌ في حياتنا وذلك بالاستمتاع والجلوس على شواطئها الطبيعية.

ب. بما أن الحياة في تقدم مضطرد وأن احتياجات الناس في تصاعد متتالٍ فإن التغيير أحياناً يصبح ضرورة وإن حمل في طياته بعض مكونات الضيق وعدم الارتياح.

ج. إن قرار السلطات المحلية بإدخال تعديلات كبيرة على وضع البحيرة سيكون عامل ضيق لنا لأن المعالم التي اعتدنا عليها ستتغير إلا أن العائد الذي سيتبع هذه التغييرات في النهاية سيكون ذا فوائد عظيمة فبناء السد سيرفع من مستوى المياه الذي يوفر لنا فرصة سانحة لوضع توربينات لتوليد الكهرباء كما أن ارتفاع المياه سيزيد من مساحة الأراضي المروية للزراعة.

د. لكم أن تتخيلوا أن مدينتنا الصغيرة هذه بعد إقامة هذا المشروع الكبير، ستصبح مدينة كبيرة في مستوى يجعل سكانها في مصاف السكان ذوي الدخل المادي العالي.

هـ. ستدخل الكهرباء كل بيت ومدرسة ومؤسسة، وستنشأ الصناعات، وسيدخل ماء الشرب الأحياء التي تقع في أطراف المدينة وسيتوقف انقطاع الكهرباء المتكرر لضعف الإمداد الحالي.

و. نكون بذلك قد فقدنا القليل وسعدنا بالكثير الذي يجعل من مدينتنا موطناً للحضارة والتقدم والازدهار.

٥. استخدام الحاسوب يُعتبَر خير وسيلة اقتصادية في استغلال الموارد. بين رأيك في ذلك.

أصبح الحاسوب الآن موضع اهتمام الناس.. كل الناس وذلك لما يقدمه من خدمات عظيمة للبشرية جمعاء، فقد هزم الوقت واختصر الفترات الطويلة،

فالرسائل التي كانت تقضي الأيام والساعات في سفرها عبر البريد أصبحت الآن تصل مقاصدها في دقائق إن لم تكن في ثوانٍ؛ والصفقات التجارية والوثائق المهمة والتحويلات المالية قد أصبحت سرعتها تعمل على إتمام الأعمال بدقة وثقة وسعة في حجم المتداول من الأموال والموارد.

راجع الشبكة الدولية للمعلومات، صفحة ١٣٢.

٦. تمعن في الصورة التالية، واكتب معبراً عن ما تراه وعن مشاعرك تجاه ما يوحيه إليك.

ملاحظة: لرؤية الصورة نرجو منك زيارة موقع www.edexcel.com

- طفلة تحمل في يدها اليُمنى كتاباً وفي يدها اليسرى دمية وهي تقف أمام لوحة تشكل خلفية جميلة. إنها مجموعة من الصور في صورة واحدة تحكيها نظرات هذه الطفلة وقد مال شقها الأيمن ذلك الذي يحمل الكتاب وكان قد أظهر ثقلاً في وزنه وهو يرسل رسالة إلى الدمية يخبرها بأهميته وقيمته التي يتفوق بها عليها، وينصح الدمية بأن تقلل من وقت اصطحابها للطفلة لكي تعطيها وقتاً للقراءة والاستئناس بالكتب؛ لأن هذا المستقبل يكمن في تحصيل العلم والمعرفة ومداومة الاطلاع لتحقيق النجاح في الحياة، فبالعلم يسود الإنسان وتتحقق أمنياته في بناء مستقبلٍ مشرق.

هذه الطفلة تحكي لنا من خلال صمتها وبريق عينيها ونظراتها الضاربة في أعماق المستقبل عن قصتها التي تشير إلى ذكائها فهي كما تروي تريد أن تبعث رسالتين بمحتوى واحد الأولى إلى والديها والثانية إلى صديقاتها في المدرسة قائلة: أنا أحب اللعب كثيراً بالدرجة التي تنسيني واجباتي المدرسية أحياناً، وفي كثير من الأوقات أذهب إلى المدرسة دون أن أكون قد أكملت واجبي المدرسي، وقد تعرضت للعقاب من المعلمات كما اتصلت إدارة المدرسة بوالدتي واشتكت من تقصيري في عملي، وأخبرت والدتي ووالدي بذلك وحزن الوالد وقال لي: عليك يا صغيرتي تغيير طريقة حياتك ووضع التعليم في مقامٍ عالٍ، فلا أقول لك دعي اللعب نهائياً ولكن عليك تنظيم وقتك وإعطاء كل نشاط ما يناسبه من الزمن وبذلك تستطيعين العيش في سعادة.

عزمت على وضع الجدول الزمني وبدأت في التدريب على تنفيذ كل الوارد على ذلك الجدول، وبعد دوام دارت عليه ثلاثة أشهر شعرت بأن العمل بدأ يسير في سلاسة وسهولة وبناءً على ذلك بدأت أفكر في تخليد هذه الذكرى فارتديت الزي وحملت الكتاب والدمية ووضعت الكاميرا أمامي بزمن مؤقت مدته لا تتعدى الدقيقتين ثم أرسلت تفكيري إلى بداية قصتي والالتزام بالوقت والعمل حتى تحقيق النجاح وأردت أن أبعث إليكم أصدقائي هذه الرسالة في شكل صورة تقول لكم: "بالعزم تتحقق الآمال".

إجابة نموذجية عن أسئلة أيار (مايو) ٢٠٠٨

١. ماذا تفعل خلال وقت فراغك؟ وما الذي تقوم به عندما تلتقي بشباب في عمرك؟ وكيف توظفون لقاءاتكم في خدمة مجتمعكم؟ ابعث بإجابتك إلى محرر مجلة الشباب على العنوان التالي:

مجلة الشباب

ص ب ٥٦٤٤

القاهرة

إلى مجلة الشباب ص.ب: ٥٦٤٤ - القاهرة

أ. في مقالتي هذه سأتحدث عن العمل الذي أؤديه في أوقات فراغي وما أقوم به مع زملائي خدمة لمجتمعنا.

ب. وقت الفراغ أقضيه في الهوايات مثل القراءة والسباحة وركوب الخيل ولي مع هذه الهوايات قصص أروي لك منها...

ج. عندما ألتقي بالشباب الذين هم في عمري كنت أقترح عليهم كما يقترحون عليَّ ما يلي:

- تحديد مشروع لخدمة القرية وكان أول مشروع هو ردم بعض المناطق المنخفضة من القرية في مواجهة النهر لكي لا يؤثر الفيضان في المنازل التي تتعرض للهدم سنوياً وقد خططنا لهذا المشروع ونفذناه وكان أثره عظيماً.
- قمنا كذلك بعقد حلقات لمحو الأمية ورسمنا لها برنامجاً تقاسمنا مسؤولياته بيننا ودام لمدة شهرين من الإنجاز.
- قمنا مع سكان القرية بصيانة النادي وطلاء جدرانه.

٢. ما أهم شيء حققته أو تريد أن تحققه في حياتك؟

أبي يعمل بمصلحة المواصلات وأمي تعمل عاملة بمدرسة للبنات وقد كافحا من أجل تربيتنا أنا وأختي وأقاما منزلاً وبذلا كلّ ما لديهما من مالٍ في سبيل تعليمنا ونحن الآن على أبواب الجامعة وقد وجدنا مؤسسة ستقوم برعايتنا وتحمُّل مصروفات تعليمنا الجامعي.

ما أريد تحقيقه في حياتي وسندي في ذلك شقيقتي:

أ. استغلال العطلات في العمل لمساعدة الوالدين.

ب. الاقتصاد في النفقة حتى لا نثقل عليهما.

ج. بعد التخرج الشروع في بناء منزل أكبر.

د. إعفاء الوالدة من العمل لترتاح بالمنزل.

هـ. التعاون مع شقيقتي لفتح مكتب تجاري بخاصة وكلانا بكلية التجارة.

و. إعفاء الوالد من العمل وبذا يتفرغ الوالدان للعبادة والدعاء.

ز. نتوج مشروعنا بأن نتزوج ونضيف إلى الأسرة من يعيننا على رعاية الوالدين في شيخوختهما.

٣. طلبت منك المدرسة أن تقوم بمشروع تقدم به خدمة لزملائك في المدرسة، ما هذا المشروع؟ وما الفائدة التي سيجنيها زملاؤك منه؟

أ. المدرسة تقع على شاطئ النهر وللحكومة قطع من الأراضي على الشاطئ.

ب. لا تمانع الحكومة من منحنا قطعة أرض للمدرسة.

ج. نستغل القطعة لقيام مزرعة دواجن، ونستعين بتبرعات من أولياء الأمور ومن جيران المدرسة والمعلمين والعاملين ثم نطلب عون وزارة التربية.

د. التجربة ليست جديدة فبجوارنا مزارع دواجن ناجحة نجاحاً باهراً.

هـ. نقيم المزرعة على نمط المزارع المجاورة ونقوم بتقسيم الوقت على دوريات لرعاية المزرعة يشارك في هذه الرعاية الطلاب والمعلمون والعاملون وأولياء الأمور حتى الجيران.

و. الربح الناتج من المزرعة يتم به توسيعها ورعاية الطلاب الفقراء وإقامة حفلات المدرسة ودعم قائمة الطعام بداخلية المدرسة.

٤. للسفر فوائد كثيرة، بين ذلك من خلال تجاربك وتوقعاتك.

إنّـي رأيتُ وُقُـوفَ المَـاءِ يُفسِـدهُ

إن سَـالَ طَـابَ وإن لـم يَجـرِ لـم يَطِـبِ

أ. السفر هو عدو الملل ومن سافر كسر حلقات الملل في حياته.

ب. تتهيأ لنا فرص لقاء أناس لم يسبق لنا لقاؤهم فنفيد من تجاربهم وننهل منها.

ج. يجد المسافر في سفره حركة للجسم فيها رياضة وحركة للذهن في التعامل مع أوراق السفر من استمارات وتأشيرات ومناقشات مع أصحاب المحال التجارية والسياحية وغيرها. وزيارة أماكن تاريخية.

د. تحركات السفر تُحرك المال والمعاملات التجارية وتبادل المصالح بالبيع والشراء.

هـ. قد تجد في السفر علاجاً استعصى عليك في مكان إقامتك وتيسر في مكان سفرك.

و. المسافر عند عودته يجدد شوق أهله ويحمل الهدايا التي تفرح الكبار والصغار.

٥. طُلبَ منك أن تختار شخصية لتكون ضيف شرف في حفل خيري يقوم به أبناء منطقتك، من ستختار لذلك؟ ولماذا؟

أ. اختياري يقع على الدكتور: زغلول النجار العالم المصري المتبحر في العلوم الدينية والكونية والشاهر في العالم بحبه لأعمال الخير وتشجيعه لها.

ب. بما أن الحفل الخيري الذي سيقام بمنطقتي خاص بمجمع إسلامي يضم مسجداً ومعهداً لتحفيظ القرآن وتجويده فإن شخصية مثل الدكتور زغلول النجار يمكن أن يكون لها الأثر الإيجابي في تحفيز الناس لحضور ذلك الحفل.

ج. يسبق الحفل إعلان مكثف يتحدث عن الرجل وعن إسهاماته في المجالات العلمية والدينية ومشاركاته في اللقاءات التي عقدت في شتى أنحاء العالم.

د. يتطرق الإعلان إلى محتوى الخطاب الذي سيلقيه الدكتور لكي يدعِّم ذلك رغبة الجمهور في الحضور.

٦. تمعن في الصورة التالية، واكتب معبراً عن ما تراه وعن مشاعرك تجاه ما يوحيه إليك

ملاحظة: لرؤية الصورة نرجو منك زيارة موقع www.edexcel.com

أ. تتسبب الحياة الرتيبة بالمنزل أحياناً في نوعٍ من الملل وتدعو الإنسان إلى الخروج إلى الساحات والحدائق العامة المترامية الأطراف والسير على الأقدام لساعات وساعات، والتنفس العميق لجلب الأكسجين للرئتين.. هذا ما فعلناه أنا وأخي وأبي الذي هو خارج هذه الصورة وهو يحمل الكاميرا ليصورنا، ولقد كشف سرّه أخي بنظرته الجانبية التي يلحظها المتأمل في الصورة.

ب. خرجنا من منزلنا في يوم مشمس وسرنا على الأقدام حتى أصابنا الإعياء.

ج. أخرج لنا الوالد زجاجة الماء الوحيدة بعد أن ألمَّ بنا العطش.

د. أخي محمود أمسك بالزجاجة وقال لي: يا ليلى، لا تنتظري قطرة ماءٍ من بعدي وبدأ يشرب وأنا أنظر إليه بين اليأس والأمل والعطش يعصر جوفي.

إجابة نموذجية عن أسئلة أيار (مايو) ٢٠٠٩

١. قمت مع مجموعة من الزملاء بعمل جماعي لمساعدة أهل بلدتك، صف هذا العمل، وبين دورك فيه.

أ. النادي الثقافي الاجتماعي بالمدينة يبعد عن حيّنا بمسافة تصعب على كثير من الأهل قطعها يومياً للوصول إليه.

ب. فكر شباب الحيّ وأنا منهم في بداية مشروعٍ للنادي المحلي للحي.

ج. المقومات موجودة منها: كثرة عدد المهتمين بنشاط النادي الثقافي والاجتماعي وكذلك الرياضي، ومن بينهم رجل الأعمال والعامل والصانع والمعلم والطالب.

د. اتفقتُ وثلاثة من زملائي على قيام مشروع النادي بعد دراسة مكتوبة وضحنا فيها فوائده و دوره، وقمنا بتوزيعها على أهل حيّنا أو مدينتنا الصغيرة كما يحلو لنا أن نسميها. (راجع "الأدب والسينما"، صفحة ١١١).

هـ. الاستجابة الإيجابية كانت فوق التصور، الأمر الذي جعل زملائي والأعضاء الذين انضموا إلينا ينسبون المبادرة لي ولذا انتخبوني رئيس اللجنة.

و. اتصلنا بسلطات الأراضي التي منحتنا أرضاً وبدأنا في جمع التبرعات والمساهمات من شتى الجهات رسميةٍ وشعبية.

ز. أصبحت فكرتنا واقعاً وخلال عامٍ من الزمن بدأ نشاطنا بنادينا بعد أن مررنا بتجارب منها الصعب ومنها السهل خلال البناء والتأسيس.

ح. عند الافتتاح قررت لجنة النادي تكريمي على جهودي التي بدأت بالفكرة وتكوين الفريق الأول والاتصالات.

٢. المالُ وسيلةٌ وليس غاية في ذاته، فإن كانت النفس طماعة استعبدها، وإن كانت خيرةٌ أسعدها. اشرح هذا القول مبينا دور المال في حياة الإنسان.

أ. بالطبع فإن المال وسيلة لتحقيق الآمال وترجمتها إلى واقع.

ب. يختلف الناس في طبائعهم عند استقبالهم للمال فمنهم الذي يملك نفساً متوازنة تعرف قيمة المال والمَواطن الصحيحة لإنفاقه، ومنهم الذي يظل حب ذلك المال شغاف قلبه يجمعه حبًّا في ذاته وتخزينه.

ج. الأول يحبه لإسعاد نفسه وأهله ويتوج هذه السعادة بمد يدِ العون للناس من حوله في صورة عطاء خاص للمحتاجين، وعام لمشروعات بلدته التي تقام بالعون الذاتي.

د. الثاني يلتف حول نفسه وربما أسرته ولا يعير من هم خارج هذه الدائرة اهتماماً.

هـ. الأول يسعد مع أهله وجيرانه وكل مَن يتعامل معه مِن حوله ويخلق لنفسه مجتمعاً من الناس يحبهم ويحبونه، وتساعده علاقاته على تنمية ماله وتجارته.

و. الثاني الذي انطوى وانعزل عن مجتمعه ونما حبُّ المال في نفسه وأصبح جمعهُ غايةً قد تتسبب في شقائه لأنه شغل نفسه بجمع المال لا بتوجيهه وجهة الخير التي تساعده على النماء والحياة الاجتماعية السعيدة التي من أجلها خُـلق المال.

٣. كثير منا يجد لذة ومتعة في متابعة المؤلفات الأدبية كالقصص والمسرحيات عن طريق الأفلام والفيديوهات، فهل هذا يغنينا عن قراءة الكتب؟ بين رأيك في ذلك.

أ. لا شك أن مشاهدة الأفلام التي تحكي لنا عن مسرحيات وقصص ومؤلفات مختلفة عن طريق الفيديوهات والسينمات أمر مهم ومفيد وعلى الذين يودون تنمية ثقافتهم الحرص على هذه المشاهدة.

ب. لابد لنا في مشاهداتنا أن نكون حريصين في الاختيار على ما يفيد ولا نلجأ إلى الساقط من الأقوال والهابط من الأفعال التي تتصف بها كثيرٌ مِن المواد التي تكتظ بها المكتبات ودور بيع الفيديو.

ج. مع أهمية ما أسلفت مِن ذكر لهذه المصادر التي تبث المعرفة فإنها لا يمكن أن تكون بديلاً للكتاب، فالكتاب للذين تعودوا على قراءته له طعمه الخاص به، إنه ينتقل بالقارئ بين صفحاته وكأنه يصحبه على قارب أو مركبة فضائية في عزلة كاملة فهو الأنيس الوحيد أثناء القراءة وليس مثل الوسائل الأخرى التي ربما شارك فيها الآخرون.

د. شعوري مرتبطٌ بالكتاب، أقرأ ما احتواه في حِلي وارتحالي وفي النهاية إن صح لي اقتناؤه فهو لبنة في مكتبتي الخاصة مرجعاً سهلاً وباباً ميسور الدخول.

٤. إن كنت وزيراً للسياحة، فما الخطوات التي تقوم بها لإنعاش السياحة في بلدك؟

تشجيع السياحة ودعوة الناس من الداخل والخارج لمشاهدة معالم البلد يستدعي استعداداً مسبقاً من القائمين بأمرها كالدراسات المعمّقة لمواطن السياحة، وإذا صح لي أن احتل منصب وزير السياحة فسأعمل على:-

أ. إعداد الدراسة التي أشرت إليها في الفقرة الأولى.

ب. على ضوء الدراسة يتم وضع ميزانية طموحة لتحسين المواقع الحالية وخلق مواقع جديدة جاذبة لانتباه السيَّاح.

ج. تكثيف الإعلام السياحي الذي يسترعي الأنظار داخلياً وخارجياً.

د. التنسيق مع إخوتي الوزراء في الوزارات ذات الصلة، فعلى سبيل المثال وزارة الداخلية لتوفير أمن الزوّار، والخارجية للإعلان بسفاراتنا بالخارج وتسهيل سمات الدخول للبلاد، والإعلام للإعلان مع رفع مستوى خدمات الفنادق والمواصلات.

٥. أكتب رسالة لصديق تنصحه بدخول إحدى الكليات بعد أن أكمل دراسة الثانوية العامة، مبيناً فوائد تلك الكلية، وأثرها على مستقبله.

أ. بعد التحية والتهنئة على النتائج الباهرة التي أحرزها في الثانوية العامة.

ب. أشير إلى المواد التي أحرز فيها تفوقاً كاللغة الإنجليزية والرياضيات والفيزياء والعلوم، وأقترح عليه دراسة الهندسة الإلكترونية.

ج. تفوقه في تلك المواد يؤكد حبه لها، والهندسة الإلكترونية ستكون امتداداً لذلك الحب إذ إنه سيجد فيها متعة ممارسة هذه المواد.

د. أصبح للتقانة دور الريادة والقيادة في الحياة العصرية فدخلت الإلكترونيات حياة الناس في مجالاتها كافة.

هـ. عدد ما شاء لك مِن التعداد مِن مصالح ومؤسسات تعنى بحياة البشرية، فكثيرٌ مِن الأغراض أصبحت تُقضى عن طريق اللّمس، نقاط استخراج النقد من الخزائن المنتشرة في الشوارع، الحاسوب بشتى برامجه، تذاكر الطيران الإلكترونية،الحجز بكلِّ ضروبه.

و. ما كانت الدفاتر والأقلام تعنى به في كلِّ مجال لقضاء حوائج الناس، أصبحت الأجهزة الإلكترونية هي صاحبة الدور الرئيس في إنجازه.

ز. تخرج في كليتك هذه وطف كالفراشة بين المصالح والمؤسسات لتجد مكانك موظفاً أو صاحب عمل.

٦. تمعن في الصورة التالية، واكتب معبراً عن ما تراه وعن مشاعرك تجاه ما يوحيه إليك.

ملاحظة: لرؤية الصورة نرجو منك زيارة موقع www.edexcel.com

أ. تركت زميلاتها كراسيهن فارغة لإمضاء بعض الوقت في الراحة.

ب. فضلت هذه الفتاة البقاء قليلاً لإكمال بعض المهام وفرز الأوراق وتصنيفها.

ج. هذه المجموعة مِن الأوراق التي تنتشر على الطاولة كلّ يوم بأعداد كبيرة لها قصة تحكيها لنا الفتاة وهي تتعامل معها بصحبة زميلاتها.

د. ترد هذه الأوراق يومياً في الصباح ولفترةٍ تتراوح بين أسبوع وعشرة أيام ليتم تصنيفها وفرزها وفقاً لمعايير وضعتها المؤسسة التي تعمل بها هذه الفتاة وزميلاتها.

هـ. من هيئة جلوس الفتاة يتبيَّن لنا مدى الاهتمام الذي توليه عملها الذي تركز فيه وتتفحص تفاصيل أوراقه بدقةٍ وتأنٍ.

و. التعامل هنا كما تحكي لنا الفتاة هو مع هذه الاستمارات بمراجعة محتوياتها والتأكد من أن كلّ الخانات قد نزلت بها أرقام مع عزل تلك التي لم تدخل عليها أرقام مع معلوماتٍ أخرى يجب الاطمئنان عليها.

ز. تتم مراجعة هذه الاستمارات طوال اليوم العملي ثم توضع وفقاً للتعليمات في صناديق يتم ترقيمها وعنونتها.

ح. عبَّرت لنا الفتاة عن فرحتها وفرحة زميلاتها بهذا العمل الذي يتكرر يومياً.

إجابة نموذجية عن أسئلة تشرين الثاني (نوفمبر) ٢٠٠٩

١. أكتب خطبة بمناسبة عيد الشجرة تدعو بها زملاءك في المدرسة إلى المحافظة على الشجرة وتقنعهم بأهمية التشجير.

أ. بداية الخطبة بالسلام والتحية.

ب. أهمية الشجرة في حياة الإنسان وإسهامها في حفظ نسب الأكسجين وثاني أكسيد الكربون في الجو.

ج. دور الأشجار في تلطيف الهواء وإمداد الناس بالظل والثمرات ووقوفها مصدات للرياح والزحف الصحراوي.

د. تشجيع الناس لغرس الأشجار ورعايتها وحض مؤسسات الدولة وخاصة وزارة الزراعة والغابات على مد الناس بالشتلات.

هـ. إقامة مسابقات سنوية تتنافس فيها الحدائق العامة والخاصة.

و. وضع قانون صارم يعاقب من يقوم بقطع الأشجار عشوائياً.

٢. لك صديقان، أحدهما بخيل، والآخر كريم. قارن بين الاثنين مبيناً علاقة الآخرين بهما.

أ. صديقان... أحدهما صادقته لصفة الكرم التي يشترك فيها معي وقد أخذنا في تبادل الهدايا والاشتراك في الجمعيات الخيرية ومساعدة الفقراء، والآخر صادقته لكي أقوم بتغيير سلوكه الذي أبغضه وكنت أقول له: يا أخي أنا أحبك ولا أكرهك ولكن أكره صفة البخل عندك.

ب. تحلّقت الناس حول صديقي الكريم ونفرت عن البخيل إلا القليل منهم وأنا من بين هذا القليل.

ج. مرت تجارب كثيرة أوضحت خلالها لصديقي البخيل أن سلوكه هذا لا يجد تأييداً من الناس كما أوضحت له كذلك أن صديقي الآخر يحظى بحبهم وتقديرهم.

د. ما زلت وسأظل شديد الصلة بهما إلى أن يهدي الله صاحبي البخيل إلى جموع الكرم وحب العطاء.

٣. سهلت الاكتشافات الحديثة أموراً كثيرة على الناس. تحدث عن اختراع يهمك مبيناً مدى خدمته للبشرية.

أ. من الاكتشافات الحديثة التي سهلت على الناس أموراً كثيرة منها اكتشاف أو قل تطوير مهمة الاتصال عن طريق الموبايل أو الجوال أو الهاتف النقال.

ب. الخدمات التي يقدمها الجوال بدأت بسيطة لا تتعدى المحادثات والرسائل المختصرة.

ج. تعددت سبل استعمال الجوال فشملت البريد الالكتروني ونقل الصور والمشاهد، وباختصار شديد فإن هذه الخدمات التي يصعب تعدادها وهي تزداد كل يوم قد جعلت من العالم قرية صغيرة.

د. قلل هذا الاختراع حركة الناس بشكل ملحوظ، فكثيرُ من الزيارات قد استُغْنِيَ عنها وقام بدورها الجوال، وإذا لجأنا إلى تعداد خدماته فيصعب إحصاؤها.

٤. اشرح قول الشاعر أدناه مبيناً أهمية التخطيط والعمل الجاد لتحقيق الأماني والأهداف

بقدر الجد تكتسب المعالي ... ومن طلب العلا سهر الليالي

ومن طلب العلا من غير كدٍّ ... أضاع العمرَ في طلب المحال

أ. من أراد أن يكون ناجحاً في حياته فعليه ترك الكسل والاتجاه نحو العمل في كدٍ واجتهاد.

ب. إن الأماني وحدها لا تكسب الإنسان عُلوًّا في الحياة وإذا أخذنا أمثلة للذين حققوا نجاحاً في حياتهم فإننا نرى ونلمس مدى اجتهادهم ومجابهتهم للصعاب.

ج. ومن الأمثلة الحيّة في حياتنا يمكن لكل منا أن يأخذ مثالين من واقع الحياة ويقارن بين شخصين في مدينته أو قريته ويتحدث عن انجازات المجتهد وإخفاقات المتكاسل.

٥. قيلَ "الوقت من ذهب". أكتب قصة بمضمون هذا القول.

أ. صديقان افترقا بعد أن أكملا دراستهما الجامعية فذهب أحدهما إلى بريطانيا والآخر إلى اليونان.

ب. بعد خمسة وعشرين عاماً من الاغتراب حدث بينهما اللقاء مرة أخرى في المدينة التي عاشا فيها منذ صغرهما بالسودان.

ج. الذي كان ببريطانيا جاء بأسرته؛ ابنة عمه الزوجة وابنه الطبيب وابنته مهندسة الحاسوب وشرع في بناء منزله.

د. الذي كان باليونان جاء منفرداً لم يسعد بزواج ولم يفكر فيه، هزيل الجسم منهكاً متعباً، يعصره الفقر وينتابه الندم.

هـ. الأول التحق بوظيفة بلندن وأحيا وقته وحياته في الاطلاع وتربية صغاره والعناية بهم والحرص على اختيار الصداقات المفيدة من بين الذين استقاموا في حياتهم.

و. الثاني اسلم نفسه إلى اللهو وزيارة حانات الخمور وقتل الوقت كما يقول مع الأصدقاء في لعب الورق ورحلات التنزّه والطرب والتدخين وكلما أصابه هم قتله بالمخدرات والمسكنات.

ز. الأول واصل حمده لله وعاش بين أسرته سعيداً ولسان حاله يقول: الوقت من ذهب فحافظوا عليه وعلى بريقه يعطيكم ريعه وأرباحه.

ح. الثاني يقول: ضيَّعت الوقت في اللهو فأضاع تفريطي عمري والوقت من ذهب بل الوقت أغلى من ذلك فهو العمر وهو الحياة.

٦. تمعن في محتوى الصورة التالية، واكتب معبراً عن ما تراه وعن مشاعرك تجاه ما يوحيه إليك.

ملاحظة: لرؤية الصورة نرجو منك زيارة موقع www.edexcel.com

أ. فتى وفتاة من خلف الكواليس والمسرح من وراء الستار قد امتلأ بالمشاهدين الذين ينتظرون مسرحية سيقدمها رياض وخلود بعد قليل وهي تحكي عن عروسين يتحدثان عن مستقبل أيامهما ودور كل واحد منهما في حياتهما المستقبلية.

ب. رياض وخلود لا يطالعان الآن نص المسرحية، فالمسرحية قد حفظت عن ظهر قلب، ولكنهما يطالعان نصاً لخطاب من وزارة الثقافة يحضهما على روعة الأداء والشجاعة الأدبية ويحدد لهما جائزة فوق التصور إذا قاما بأدوارهما خير قيام.

ج. بعد قليل سيظهر الفتى والفتاة على المسرح لتقديم نصوص الحوار أمام الجمهور.

د. بعد الحوار سيقوم اثنان من مقدمي برنامج التلفزيون بتقديم أسئلة لكل واحدٍ من العروسين على حدة وبعيداً عن قرينه.

هـ. الأسئلة تتعلق بهوايات الطرف الآخر وعاداته وما يحب وما يكره وأكلاته المفضلة إلى آخر هذه القائمة؛ ومن ثم يؤتى بمن أجيب نيابة عنه ليتم سؤاله.

و. المرجع الوحيد للعروسين لهذا الاختبار هي فترة الخطوبة التي امتدت لستة أشهر فقط.

ز. للجمهور الحكم يا خلود ورياض وهذه جائزة الوزارة وبعد قليل سيرفع الستار.

إجابة نموذجية عن أسئلة أيار (مايو) ٢٠١٠

١. تحدث عن شعورك عند عودتك إلى مدرستك وأنت تلتقي زملاءك وأساتذتك بعد عطلة الصيف الطويلة.

أ. لما لعطلة الصيف من مكان في قلبي نسبة لطولها وزرعها لعلاقات طيبة مع الذين أقضيها معهم فقد أبقت في نفسي حنيناً إلى العودة لمواصلتها بخاصة وهي بالطبع خالية من الحصص المدرسية والواجبات المنزلية، وخلالها كان الوقت كله ملكاً لي أفعل فيه ما أشاء (مع بعض النماذج للرحلات مع الأصدقاء).

ب. الآن نعود إلى العمل الجاد وإلى التحصيل ومزاولة النشاط المدرسي بشتى ضروبه وأشكاله.

ج. كما غمرتني السعادة بمشاهدة أبناء الحيِّ من مدينتي العامرة خلال العطلة فإن السعادة تغمرني الآن عند عودتي إلى المدرسة ولقائي زملائي وأصدقائي ومعلميّ وكل العاملين في المدرسة.

د. دعونا نترجم مشاعر الحب نحو مدرستنا إلى عمل ونشاط.

هـ. ليقترح الزملاء والمعلمون الكرام مزيداً من أوجه النشاط استلهاماً من تجربة العطلة.

٢. اختر من دفتر يومياتك واحدة من مذكرات حياتك تركت أثراً في نفسك لدرجة أنك تود أن تنقلها لكل الناس.

أ. كنت بالسودان مع والدتي وإخوتي وأخواتي وقد أتممت المرحلة الابتدائية بنجاح والحمد لله غير أنني لم أتقدم للمرحلة الوسطى؛ وذلك لأن الوالد قد هاجر إلى المملكة المتحدة بحثاً عن العمل وقد أشار علينا بعدم الارتباط بمدارس هنا بالسودان لأن الأمر قد يقتضي سفرنا إلى إنجلترا ومدينة لندن على وجه التحديد. في تلك الفترة فكرت

في بداية كتابة مذكراتي الخاصة وأنا في انتظار ردِّ الوالد الذي سيحدد مستقبل حياتنا.

ب. في منتصف أغسطس من عام ١٩٨٧ جاءنا النبأ العظيم من الوالد ينقل إلينا التحاقه بوظيفة عمل مدرساً بأكاديمية الملك فهد بلندن وقد أرسل إلينا سمات الدخول إلى المملكة المتحدة مع تذاكر السفر، وقد كان لهذا النبأ الأثر الذي خلق لديّ شعوراً ظلّ يرافقني حتى هذه اللحظة التي وصلت بها مذكراتي إلى جامعة لندن بل وإلى بنك دبي الوطني.

ج. وصلنا إلى مدينة لندن ووجدنا أن الوالد قد هيأ لنا مكان الإقامة ومكان الدراسة فأقمنا في حي (هونسلو) قرب مطار هيثرو العظيم وكان مكان الدراسة هو أكاديمية الملك فهد بمنطقة (إيست أكتون) في غرب المدينة.

د. لقد سمحت لي أوراقي الدراسية بدخول الصف السابع بين طلاب ومعلمين وبيئة تشكل موضعاً غريباً على ما اعتدت من حياة بين الأهل والأصحاب في السودان. كان عليّ أن أتأقلم مع البيئة الجديدة فعانيت في أيامي الأولى غير أنني مع إملاء الواقع المعيش سمحتُ للبيئة الجديدة أن تصنع منّي وضّاحاً جديداً.

هـ. شعورنا بالغربة قد ولّد فينا مفهوماً مفاده أن هذه دار اغتراب أتينا إليها لتحقيق أهداف بعينها، ويقع في صدارتها موضوع التعليم الذي ظلّ هاجسنا ودافعنا الأول، ولذا لم ندخر جهداً في هذا ولم نجعل للراحة في جداول أعمالنا مساحات كبيرة، فأذكر مرة كنا نؤدي فيها نشيداً للعروبة بقيادة الأستاذ حازم وطال بنا الوقوف في قاعة العرض بالمدرسة وعندها فقدت الوعي فجأة ووقعت على الأرض مما أزعج الأستاذ حازم وإدارة المدرسة، لقد تمَّ إسعافي بسهولة وعدت إلى مواصلة النشيد تحت إصرار مني غلب قرار المدرسة بأن أذهب للراحة، وهكذا مرت الأيام والليالي في مجتمع لندن الذي وجد فيه الوالد حلقة القرآن والوالدة عضوية محكمة هونسلو وهالة شقيقتي جامعة باث وأشقائي مازن وفياض ولينة أكاديمية الملك فهد التي أهلتنا جميعاً للجامعات، فلينة بنت الروضة إلى كلية الأسنان، وفياض ثالث أساس إلى كلية التجارة الالكترونية بكندا، ومازن الصف التاسع إلى جامعة لندن الهندسة الالكترونية، وأنا وضّاح إلى جامعة لندن حيث تخرجت خبيراً مالياً ببنك دبي الوطني ولكل مجتهدٍ نصيب.

٣. أكتب حواراً مع صديق لك تنصحه بالابتعاد عن التدخين.

أ. أتحدث معه حول قيمة الصحة التي خلعها الله علينا في البدن وفي النفس و ضرورة المحافظة عليها وعدم تعريضها لما يضر بها.

ب. أناقش معه قوة العزيمة عند الإنسان ولماذا يضعف أحياناً أمام شهوات النفس.

ج. الحديث حول التدخين. ربما كان في الماضي عادة اجتماعية لها وزنها.

د. الآن نرى انحسار تأييدها بل ومنعها في كثير من الأماكن وحتى في داخل حانات الخمور.

هـ. اقتراح بعض الخطوات العملية مثل التدرج وتقليل الاستهلاك اليومي واللجوء إلى عبادة الصيام وبخاصة صيام رمضان وتغيير العادة بعد أن يمضي هذا الشهر العظيم.

٤. "إنّ حماية البيئة الطبيعية والمحافظة عليها حماية لجسم الإنسان وعقله من المرض والألم". أكتب مقالة تشرح فيها هذا القول.

أ. خلق الله الكون قبل أن يخلق الإنسان وهيأ له كل مقومات الحياة، وعندما طرأ الإنسان على الكون بدأ في استغلال مقومات الكون ليستفيد منها.

ب. تسببت اختراعات الإنسان في فساد كثير من معطيات الحياة وتعريض البيئة الطبيعية للآثار السلبية التي كان ولا زال لها أثر وأضرار على صحتنا فعلى سبيل المثال تسبب بخار المصانع في إفساد الجو وكذلك عوادم السيارات، وتسبب قطع الأشجار في الزحف الصحراوي وتقليل كمية الأوكسجين وتسببت مستحضرات قتل حشرات الزراعة والأسمدة في فساد المحصولات... إلخ.

ج. ونحن إذا أردنا حماية البيئة علينا أن ننظر في كل ما أفسدنا لعلاجه وبذلك تصح أجسامنا وعقولنا من كل داء.

د. لقد فطنا أخيراً لهذه الحقائق وبدأت محاولاتنا للتصحيح.

٥. قال الشاعر:

ومن يتهيب صعود الجبال   يعش أبد الدهر بين الحفر

اشرح هذا القول مبينا أهمية السعي في الحياة وكيف للإنسان أن يتوقع المشاق للوصول إلى منزلة أعلى.

أ. إن من يخشى الدخول في تجارب الحياة ويرضى لنفسه الكسل والخمول لن ينال تقدماً في حياته.

ب. تجابهنا الحياة بكثير من التحديات ويحيط بآمالنا من السدود ما يحبط همَّة الكسالى منّا، غير أن الطموحين من بيننا همُ الذين يحملون زاد التحدي ويجتازون العقبات ويقهرون التحديات.

ج. إن جابهتك عقبة فاعلم أن لديك رصيداً من قوة العزيمة لابد من استعماله.

د. إن أصابتك صفقة تجارية خاسرة فسخّرها لتكون لك درجاً لصفقةٍ أخرى رابحة، وإن لم توفق في أداء الامتحان مرة فحاول مراتٍ ومرات في عزيمة الإصرار التي تقود في النهاية إلى النجاح.

هـ. اقرأ عن سير الأبطال الذين ملأوا الدنيا بعطور انجازاتهم وانظر كيف غلبت عزائمهم مصدات الأمل وأذابتها ليصل بهم المسار إلى آفاق كتابة التاريخ لأنفسهم بأحرف من نور والحق بهم على سطوح العوالي من الجبال.

و. دع عنك سيرة المستسلمين واليائسين الذين يعيشون على هامش الحياة بين الحفر.

٦. تمعن في محتوى الصورة التالية، واكتب معبراً عن ما تراه وعن مشاعرك تجاه ما يوحيه إليك.

ملاحظة: لرؤية الصورة نرجو منك زيارة موقع www.edexcel.com

أ. استرعى انتباهي وجود هذا الرجل خلف هذه الطاولة المزدحمة بالأوراق التي ملأت جوانبها بل وفاضت بها أطرافها، هذا بالإضافة إلى معينات العمل المنتشرة هي كذلك على سطحها، وما إن غادرت الكرسي الذي يقع على يساره والذي يراه القارئ فارغاً إلا وجرس هاتفه قد أخذ يرن فأخذه وتركته على هذه الحال التي هو عليها الآن.

ب. لقد صدق حدسي وتخميني عن طبيعة عمل هذا الرجل الذي شعرت بسعادته تجاه عمله رغم ما يبدو على بيئته من حركةٍ لحمها وسداها العمل الذي تتوالى أوراقه جيئةً وذهاباً وتتالي هواتفه صمتاً ورنيناً، كل ذلك يتضافر ليحكي لنا قصة هذا الموظف المجتهد والمخلص في عمله والمحب لدوره في مجتمعه. إنه يعمل في مؤسسة تشكل باب دخول الأجانب من شتى أنحاء العالم لبلاده، فالدخول إلى بلاده مباح للأجانب ولكن تحت مظلة شروط تضمن سلامة الزائر أولاً ثم سلامة البلاد من أذى محتمل يمكن أن يسببه أو يتسبب فيه هذا الزائر.

ج. تأتي لهذا الرجل وهو المسؤول الأول عن وضع توقيعه بالموافقة أو عدمها على الأوراق التي أمامه، وقد تكون الأوراق متعلقة بشؤون طلب إبعاد أجنبي أو تمديد إقامة آخر أو قدوم ثالث وغيرها من القرارات التي تتسم بالأهمية والحساسية.

د. تدرج هذا الموظف في عمله من درجة موظف صغير يعمل على الآلة الكاتبة وتعبئة الاستمارات للقادمين والمسافرين مقابل رسوم للدولة ومن ثمّ تحوّل إلى درجة أعلى لمراجعة هذه الاستمارات والموافقة على صحتها أو تعديلها ومن بعد ذلك يرسل الاستمارات إلى المكاتب التي تعلوه لإكمال هذه الإجراءات إلى أن تأتي الأوراق من استمارات

وغيرها إلى هذا المكتب الأخير للقرار الأخير.. هذا المكتب الذي قال لي عنه هذا الرجل: هو المكتب صاحب القرار النهائي وقد وصلت إليه تدرجاً وعلوّاً.

هـ. وعندما سألته قبل مغادرتي المكان عن درجة سعادته بهذا العمل رد عليّ في ثقة وهدوء: أشعر براحةٍ نفسية عالية المستوى، وفي الوقت ذاته تراودني في بعض الأوقات أفكار تسبب لي بعض القلق تجاه قرار قد يكون ظلماً لأصحاب الأوراق التي تعرض عليّ، ولكن عزائي الكبير يقع في أن النظام الذي نتبعه في هذه المصلحة هو نظامٌ دقيق يمر بعدة قنوات للمراجعة والضبط في تأنٍ وتؤدة.

و. خرجت من المكان وأنا سعيد بسعادة هذا الرجل في عمله وتبيَّن لي أن العمل المنظم يسبغ راحةً على العاملين وسعادة على المتعاملين لأنه يؤكد لهم صحة إجراءات حالاتهم.

إجابة نموذجية عن أسئلة تشرين الثاني (نوفمبر) ٢٠١٠

اختر موضوعين فقط من الموضوعات التالية، واكتب حوالي ٣٠٠ كلمة في كل منهما:

١. هل لك خصال وصفات تُميزك عن الآخرين؟ حددها وبيّن ما لها من فوائد لمجتمعك.

٢. تصور ذهابك في رحلة زمنية إلى سنة ١٩٠٠، أكتب ما تنقله للناس هناك عن عصرك.

٣. أكتب خطبة تلقيها على زملائك عنوانها: قبل أن نفكر في إيجاد طرق للتخلص من النفايات الضارة، يجب أن ننظر في تقليلها والحد منها.

٤. عدد السكان في العالم في ازدياد مستمر، وكذلك استهلاك الموارد الطبيعية. هل هذا أمرٌ مقلق؟ وما الإجراءات اللازمة التي يجب علينا اتخاذها لضمان المستقبل لنا ولأجيالنا القادمة في رأيك؟

٥. قارن بين بلدك وبين بلد آخر زرته أو قرأت عنه، موضحاً إيجابيات كلٍّ منهما وسلبياته.

٦. تمعن في الصورة التالية، واكتب معبراً عن ما تراه وعن مشاعرك تجاه ما يوحيه إليك.

ملاحظة: لرؤية الصورة نرجو منك زيارة موقع www.edexcel.com

الإجابة:

٣. الزملاء الكرام

السلام عليكم ورحمة الله وبركاته

يسعدني أن أقف أمامكم على هذا المنبر متطرقاً لموضوع له من الأهمية ما يثير تفكيرنا الجاد في تناوله والعمل على وضع حلول شافية تساعد على بتر جذور آثاره الضارة. الموضوع، زملائيَ الأعزاء يتعلق بالنفايات التي أصبحت هاجساً وهَمًّا لا يغادرنا. إنكم تدركون خطورة هذه النفايات والمخلفات التي تخرج من منازلنا ومكاتبنا ومصانعنا ومدارسنا وغير ذلك من المحال التي تشهد حركة من حركات حياتنا اليومية.

إن من بين هذه النفايات ما هو ضار بالصحة عن طريق ما يفرز من روائح وغيرها من حاملات الميكروبات. إننا بالطبع عندما نفكر أول ما نفكر تأتينا مسألة التخلص من هذه النفايات والسبل التي عن طريقها نستطيع مواكبة إفرازاتها والتصدي لها في الوقت المناسب.

صحيح أن العمل على التخلص من النفايات أمر يجب أن يظل دائماً في موضع المتابعة من أجل تحريكها وإبعادها عن المواقع السكنية، إلا أن هنالك ما هو أكثر أهمية من هذا النشاط ألا وهو العمل التثقيفي الدائم في منتدياتنا وأجهزة إعلامنا والذي يرمي إلى ابتداع الطرق والوسائل التي عن طريقها نستطيع التقليل من هذه النفايات إلى الحد الأدنى. دعونا نبدأ أولاً بالدعوة إلى عدم إلقاء الأوساخ في الطرق والأزقة، وزرع ثقافة تجميعها في أماكن يتم تعيينها مع اتخاذ جملة من السلوكيات التي تعيننا على خفض حجمها، فعلى سبيل المثال نبدأ بمخلفات الطعام التي غالباً ما يكون معظمها نتاجاً لعدم تقديرنا الصحيح لحاجتنا من الطعام فنجد أحياناً بعض الأسر تقوم برمي قدر كبير من باقي طعامها في سلال المهملات، وهذا بجانب زيادته لحجم النفايات فهو سلوك اقتصادي ممقوت. كذلك نشاهد في كثير من الأحيان أنواعاً من الطعام لو أحسن التعامل معها لأصبحت عوامل إيجاب وبناء بدلاً من كونها عوامل سلب، فهنالك من المخلَّفات ما يمكن وضعها في أماكن خاصة بغرض تجميعها بطرق صحية وإعادة تغليفها وتوزيعها على الفقراء والمساكين.

وهنالك الكثير من الإجراءات التي يمكن اتباعها للعمل على تقليل حجم النفايات ومن تلك الإجراءات تأتي عملية التدوير أو إعادة الصياغة لعدد من المواد التي تُلقي بها في السلال، فالزجاج وعلب الفواكه والطعام وغيرها يمكن أن تخصص لها حاويات بعينها ليتم نقلها وإعادة تأهيلها لمزيد من الفائدة.

زملائي الأعزاء، إن التفكير الجاد والعزيمة القوية سيعملان على مساعدتنا في مجال تقليل إفراز هذه النفايات، وهو الدور الأهم، وهو العامل المساعد لنا، وهو عوننا على الخلاص منها.

٥. إنني من بين الكثير من الناس الذين يحبون الأسفار والتّنقل في بلدان العالم، وقد قمت بزيارة كثير من الأقطار إلا أن قطراً واحداً استرعى انتباهي وذلك لما وجدته ولمسته في أهله من عادات ومعاملات دعتني للمقارنة بين تلك العادات والمعاملات وبين نظيراتها من عادات ومعاملات في بلدي.

لقد لمست في هذا البلد ما تمنيت أن يسود في بلدي من سلوكيات جاء في مقدمتها جدية التعامل مع الوقت، وهذا ما ساعد كثيراً على تنظيم حياتهم والسير بها بسلاسة ونظام فريد. تستطيع أن تضع برنامج رحلتك قبل مغادرة المنزل في الصباح وتحدد زياراتك وفقاً لجدول زمني محدد، فكل شيء في المدينة يسير بناءً على نسق منتظم، مواعيد الحافلة، مواعيد القطار، المقابلات التي حددتها على الهاتف، كل شيء هو عون لك على تنفيذ برنامجك؛ وتأتي في نهاية اليوم وأنت تشعر بقيمة الوقت وقيمة احترام المواعيد.

ذلك الإيجاب العظيم، الذي لسمته في ذلك البلد، يشكل مع أسفي سلباً يصل بك إلى درجة الضيق أحياناً في بلدي. في بلدي ليس للوقت قيمة. كل شيء يقوم على الصدفة. يمكن لك أن تخرج وتجد الحافلة لتأخذك إلى ما تقصد من مكان قبل موعدك المحدد في ذلك المكان، وقد تظل في محطة الحافلة لأكثر من ساعة فتفقد موعدك الذي حددت، وقد ينطبق هذا الخلط على كل برنامجك لتعود في نهاية اليوم وقد حملت معك التعب والإرهاق دون تحقيق هدفك المنشود أو قل حققت القليل.

وبقدر ما أعجبني من إيجابيات في ذلك البلد الغريب من عادات وسلوكيات منها التعامل مع الوقت وغيرها فهنالك من المشاهد ما أورثني ضيقاً وعدم راحة، ومن تلك المشاهد أذكر أني دخلت محطة القطار فوجدت رجلاً يمد يده للناس وهو يقول: لقد سُرقتْ نقودي كلها وأود السفر إلى بلدي فأرجو أن تعينوني على ثمن التذكرة. مضيتُ في طريقي وسافرت، وعند عودتي بعد أربع ساعات وجدت الرجل ذاته وهو يردد الكلمات التي سمعتها منه قبل أربع ساعات، وما كان مني إلا أن أقدمتُ عليه وأعطيته ثمن التذكرة فشكرني في دهشة، وقرأتُ في وجهه قناعته بأني لستُ من أهل بلده.

وبعودة إلى بلادي وقف رجل بعد صلاة الجمعة يشرح للمصلين قصته مع الطبيب الذي يعالج زوجته ويطلب منه مبلغاً من المال. بعد أن أكملت تسبيحي مع صلاة السنة ذهبتُ إلى موضع الرجل فوجدت على قطعة القماش التي وضعها أمامه كمًّا من المال يزيد بالطبع عن حاجته التي شرحها لإخوانه في المسجد فساهمتُ بدوري وأنا أقول: إن كنا نعاني من صراعنا مع الوقت فإن تكافلنا الاجتماعي يقف على رأس إيجابياتنا.. ولكن وعلى كل حال فهذه بعض النماذج لسلبيات بلدي وإيجابياته مقارنة مع بعض سلبيات ذلك البلد الذي زرته وإيجابياته.

المراجع

١. ملخص قواعد اللغة العربية لفؤاد سالم/الطبعة التاسعة عشرة/نهضة مصر للطباعة والتوزيع

٢. مبادئ قواعد اللغة والإملاء لمهدي ناصر الدين وعادل الصباغ/التعليم الأساسي/ دار الشمال للطباعة والنشر والتوزيع

٣. القواعد العربية الميسرة لافتخار القصير شعراني/الجزء الأول والجزء الثاني/دار العلم للملايين-بيروت

٤. القواعد العربية الميسرة للدكتور إبراهيم يوسف السيد ومحمد الرفاعي الشيخ/ عمادة شؤون المكتبات – جامعة الملك سعود

٥. كتب اللغة العربية لدولة الإمارات/وزارة التربية

٦. كتب اللغة العربية لسلطنة عمان/وزارة التربية

٧. الواضح في قواعد اللغة العربية/المملكة العربية السعودية/وزارة المعارف

٨. النحو العربي/موقع إنترنيت المدارس

٩. النحو الواضح/شبكة منتديات مدارس الإمارات/منطقة الشارقة التعليمية

١٠. كتاب القواعد والإعراب/ملتقى حضرموت للحوار العربي/شبكة حضرموت نت

١١. واحة علوم اللغة/ملتقى رابطة الواحة الثقافية

١٢. خصائص الحروف العربية ومعانيها لحسن عباس/مكتبة مشكاة الإسلامية

١٣. النحو العربى المبرمج للتعليم الذاتى للدكتور محمود صالح (صيني)/مكتبة الإسكندرية

١٤. القواعد التدريبية المصورة لعيسى سليمان حبيب/جميع الأجزاء/دار ربيع للنشر

١٥. الموجز في قواعد اللغة العربية لسعيد الأفغاني/دار الفكر

١٦. Arabic Verbs & essentials of Grammar by Jane Wightwick & Mahmoud Gaafar

١٧. Mastering Arabic by Jane Wightwick & Mahmoud Gaafar

١٨. Teach Yourself Arabic by J.R. Smart

١٩. Arabic Grammar Unravelled by Naglaa Ghali

٢٠. Easy Arabic by Jane Wightwick & Mahmoud Gaafar